互联网+远程一体化智慧数字教材

XIFANG JINGJIXUE

西方经济学

主编　缪代文

中国人民大学出版社

·北京·

前　言

在大数据、云计算和移动互联网背景下，本书简明生动和全面地介绍了西方经济学的分析方法、基本原理和理论运用。这些知识满足了经管类学生对经济学基础理论的需求。

本书的显著特点是以学生为本，注重基本技能的训练和基本原理的运用。全书突出“均衡原理”，用“剪刀供求均衡原理及其运用”统领全书，将案例和问题前置，通过概念的解释，围绕原理应用阐述理论，重点放在“理论应用”上，同时设置多个栏目，以帮助学生理解和运用经济学知识。

本书的特点概括如下：

（1）采用“问题先行、问题解答、理论归纳”叙述方式。将案例和问题前置，引出概念，通过广设栏目、多提问题、分析问题、解决问题来把握概念和原理，围绕应用讲理论，培养学生实际解决问题的能力。以学生为中心，自学为主、面授为辅，满足自我学习、自我指导的需要。把案例、问题与基本原理结合在一起，每章都采用“案例”与“理论”结合的方式，将具体与抽象相结合。帮助理解重要知识点的“重点提示”“例题讲解”“重点讲解”“难点讲解”“案例分析”“经济学运用”“即问即答”等栏目，增强了教材的生动性，能激发学生的学习兴趣。“背景资料”“知识库”还为学生提供了深入理解知识的丰富资源。

（2）用“剪刀供求均衡原理及其运用”来统领全书内容，中心突出，结构严谨。本书创新之处集中在内容结构和逻辑体系上以供求原理贯穿微观经济学和宏观经济学的内容，以保持整体上的连贯性和逻辑性：第一章“经济学导论”介绍稀缺、选择、资源配置及经济学十大原理；第二章“需求、供给与均衡价格”介绍基本的供求工具，教会学生熟练运用供求分析方法并用它来分析现实经济生活中工资、年薪、租金、利润的决定及变化，本章是经济学的核心和基础；第三章“消费者行为分析”是对需求的深入研究，用边际概念说明消费者如何实现满足和效用的最大化以及消费选择的基本原则；第四章“厂商理论”是对供给的深入探讨，介绍产量、成本变化的规律以及厂商如何实现利润最大化；第五章“市场理论：竞争与垄断”介绍了不同的厂商的供给、产量及价格的决定以及公司之间的博弈（合作与竞争）；第六章“外部性和公共物品”介绍在市场机制和市场供求不能完全发挥作用的市场中，解决外部性、公共物品等市场失灵问题的对策；第七章“国内生产总值、总需求和总供给”说明消费支出、投资支出、政府支出、净出口决定的总支出及总需求曲线，它与总供给曲线相交，决定了国民收入水平和价格水平；第八章“凯恩斯的国民收入决定理论”介绍了凯恩斯的国民收入决定模型，该模型说明在价格水平不变的情况下国民收入（经济活动水平、就业）的决定与变化；第九章“失业和通货膨胀”用总供求来说明国民收入、就业、货币量的决定，探讨利用供给政策、需求政策解决失业和通货膨胀问题的理论依据；第十章“经济增长和国际经济”动态地、开放地研究总供求决定的国民收入的波动，考察国外对本国的需求、供给及本国对国外的需求、供给；第十一章“宏观经济政策”主要考察需求管理政策和供给管理政策。通过学习、练习，初学者理解和掌握了供求均衡原理，就能运用经济学方法和经济学模型对实际的经济问题进行分析。

（3）内容简洁易记，理论介绍突出应用。全书共十一章，囊括了《西方经济学》教学大纲要求的主要内容，用供求模型贯穿微观经济学与宏观经济学的内容。全书的重点和核心内容是第二章“需求、供给与均衡价格”，然后用供求原理把全书内容串联起来，从第三章至第十一章，它们既是供求原理的运用，又是对供求原理的深入解析。本书将重点原理讲深、讲透，突出应用性和实践性。通过对本书的学习，学生可以感受到西方经济学不再难学，不再晦涩、散乱、庞杂、抽象。本书的结构和体例安排精心巧妙，由案例引出问题，问题观照原理，从具体到抽象，符合学生的逻辑思维习惯。

（4）基本原理与基本技能的融合。一方面，理论内容和知识点符合教学大纲的要求，概念表述严谨，原理叙述准确，知识解释妥当，为培养大批高质量的应用性和技能型人才服务；另一方面，本书内容服务于专业培养目标，将理论性和实践性结合，侧重于能力培养，体现时代性、应用性，贴近现实生活，便于学生理解与掌握学科重要知识点。理论体系上不求完整，以够用为度，注重知识运用，突出针对性，融知识、方法、技能于一体。

（5）理论性与通俗性兼顾。概念和原理表述清楚、准确、严谨，概念和原理的解释方式多样（文字、公式、表格、图形、函数、漫画等），这样既便于学生准确把握原理，又可以适合不同的学习者，克服单一形式导致的阅读疲劳，也使得学生从不同角度理解原理，消除对经济学的恐惧感。围绕经济学最基础的理论，用较大篇幅把教材内容以多个栏目或板块展示，体现了以学生为本、读者至上的服务取向。

在本书编写过程中，参阅了目前已出版的国内外经济学的优秀教材、专著和相关材料，在此向有关作者、译者致以谢意并向读者推荐这些参考文献。

经济学是发展变化最为迅速的学科之一，在新模型、新理论、新知识不断涌现的同时，原有的曾经被普遍接受的理论又一次次地被人们重新评判、分析和检验，经济学就是在这样不断反复创新中成长的。不管是研究人员还是教师，都必须天天学习、不断进步才能跟上经济学的发展趋势。作为一名经济学工作者，作者愿以积极的态度，不断学习进步，敬请读者提出批评和建议，使本书不断充实、完善。

中国人民大学
缪代文

目　录

第一章　经济学导论 ………… 1

第一节　经济学是关于选择或资源配置的学问 ………… 2

第二节　价格机制的作用 ………… 7

第三节　经济学十大原理和经济学的基本内容 ………… 11

第四节　经济学的基本方法和基本工具 ………… 27

本章小结 ………… 33

思考题 ………… 33

第二章　需求、供给与均衡价格 ………… 34

第一节　需求理论 ………… 35

第二节　供给理论 ………… 42

第三节　均衡理论及其运用 ………… 49

第四节　弹性理论及其运用 ………… 65

第五节　供求均衡理论的运用——收入分配 ………… 73

本章小结 ………… 82

思考题 ………… 83

第三章　消费者行为分析 ………… 85

第一节　效用论 ………… 86

第二节　消费者均衡原则 ………… 92

第三节　消费者剩余原理 ………… 96

本章小结 ………… 98

思考题 ………… 99

第四章　厂商理论 ………… 100

第一节　投入与产出：生产函数 ………… 101

第二节　成本分析 ………… 109

第三节　成本、收益、利润和产量 ………… 118

本章小结 ………… 122

思考题 ………… 122

第五章　市场理论：竞争与垄断 ………… 124

第一节　企业类型及竞争策略 ………… 125

第二节　垄断企业的产量、价格和利润 ………… 130

第三节　垄断竞争企业 ………… 133

第四节　寡头企业的合作与竞争 ………… 134

第五节　经济效率与微观经济政策 ………… 141

本章小结 ………… 144

思考题 …… 144
第六章 外部性和公共物品 …… 145
第一节 外部性 …… 146
第二节 公共物品 …… 152
本章小结 …… 159
思考题 …… 159
第七章 国内生产总值、总需求和总供给 …… 160
第一节 宏观经济变量 …… 161
第二节 总需求与总供给 …… 169
第三节 总供求均衡与国内生产总值的决定 …… 173
本章小结 …… 179
思考题 …… 179
第八章 凯恩斯的国民收入决定理论 …… 181
第一节 总需求的构成 …… 182
第二节 总需求与国民收入的决定与变动 …… 188
第三节 乘数原理及政策分析 …… 192
第四节 不同的理论和相异的政策 …… 196
本章小结 …… 199
思考题 …… 199
第九章 失业和通货膨胀 …… 200
第一节 失业及其原因 …… 201
第二节 通货膨胀 …… 208
本章小结 …… 219
思考题 …… 219
第十章 经济增长和国际经济 …… 220
第一节 经济增长模型及其运用 …… 221
第二节 国际经济 …… 227
本章小结 …… 237
思考题 …… 237
第十一章 宏观经济政策 …… 239
第一节 财政政策 …… 240
第二节 货币政策 …… 247
第三节 相机抉择——财政政策与货币政策的配合 …… 254
第四节 供给管理政策和其他政策 …… 259
本章小结 …… 263
思考题 …… 264

参考书目 …… 265

第一章　经济学导论

学习目标

知识要求： 了解稀缺、选择、机会成本、资源配置等重要的经济学基本概念；理解经济学十大原理；掌握经济学的基本方法和基本分析工具。

技能要求： 知道经济学的基本内容和基本方法；了解经济学的简史；会用生产可能性曲线分析市场资源配置，并且能根据市场运行图说明经济循环的基本流程。

开章案例

欲望无限与资源稀缺

欲望无限

在北京读书的外地学生恐怕都有寒假回家买火车票的经历：在寒风中排队，忐忑不安，从希望、失望到绝望。能买到站票也欢天喜地。上车后，火车渐行渐远，站得腰酸背疼腿抽筋，多么盼望有个座位，有了座位想要卧铺，有了卧铺想要包厢，有了包厢还想要专列，有了专列还嫌太慢，插上翅膀的欲望和需要会飞向无限的天空。

关于人类的无限欲望，中国人曾有精彩的描述："终日奔忙只为饥，方才一饱便思衣；衣食刚有双足份，又想娇柔美貌妻；有了娇妻并美妾，出门无轿少马骑；牛马成群田万顷，没有官职怕人欺；县丞主簿还嫌小，三品四品还嫌低；当朝一品当宰相，还想面南做皇帝。"美国的社会心理学家马斯洛把人类需求分成从低到高五种，即生理需求（衣食住行）、安全需求（生活稳定、人身安全）、社交需求（情感需要、亲情友情）、受人尊重（利他行善、助人为乐）、自我实现（献身理想、价值发现）。

资源稀缺

资源稀缺是指相对于欲望无限，满足欲望的产品和服务以及生产它们的资源是稀缺的。在经济学里，"稀缺"有两方面的含义：(1) 人类欲望无限，资源有限；(2) 经济物品不能免费获得，总是要付出代价（劳动、资本、土地）。

虽然欲望无限多样，幸好欲望或需要总是有轻重缓急、先后顺序；虽然经济资源稀缺，幸好资源有多种用途，使选择、资源配置成为可能；虽然资源稀缺性引起竞争与合作、做出选择很困难、需要权衡取舍，幸好有经济学帮助我们做出正确的决策。

讨论题

假如你一生不用睡觉并且能够活到 100 岁，你会如何安排自己的生活（学习、恋爱、婚姻、家庭、工作、事业、爱好等）？

第一节 经济学是关于选择或资源配置的学问

推开左右写着“欲望无限”“资源稀缺”的人类经济王国大门，我们就进入了正上方挂着“经济学”牌匾的世界。在经济学的世界里，资源匮乏和分布不均迫使人们仔细地、谨慎地把资源用在最紧要、最需要的地方，经济学把这一行为称为选择、资源配置。

一、稀缺与选择

资源是指生产商品和提供服务必需的生产要素，包括劳动、土地、资本和企业家才能。家庭生活中，“巧妇难为无米之炊”“不当家不知道柴米贵”说的就是家庭主妇受收入约束，她要理财并“经济”地利用有限的资源（收入）。在成本既定时，企业生产同样面临着如何“经济”地配置人、财、物等资源的问题。

稀缺是指相对于人类多样、无限的需要而言，生产、提供满足需要的产品和服务的资源是有限的。稀缺性是对社会资源有限性状态的一种描述。学习中，要注意区分稀缺与短缺。短缺是指供给小于需求，供求均衡时，短缺就不存在了。稀缺是相对于人类多样、无限的需要而言的，是一个恒久存在的、人类不得不始终面对的问题。

选择是指资源配置，即对不同用途和不同产品及劳务组合的选择，以便更好地满足人类的需要。对人类社会而言，选择具有必要性和可能性：

（1）选择的必要性产生于无穷多样的、不断产生的需要，但我们在一定时期内用来满足需要的资源和手段是有限的，这样就产生了如何满足需要、先满足哪些需要的问题，即产生了选择问题。例如，学生放寒假回家，可以选择不同时间、不同交通工具，或者选择利用声频或视频在空中团聚。选择问题的核心是如何有效地、合理地配置稀缺资源。

（2）选择的可能性在于资源具有多用途性，资源的多种用途为选择提供了可能性。例如，土地可以用于修建动物园、公园、学校、医院、饭馆、写字楼、政府办公大楼、百货大楼、体育场、图书馆、游泳池、养鱼池、公路、铁路、飞机场、监狱，还可以用于种粮食、蔬菜、水果、草药。同样，资本可以投入工业、农业、商业、建筑业、运输业、服务业以及科教文卫等不同行业；劳动力可以生产大炮（军用品），也可以选择制造黄油（民用品），可以从事生产劳动，也可以旅游休闲。稀缺的资本、劳动、土地资源到底用来干什么，取决于人类需要的先后顺序和轻重缓急。

经济学是选择的学问。更理论的描述为：经济学是研究资源配置的学问。选择的前提是现有的、既有的稀缺资源，选择的必要性是欲望或需要的繁多、复杂，选择的可能性是资源的多用途性，选择的过程是资源配置，选择的对象和结果是不同产品及劳务的不同组合。

经济学要解决的基本问题就是由资源的稀缺性引发的生产什么、怎样生产、为谁生产这三大基本问题。三大基本问题的合理解决可以提高资源利用效率，使得有限的资源满足更多的需要。例如，工业和信息时代，人们之所以生活节奏加快、工作效率提高，用汽车代替马车，高铁取代水运，书写用简化字，微博取代博客，愿意读图的比读书的多，是因为人们可以利用有限的资源、在有限的时间里走更多的地方、做更多的事情、满足更多的需要。现代社会以效率生存，效率问题本质上是资源约束下满足更多需要的问题。

经济学虽然只有二百多年的历史，却是近代发展最为迅速的科学，被经济学泰斗萨缪尔森称为“最古老的艺术、最新颖的科学”，它作为社会科学王冠上的明珠，成为众多精英追逐的人类大智慧。

美妙的经济学

二、表示资源配置的两个经济模型

为了进一步理解和掌握经济学（选择的学问或资源配置的学问），我们介绍两个非常重要的经济模型：生产可能性曲线和市场运行图。

（一）生产可能性曲线

生产可能性曲线是指一个社会用其全部资源和当时的技术所能生产的各种产品和提供的各种劳务的最大数量的组合。假设一个社会把其全部资源用于军用品 A 和民用品 B 两种产品的生产，那么生产可能性曲线可用图 1－1 表示。

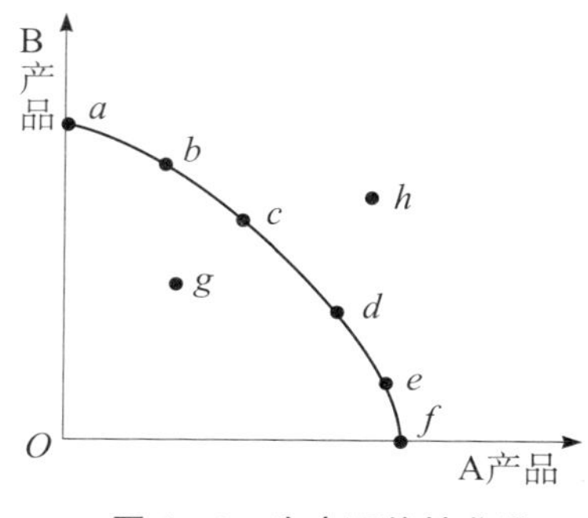

图 1－1　生产可能性曲线

图 1－1 中，生产可能性曲线（a、b、c、d、e、f 的连线）表示一个社会在资源有限、技术一定的情况下（稀缺性假设）所能生产的 A 产品和 B 产品的不同产量组合，连接不同产量组合点就形成了产量组合曲线。如果选择 b 点，则社会得到的 B 产品多于 A 产品；如果选择 e 点，则 A 产品增加，同时必须放弃部分 B 产品。在曲线上的任意一点都表示全部资源被利用时，社会可接受并得到的产量组合（选择性假设）。曲线以外的点 h 是产量达不到的情况（资源稀缺），因为没有足够的资源；曲线以内的 g 点虽可以达到，但没有有效利用资源，属于资源浪费。

利用生产可能性曲线，可以把握经济学和资源配置的核心知识点。

1. 资源稀缺约束

稀缺资源界定了产品选择的范围。由于资源稀缺，社会生产的 A 产品数量最多是 a，而 B 产品数量最多是 f，对于其他的组合点（b、c、d、e），要想增加 A 产品（B 产品）就必须减少 B 产品（A 产品）的生产。在图 1－1 中，之所以无法选择曲线以外的组合（如图 1－1 中的 h 点），是因为资源稀缺和生产能力有限。

2. 选择

虽然资源稀缺，但资源的多用途性和不同资源的替代性为选择提供了可能。要想同时拥有 A 产品和 B 产品，就必须进行选择。经济社会提供了选择的可能性，曲线上各种组合（a、b、c、d、e、f）的存在意味着可能的多种产品选择。

3. 机会成本

选择是有代价的，达到最大生产能力后，增加任何一种商品都必然会减少另外一种商品的数量。选择意味着要权衡取舍，选择的代价就是机会成本。

重点提示

机会成本是放弃的收益

图 1－2 为必需品与奢侈品的不同组合及选择。例如，原来的选择是 A，全部资源都用来生产奢侈品，如果现在选择 B，其机会成本就是放弃生产奢侈品。再如，从 C 点到

D 点，必需品增加了 ΔX，就要放弃生产奢侈品 ΔY，得到 ΔX 的机会成本就是放弃的 ΔY。生产可能性曲线向下倾斜表明当全部资源都被利用时，要想获得更多一些的奢侈品，就必须牺牲或放弃越来越多的必需品，即随着奢侈品生产的增长，其选择成本或机会成本也越来越大。选择成本或机会成本递增规律在许多重要的选择中都存在。例如，政府为获得更多的工业品就必须放弃越来越多的农产品；要增加福利就必须征税、容忍财政赤字和通货膨胀。企业发现技术升级越来越困难，需要支付的各项费用越来越高。个人在实现物质需要和精神需要时也存在这种交替关系。机会成本是经济学中一个非常重要的概念，它是直接由选择问题引申出来的概念。如何没有选择，机会成本就是零，例如，亚当选择夏娃的机会成本就是零。今天的青年人虽然恋爱自由、婚姻自主，选择很多，但是，每一次的获得都需要付出代价，都需要仔细权衡取舍，因为有选择必有成本，放弃才有收获，放下才有自由。

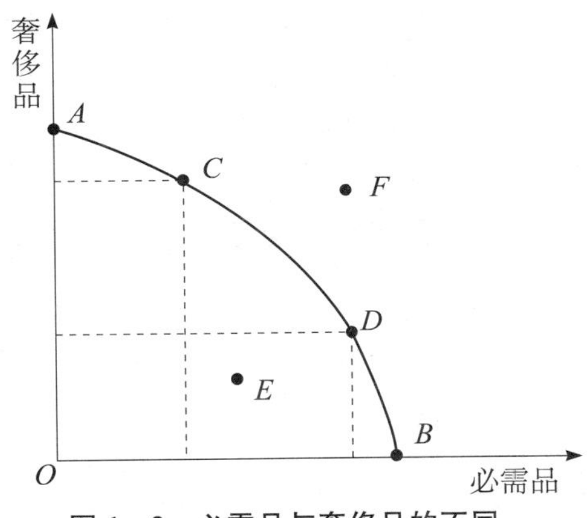

图 1-2 必需品与奢侈品的不同组合及选择

4. 资源配置取向

生产可能性曲线反映一定的资源配置取向。在图 1-2 中，选择涉及用稀缺资源“生产什么、生产多少”这一经济学最基本的问题。如果所有的资源都用在生产奢侈品上，必需品则为零；反之，奢侈品则为零。如果资源既用于生产奢侈品，又用于生产必需品，则二者的不同组合就是 AB 曲线上的所有组合点。例如，C 点表示奢侈品多于必需品的组合，D 点表示奢侈品少于必需品的组合。

AB 曲线上的不同组合代表了不同的选择或资源配置取向：经济不发达，总收入偏低、温饱型人均收入水平的国家多选择 D 点；经济较富裕的国家多选择 C 点。

（二）市场运行图

资源配置有两种基本方式：计划经济体制和市场经济体制。计划经济体制主要通过中央集中的指令性计划决定生产什么（军用物资或民用消费品的数量及比例）、如何生产（生产要素统一调拨、按计划产供销“一条龙”）、为谁生产（产品分配由自上而下的组织及制度决定，计划中心起着支配作用）。由于计划经济体制不能更好地解决诸如信息、动力、失衡、配置成本等问题，因此当今世界绝大多数的国家都选择市场经济体制。

市场经济体制是指以市场为基础的、通过市场竞争性价格机制配置稀缺资源、分配商品和服务的体制。生产什么？如何生产？为谁生产？价格解决一切，跟着市场需求和价格走，企业使用成本最低的技术和成本组合；要素价格决定人们收入的高低，产品的分配取决于人们的货币选票；资源的高效利用、经济波动和通货膨胀也主要通过价格的调节与刺激、间接经济手段来实现。

市场包括：(1) 生产要素市场（劳动市场、资本市场、房地产市场、信息市场、企业家市场、技术市场等）；（2）产品市场（商品及劳务市场）。

市场主体是指市场上从事各种交易活动的当事人，包括自然人、家庭、厂商或企业、社团组织、政府、经济组织的法人。在生产要素市场上，市场主体（公众）作为供方为市场提供劳动力、房屋、土地、资金、技术、信息、管理才能，并且获得买方（厂商）支付的工资、租金、土地使用费、利息、专利费、佣金、利润等；在产品市场上，市场主体（厂商）作为供方为市场提供商品及劳务，公众则是买方，需要支付货币。

不管是在产品市场上还是在生产要素市场上，市场交换的基本特征都是互利性和自愿性。

（1）互利性。任何市场主体如果想得到利益，必须首先提供要素或者产品使别人满意，即想得到幸福必须首先使别人幸福，利己先利人。公众到产品市场上购买消费品，他（她）必须先提供产品或劳务获得收入；厂商要到生产要素市场上购买生产要素，必须首先供给产品和服务并取得收入。

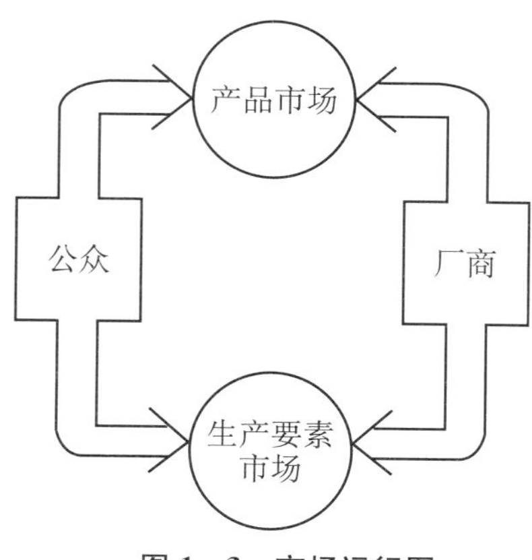

图 1－3　市场运行图

（2）自愿性。市场主体的行为是自愿的，交换行为没有强制和被迫，不存在少数服从多数、单方受益或受损的均衡。

图 1－3 为市场运行图，逆时针为实物循环，顺时针为收入循环。逆时针实物循环：公众供应要素（劳动、资本、土地等）→生产要素市场→厂商得到生产要素后生产商品并供应→产品市场→公众得到商品……

顺时针收入循环：厂商支付工资、租金、利润等收入→生产要素市场→公众得到收入并到产品市场购买商品→产品市场→收入流回到厂商……

精致的经济学

第二节　价格机制的作用

一、价格机制作用原理

什么是价格机制？价格机制是指商品或资源的供求与价格、价格与供求、竞争与价格之间的有机联系。

（一）供求失衡通过价格波动来解决（供求与价格）

当某种商品供不应求时，卖方相对于买方占有优势，形成“卖方市场格局”，买者竞争、竞相抬价，商品的市场价格上升。价格上升既影响供给量又影响需求量：价格上升激励企业扩大生产，增加产品供给量；同时，价格上升抑制和减少需求量。最终，供不应求状况得到缓解直至消失，形成供求均衡，价格也趋于稳定。

当某种商品供过于求时，买方相对于卖方占有优势，形成“买方市场格局”，卖者竞争、压价销售，商品市场价格下降。价格下降既影响供给量又影响需求量：价格下降使得企业减少产品供给量；同时，价格下降刺激需求量上升。最终，供过于求状况得到缓解直至消失，形成供求均衡，价格也趋于稳定。

所以，供求关系虽然会失衡，但价格或者说价格机制会消除供求失衡。供求失衡会通过价格变化来调整并最终达到均衡，竞争压力会通过价格变化来释放。资源配置状态或结果表现为供求均衡且价格趋于稳定，相对稳定的价格帮助人们形成预期并做出消费决策和经营或投资决策。

（二）均衡价格变动引起资源流动与配置（价格与供求）

1. 均衡价格变化

所有非价格因素（收入、偏好、预期、政策、政治、文化、习惯、成本、技术、相对价格、预期、自然气候等）的改变都会对需求或者供给产生影响，并通过这种影响形成新的均衡价格。

例如，2010 年 10 月 22 日，尽管世界卫生组织发表声明说，有关欧洲将经历千年来最冷冬季，冰河世纪将再现的说法系误传，没有任何科学根据，但是与能源和保温产品有关的上市公司股票价格仍然飙升。“欧洲千年极寒”之说影响需求，欧洲出现囤积燃气、煤气、石油和煤炭行为，拉动能源价格步步攀升，煤炭生产企业扩大生产、增加产量，以致矿难频频发生。

2. 资源流动

由非价格因素引起的供给或者需求变动影响均衡价格变动。某物品和要素价格高了，表示该物品和要素相对不足，价格指引卖方申请贷款、增加投资、招聘员工、采购配件、租用场地、开拓市场，以增加销量，稀缺得以缓解；某物品和要素价格低了，表示该物品和要素相对过剩，价格指引卖方减少投资，过剩得以化解。

具体来讲，工资、利息、利润的变动引导劳动、资本、企业家在不同部门、行业和地区间的流进流出，租金的变动引起土地用途的变化。所以，价格最终决定了资金在各部门间的流进流出，决定了社会资源的配置，使生产者扩大规模并使其他部门的厂商把资源（资金、人力、物力）投入该种产品的生产中。

就像一切物体的运动无不是受到地球吸引力的作用一样，要素和产品的流通无不是受到价格机制的作用。价格高低反映了要素和产品的稀缺程度。

3. “看不见的手”

价格变化引起供给量同方向变动，引起需求量反方向变动。没有集中的计划，它的运转不用语言传达指令，像精密的工作系统、无色的指挥灯、无声的语言，价格机制通过一系列供求、价格、竞争的联系，把数以万计的陌生人联系在一起，依靠分工、合作、交换，解决了牵涉数以万计的、关系复杂的问题。任何一个大城市，人口成百上千万，每天要消费难以计数的粮食、果品、肉类、蔬菜，每天有成千上万的人去购买电器、衣物、日用品，这就需要有物流、收入流、资金流及人员流动，如此庞大而复杂的经济流程是如何进行的？这一切，都是在没有任何人设计、指导和计划下自行完成的，经济的“自然秩序”是价格机制这只神奇的“看不见的手”创造出来的。

经济学运用

价格机制作用如何解决资源配置的三大基本问题

市场经济运行依靠价格机制作用，市场经济中的价格机制作用解决了资源配置的三大基本问题。

生产什么？价格变化传递稀缺信息，不同的价格或者价格涨跌可以帮助人们分辨各种资源和产品的稀缺程度。用于生产某种产品的资源多一些，用于生产另一种产品的资源就会少一些。把稀缺资源投入价格高、社会更需要的产品上是合理的、有利的。要素价格的变动引导要素的流动与组合，指引社会生产什么，正是价格波动吸引了劳动、土地、资本和企业家才能流向相对价格高的行业和产品。

如何生产？不同的生产方法和资源组合是可以相互替代的。同样的产品可以有不同的资源组合（劳动密集型方式或资本技术密集型方式）。劳动密集型与资本技术密集型生产方式的选择，不同生产要素的比例，多用劳动还是多用资本，何种投入比例最优，这些要经过价格比较、成本核算之后才能确定。

为谁生产？相对收入高低是如何形成的？是由要素供求状况和资源稀缺程度决定的，产品分配依靠市场竞争实现，价高者得。

二、价格机制的四大功能

（一）传递信息

价格指引卖家生产什么、生产多少、怎样生产、卖给谁，价格变化告诉生产者投入或撤出资金、扩大或缩小生产规模。价格指引买家货比三家，增加或减少需求。

如果取消了价格，政府、企业、居民就不可能快速、准确、低成本地知道供求的变动，没有真实且快捷的信息，社会就不可能有效地配置资源。对生产者和消费者而言，他们恐怕不知道价格涨跌的原因，也不需要知道价格为什么涨跌，他们只要了解价格变化趋势并做出相应反应就够了。

如果没有价格，如何判断一个企业的盈亏？它是在创造财富还是在浪费资源？

如果没有价格，如何确定投入劳动、资本、土地要素的配置比例？

如果没有价格，如何确定是用汽车、火车、轮船还是用飞机运送煤炭？

如果没有价格，如何决定上班是挤公共汽车还是乘出租汽车？

如果没有价格，靠什么显示人们复杂多变的需求以及满足需求的资源和物品的稀缺程度？

总之，没有价格体系和价格机制，人们的经济活动和经济行为就会失去方向，无法做出选择；有了价格体系和价格机制，人们就能进行核算、选择和替代，提高效率。

（二）合理配置资源

市场经济中，部门或企业的商品价格上升，意味着它的生产者可以获得较多的利润，它就有能力得到较多贷款和投资，社会资源就会流进这个部门或企业；反之，部门或企业的商品价格下降，资源就会从该部门或企业流出，流到市场价格高、利润高的部门或企业中去。

当某部门或企业资源投入过多、产品供过于求时，产品的市场价格就会下降，利润减少；反之，当某部门或企业资源投入过少、产品供不应求时，产品市场价格会上升，利润增加。

资源在价格变动引导下在部门间的流进流出使得社会资源得到调整，供求相等时，就会达到均衡，实现资源的合理配置。

（三）提供生产动力和竞争压力

产品和要素供给者都会对价格变化做出反应，价格提供了生产动力（激励）并促使企业间展开竞争。价格上涨，生产者就会扩大规模。当供给量增加并超过市场需求量时，价格开始下降，这又会迫使生产者努力降低成本、采用新技术、提高产品质量；当该行业竞争激烈，供给量大量增加，价格继续下降时，生产该商品的部分生产者就会把资金抽出投向别的行业。激烈的竞争使商品越来越丰富，最终达到均衡，实现要素或资源的最优配置。

案例分析

价格管制不能增加供给、抑制需求

价格机制的作用是双向的。涨价时，它既能激励供给，又能抑制需求；反之，降价时，它既能削减供给，又能刺激需求。价格能从两个方向影响资源配置并达到均衡。

非价格手段不能从两个方向影响资源配置并使之快速达到均衡。例如，瞬间井喷的春运需求，在火车票价管制下得不到抑制，人们反而会通过提前抢订、排队、跑关系走后门等非价格手段去竞争以获取低价车票，获胜者能够得到黑市价与管制价的差额（无主财产）；非价格竞争行为不会激励火车客运服务供给量增加而只会消耗和浪费社会资源，供求始终处于失衡状态，于是“黄牛”、黑市交易禁而不绝。

（四）收入分配

市场中，每个人都有供给才能实现自己的需求，先利人后利己。每个人要获得多样化的满足、实现需求，他（她）必须首先取得收入。一个人收入的多少取决于他（她）拥有的生产资源（土地、劳动、资本、企业家才能等）以及这些资源的供求价格高低。某种资源价格的涨跌影响拥有该种资源或要素的人的收入，进而相对地降低或增加了其他要素所有者的收入。所有要素市场价格都平衡地或同比例地涨跌，一般不会影响人们的相对收入；而各种要素市场价格非平衡或呈不同比例的变动，则会引起人们相对收入的变化。

第三节　经济学十大原理和经济学的基本内容

一、经济学的四种表达方式

经济学运用诸如稀缺、选择、机会成本、供给、需求、弹性、均衡价格、边际成本、边际收益、国内生产总值、乘数、充分就业等术语来描述经济问题和经济学原理。经济学在一定的假设条件下还运用图形、表格、数学等工具来理解、解释现实并简化经济生活。

许多对经济学感兴趣的人常常因为经济学特殊的表达方式而产生畏惧。有的经济学著作中存在把经济问题复杂化、数学化、公式化、神秘化倾向，使得初学者对其望而却步，这也引来一些有识之士的批评，他们认为：其实，可以使每个人都成为经济学家，只要没有数学分析。这听起来有些偏颇，但并非毫无道理。经济学可用四种表达方式即文字、图形、表格和数学。选择哪一种，取决于个人的偏好。文字是一种二维表达，它是可以将思想和精神表达完整和精彩的形式；几何图形、图表和函数表达精细、准确、简洁，其直观性、精确性、哲理性可以满足课堂教学的要求，是人们对文字内涵进行的抽象转换。大多数教材采用图文形式，图文兼容并蓄正是当今知识爆炸、生活多变的产物。经济学对一个人的整体思维和分析、判断能力有要求，但它所运用的数学相对于很多其他学科来说，并不深奥，绝大多数人都能够理解。学习经济学不像学习量子力学那样要求有深奥的数学知识，领悟经济学的美妙只需要简单的逻辑推理，只要愿意动脑筋、努力思考就行了。

但是，熟悉大多数经济学的语言又是必需的，它的价值是能够为你提供一种关于你周围世界的、新的、有用的思考方式。面对繁杂无序、冲突频现的现象和力量，经济学提供了一个扎扎实实的观念体系。

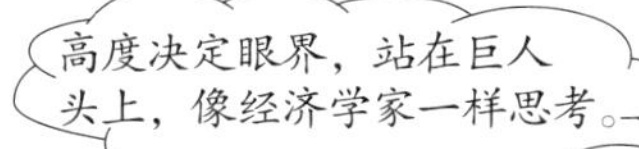

正如你不能在一夜之间成为一个数学家、心理学家或律师一样，学会像经济学家一样思考也需要一些时间。为了尽可能缩短读者掌握经济学的时间（时间是稀缺资源之一），本节用通俗、生动的语言介绍在整个经济学中反复出现的一些重要原理，如权衡取舍原理、机会成本原理、边际决策原理、激励反应原理、比较优势原理、“看不见的手”原理、“看得见的手”原理、生产率差异原理、通货膨胀与失业短期交替原理、边际收益递减原理，它们是经济分析的基础。一旦熟悉和掌握了经济学方法和术语，你就可以像经济学家一样思考了。

二、经济学十大原理

（一）权衡取舍原理

权衡取舍原理是指在资源有限的前提下，人们得到一些东西的同时必须要放弃另一些东西。比如，你是选择多喝啤酒还是少喝啤酒多吃比萨？任何社会都需要在效率与平等之间进行权衡取舍，是牺牲效率、降低工作激励、追求平等，还是从效率提高、“馅饼”增大中逐步提高个人生活质量？通货膨胀与失业应如何取舍？是多生产甲产品、少生产乙产品，还是多生产乙产品、少生产甲产品？“天下没有免费的午餐”“有得必有失”“甘蔗没有两头甜”“鱼和熊掌不可兼得”，等等，这些谚语表达的都是资源约束下的权衡取舍。

经济学运用

选择

人们经常面临“有与无”的选择，例如，看电影还是上课？与张先生结婚就要拒绝王先生的求婚；买了房子就要放弃买股票。但在经济生活中，人们面对得更多、更广泛的仍然是“多与少”的数量权衡取舍：很少有人遇到“体面穿戴＋饥肠辘辘”与“裸体出门＋鸡鸭鱼肉”的两难选择，但常常遭遇“学习经济学的时间多了，学习会计学、心理学、人口学的时间就少了”的苦恼；增加 5 个小时的学习时间，就要放弃本来可用于睡眠、骑车、看电视、打零工的时间；是用更多的时间打工挣钱储蓄货币呢，还是少加班、干自己喜欢的事储蓄健康和快乐呢？一个国家同样如此，经常需要在大炮（军需品）与黄油（民用品）之间进行权衡取舍，资源是更多地用于大炮（军需品）生产还是更多地用于黄油（民用品）生产？

（二）机会成本原理

机会成本又称选择成本，它是指做出一项选择时所放弃的其他选择，在放弃的选择中，潜在收益最高的那一项资源运用带来的收益就是该选择的机会成本。上大学的成本是多少？明星如何计算自己的成本与收益？经济学讲的机会成本，特指被放弃的东西。例如：某人上大学除交纳学费、书费（10 万元）外，实际上还存在时间成本——把这

天下没有免费午餐，放弃的收益是成本

段时间用于旅游服务工作可以挣到 8 万元；用于足球运动可以挣到 90 万元；用于篮球运动可以挣到 600 万元。他大学四年的机会成本是 600 万元，总成本是 610 万元。他认识到上大学的机会成本极高，所以他会放弃上大学，选择在退役以后再去上大学。

经济学运用

机会成本

玛利亚卖掉房子，毅然地离开英国到美国知名大学攻读学位。不久，倒霉的玛利亚听到四个坏消息：(1) 她卖掉的房子价格翻了 3 倍；(2) 她的前夫不仅升了职，法院还把孩子的监护权判给了他；(3) 她刚刚拒绝的、向她求爱的英国男朋友是个千万富翁；(4) 她马上要与之举行婚礼的美国未婚夫是个负债累累的“大负翁”。所有人都要为自己的选择承担后果，理性人必须学会面对才能放下包袱继续前进。

（三）边际决策原理

边际决策是指人们经常要对现有行动计划进行增量调整，这种增量调整被称为边际决策或边际变动。边际决策涉及决策行为的方向（前进、后退、保持）。不管是“有与无”的权衡取舍，还是“多与少”的数量权衡取舍，都是边际决策。

边际的含义就是因变量关于自变量的变化率，其边际值为因变量关于自变量的导数值。例如，自变量——产量增加一个单位，因变量——收益及成本的改变量为 5 和 3 个单位，我们就说边际收益大于边际成本，经济活动是可取的并且可以继续行动；当边际收益小于边际成本时，应该减少行动；当边际成本等于边际收益时，处于最优化水平。消费者和生产者几乎无时无刻不在考虑边际量，以便做出更好的决策，只有一种行动的边际收益大于边际成本，理性人才会采取该项行动。

案例分析

在边际上决策

一个航空公司的边际问题是对等退票的乘客收取多高的价格。假设每个座位的平均成本是 500 美元，航空公司的票价可以低于 500 美元吗？可以，因为航空公司考虑的是边际成本而非平均成本。飞机即将起飞时仍有 10 个空位，在登机口等退票的乘客愿意支付 300 美元买一张票（边际收益为 300 美元）。航空公司应该卖给他吗？当然应该。飞机有空位，多增加一位乘客的边际成本是一包花生米、一杯咖啡、一罐饮料（边际成本为 20 美元）。只要乘客的支付意愿大于边际成本，让他登机就是合算的、理性的。

对一个国家或社会而言，人口到底是稀缺资源还是社会负担？不同时期和阶段是不同的。当一个国家或地区经济落后、农业劳动生产率低、粮食歉收时，人口骤然增加就会引发农业问题和粮食危机；当温饱问题基本解决而农业劳动生产率大幅度提高时，人口增加就不会成为问题，即使有问题也不是边际问题，而是排在交通、电力、环境保护、教育和医疗问题之后的问题。

经济学的“边际革命”是数学方法的革命，是从常量数学方法转向应用变量数学（微积分）的方法。英国的杰文斯认为，经济学是快乐和痛苦的微积分。

雪中送炭还是锦上添花？

（四）激励反应原理

激励反应原理是指人们会对激励做出反应，即人们在比较成本与收益后做出的决策。1870 年，阿尔弗雷德·马歇尔在《经济学原理》中提出的需求定理是对激励反应原理的最好说明：当某种商品价格上升时，意味着购买者成本上升，人们会做出减少购买而选择其他替代品的决策；反之，当某种商品价格下降时，人们对该商品的购买会增加。供给定理同样是对激励反应原理的最好说明，商品的生产者会根据价格的升降做出相应决策，因为价格的升降意味着出售商品的收益的增减。经济学发现，广泛地提高税率反而会减少政府的财政收入，因为税率提高降低了对生产者的激励，从而使其生产活动减少。罗纳德·里根描述过征税的激励反应：第二次世界大战期间拍电影，演员赚过大钱，但战时附加所得税率达 90%，演员只要拍四部电影，其收入就会适用最高税率——90%，所以，演员们拍完四部电影后就停止工作，并到乡下度假。高税率引起少工作，低税率引起多工作。所以，1980 年，他当选总统后施政计划的重要内容之一就是减税，这一激励政策被称为里根经济学——供给学派的经济学观点。

“烂尾楼”激励：“烂尾楼”是为了避税。埃及房子建成之后要缴纳土地税、市政税、原始税、治安税等。但是如果房子没有建造完成，就不用缴税。于是，埃及许多私宅就不装修、不封顶、露钢筋，房屋处于“没有建造完成”的状态。

黑暗激励：1697年，英国国王没钱花，增加门窗新税种，居民的反应是把英国房屋变成暗门少窗。欧洲学英国，数门窗收税，欧洲大陆“暗无天日”。

安全激励：政府为市场交易活动盖个戳、印个花，确认交易标的和交易行为的合法性，解除当事人的顾虑和担忧。对政府而言，印花税是成本低、收益高、逃税少的税种。

上有政策，下有对策

（五）比较优势原理

比较优势原理又称交换（贸易）原理，它说明了交易能使每个人状况更好的道理。即使一国在所有物品上都有绝对优势，也不可能在所有物品上都有比较优势。相反，即使一国在所有物品的生产上都没有绝对优势，它也会在某些物品的生产上具有比较优势。

两个人的交换能使双方获益，两个国家的贸易可以使双方的状况都变得更好，即双赢。贸易促使人们专门从事自己最擅长的活动，并享有更多的、各种各样的物品和劳务。

世界贸易让财富井喷。世界人口增长速度加快是从最近250年发生的，财富的超速增长也是从最近200年出现的。据统计，最近250年创造的社会财富超过过去几千年。1750年之前，人类通过战争相互掠夺财富，而1750年之后，人类主要通过分工、交换和世界贸易获得财富。

经济学运用

比较优势

任何个人、企业、单位和社会即使没有绝对优势，但仍然存在比较优势——比较优势永远存在。例如，姚明应该打球，玛丽应该打字，为什么呢？

玛丽打球挣取的年收入是 10 万元，打字挣取的年收入是 15 万元，打球和打字肯定都不如姚明（姚明有绝对优势，玛丽只有绝对劣势）。但是，玛丽打字挣到每元钱的机会成本（放弃/得到＝10/15＝0.67 元）小于她打球的机会成本（打球每元钱的机会成本＝15/10＝1.5 元）。假如玛丽打球特别差，没有关系，不要自卑，不要气馁，抬起头、挺起胸，向前走，社会需要她，市场需要她，她为社会提供服务，社会必然给她相应的回报。玛丽打球越差，意味着她打字的机会成本就越低，例如，玛丽打球只挣 0.01 万元，反过来玛丽打字的机会成本就是 0.01/15＝0.006 7 元。玛丽打球越差，她打字的机会成本就越低，玛丽的比较优势就越大。

同样，姚明打球挣取的年收入是 12 000 万元，打字挣取的年收入是 120 万元，打球和打字肯定都超过玛丽（绝对优势），但他打字挣到每元钱的机会成本（放弃/得到＝12 000/120＝100 元）大大超过他打球的机会成本（打球每元钱的机会成本＝120/12 000＝

0.01 元）。姚明打字挣到每元钱的机会成本很高（100 元），显然他应该选择机会成本低的（0.01 元）、有比较优势的工作——打球。

市场经济中，你做自己有比较优势的工作，你就为市场提供了服务、产品、效用，为别人创造了财富、供应了幸福，市场才会给你回报，市场会奖励你、回报你、肯定你。你的收益、盈利和利润是市场对你创造财富、制造幸福无声的赞美、表扬、奖励，指引你扩大规模、勇往直前；你的损失、亏损、破产是市场对你浪费和消灭财富、制造痛苦无声的谴责、批评、惩罚，让你改弦更张、迷途知返。你的比较优势只有通过市场交换实现，市场是理性的——它不管你说的，它只看你做的。

按照比较优势进行分工的社会会变得更加富足，按照比较优势进行分工并进行贸易的两个国家能享有更多的商品和服务。世界人口增长速度加快是从最近 250 年发生的，财富的超速增长也是从最近 200 年出现的。据统计，最近 250 年创造的社会财富超过过去几千年。

1750 年之前，人类通过战争、相互掠夺获得财富，而 1750 年之后，人类主要通过分工、交换和世界贸易获得财富。人类，奔跑不如猎豹；嗅觉不如猎犬；视力不如飞鹰；听力不如野猫；力量不如笨熊；灵巧不如猕猴；组织不如蚂蚁；繁殖不如家鼠；水里不能活、海里不能过，冷热抗不住；搭窝筑巢不如小蜜蜂；飞翔不如小家雀；爱心不如袋鼠和南极企鹅；无私奉献不如工蚁和螳螂。可是，人类有分工、交换、价格、市场和国际贸易，知道比较优势，学会了选择和替代，人类因此成为万物之灵。

（六）“看不见的手”原理

“看不见的手”原理是指家庭或企业受价格这只“看不见的手”指引，决定购买什么、购买多少、何时购买，决定生产什么、生产多少、如何生产、为谁生产。人们时刻关注着价格，不知不觉地考虑自身行动的收益与成本。结果，在大多数情况下，价格指引这些个别决策者通过市场实现了整个社会福利的最大化。

背景资料

“看不见的手”

1787 年，英国资产阶级古典经济学家亚当·斯密到伦敦与他的忠实信徒、英国历史上影响最大的首相之一皮特见面。斯密是最后一个到达会面地点的，他一进屋，大家就全体起立欢迎他。斯密说道：“诸位，请坐！”皮特回答说：“不，您坐下，我们再坐，我们都是您的学生。”斯密有什么东西能让一个英国首相如此恭恭敬敬？因为亚当·斯密是“看不见的手”原理的发现者。17 世纪和 18 世纪是资本主义形成和发展的初期阶段，生产规模还相对狭小，经济自由竞争还受到各种限制。亚当·斯密在其 1776 年出版的名著《国民财富的性质和原因的研究》（简称《国富论》）中对经济自由竞争、自由贸易进行了详尽的阐述，表述了使他欣喜若狂的伟大发现（著名经济学家萨缪尔森把这一发现与牛顿的伟大发现相提并论)：动机良好的法令和干预手段，不能帮助经济制度运转，不用计划，利己的润滑油会使经济齿轮奇迹般地正常运转，市场这只“看不见的手”会解决一切。每个人既不打算促进公共的利益，也不知道他所增进的公共福利为多少。他所追求的仅仅是他个人的利益。在这个场合，像在其他许多场合一样，他受一只“看不见的手”引导去促进一种目标，而这种目标绝不是他所追求的东西，由于他追逐自己的利益，经常促进社会利益，其效果要比他真正想促进社会利益时所得到的效果更大。

政府是“守夜人”

后来的经济学家发现，斯密关于“看不见的手”的论述是“经济学皇冠上的宝石”，他们运用拓扑学和集合论等数学工具，在完全竞争的情况下严格证明了“看不见的手”原理。

“看不见的手”原理的经济学意义在于：(1) 利己与利他并不矛盾，可以统一起来；(2)“看不见的手”(价格机制以及由此形成的分工交换、市场竞争、商品贸易) 引导下的个人利己行为在促进社会利益方面，其效果要好于个人利他行为；(3) 要相信并尊重市场的调节力量，价格调节经济是一种正常的自然秩序——“上帝”的旨意，通向地狱的道路是用良好的愿望铺成的，要时刻警惕干预主义被滥用。

经济学运用

“看不见的手”原理的奇妙

可以通过以下几件小事情感受“看不见的手”原理的奇妙：(1) 比如，早上七点钟你出门去早市，边走边听收音机：美国发现了“超级病毒”。到了早市，你惊奇地发现，大蒜价格上涨了15%，而菜农从来没有听说过“超级病毒”一说。第二天，你去早市，发现大蒜价格下跌了10%。回来上网更加惊讶地发现：世界卫生组织指出“超级病毒”系误传。(2) 下班回家路上，你看到大蒜价格从9.20元/斤下降到8.28元/斤，嫌贵没买，小贩甩下一句：“北京找不到比我卖得更低的。”回家上网一搜，你会发现全北京的所有菜市场的大蒜价格都是8.28元/斤，这就是市场机制奇妙、神速传递信息的功能。(3) 某蔬菜批发物流中心，过去几年一直经营不善、亏损严重，可最近一年交投活跃、扭亏为盈，经营活动蒸蒸日上，当记者问中心主任有什么诀窍时，他说：“您是想听实话还是官话?”“当然是实话。”“实话就是我们的上级行政领导年纪大了，最近一年体弱多病，一年到头也不来一趟，没法指导物流中心工作。”

（七）“看得见的手”原理

“看得见的手”原理是指在“看不见的手”原理失灵或市场失灵的领域和时期，政府干预或宏观调控就不可避免，政府干预有时可以改善市场结果。

市场失灵是指市场本身不能解决资源有效配置的情况。市场失灵包括：

(1) 失业和经济周期。

(2) 公共产品领域（国防、公共设施、基础研究、广播电视、教育卫生、医疗保险等）具有的非竞争性和非排他性，使市场机制无能为力，需要政府出面提供这些产品或采取措施保护公平竞争、限制垄断。

(3) 外部性问题，外部性包括有益外部性（新发明、接种疫苗、教育投资、助人为乐等）和有害外部性（环境污染、汽车尾气等)。解决有益外部性需要政府的奖励、专利保护以及慈善机构和社会公益团体参与，解决有害外部性靠政府制定法律、法规、税收政策或权利界定。

(4) 平等问题。市场配置会导致贫富悬殊和两极分化，需要政府采取公共政策消减或缓释残酷的市场竞争后果，如累进所得税、社会救济、福利再分配等政策可以增进社会经济福利，但前提是不降低社会经济效率，争取把社会的“经济馅饼”做大。

“看得见的手”的作用必须建立在市场基础上，在市场失灵的领域发生作用。由于信息不完全、政策程序等原因，政府干预可以改善市场结果，但并不意味着它总能促进经济福利。为什么我们需要政府呢？一种回答是，“看得见的手”需要政府来保护它，只有产权得到保障，市场才能运行；另一种回答是，政府干预经济的原因有两类：促进效率和促进平等。

背景资料

"看得见的手"

尽管100多年前马克思就科学地说明了是经济自发性、盲目性导致了危机和失业，但西方学者直到20世纪30年代才承认失业是一个普遍现象，并且用有效需求不足、三大心理规律说明失业的原因。著名经济学家凯恩斯提出用宏观财政政策和货币政策刺激总需求的措施并在第二次世界大战期间盛行一时。

（八）生产率差异原理

生产率是指一国生产产品和提供劳务的能力。各国生产率的不同导致各国人均收入和生活水平的差别。2009年，世界排在前10名的国家（卢森堡，挪威，瑞士，美国，日本，丹麦，冰岛，瑞典，英国，芬兰）人均收入超过27 000美元。而排在后10名的国家（乌干达，卢旺达，莫桑比克，尼日尔，塔吉克斯坦，马拉维，塞拉利昂，几内亚比绍，利比里亚，布隆迪）人均收入不到241美元。创造经济学奇迹、排在世界第109名的中国人均收入也只有1 100美元。

即问即答

生产率差异意味着什么？

一国的生活水平取决于该国生产率，生产率高低用一个生产者一小时所生产的产品数量和提供的劳务量来衡量。在那些生产率较高的国家，人们会拥有更高的收入、价值更高的产品以及更多的电视机、住房、计算机、汽车、摩托车、自行车以及营养、医疗保健、教育和更长的预期寿命；而在那些生产率较低的国家，大多数人必须忍受贫困的生活。

生产率差异

（九）通货膨胀与失业短期交替原理

通货膨胀是指一国经济中物价总水平的持续上升。货币量的迅速增长、货币流通速度加快和生产率的大幅度下降都会导致通货膨胀。失业是指成年人没有工作但仍在积极寻找工作的状态。许多国家都遇到通货膨胀与失业交替出现的问题，即通货膨胀率与失业率此消彼长，失业率高，通货膨胀率低；失业率低，通货膨胀率高。当政府增加经济中的货币量时，通常会看到：短期内，通货膨胀率上升伴随失业水平下降；当政府减少货币量时，通货膨胀趋势缓解但企业产品销量减少、被解雇的工人增加。这说明通货膨胀与失业之间存在短期交替关系。

背景资料

菲利普斯曲线

新西兰籍经济学家菲利普斯，研究了20世纪50年代英国货币工资增长率与失业率之间的关系，于1958年得出二者存在交替关系的结论，并把货币工资增长率与失业率交替关系画成一条凹型曲线——菲利普斯曲线。通常，货币工资增长率等于一个国家的劳动生产率增长率加上通货膨胀率，当技术进步和劳动生产率不变时，货币工资增长率就等于通货膨胀率，所以，原有菲利普斯曲线就被改造为表现通货膨胀率与失业率之间关系的曲线。但对这条曲线是有争议的，大多数经济学家认为，通货膨胀与失业之间存在短期交替关系。

（十）边际收益递减原理

边际收益递减是一条被广泛观察到的经验性规律，它是指当保持其他投入不变时，连续增加同一单位的某种投入所增加的收益（或产量）越来越少，又称边际收益递减原理。边际收益递减的原因是：随着某一种投入（如劳动）更多地增加到固定数量的土地、机器和其他投入上，劳动可使用的其他要素越来越少，土地变得更加拥挤，机器超负荷运转，所投入的劳动也变得较不重要了。根据这一原理，如果不断添加相同增量的一种投入品（且其他投入品保持不变），这样所导致的产品增量在超过某一点后将会下降，也就是说，边际产品将会减少。

生产所需的基本要素有四大类：土地、劳动、资本和企业家才能。一定的技术条件下，要素比例是确定的，即在其他要素不变的情况下，改变某个要素的投入量势必会影响产量。开始投入这个要素时，边际产量比较平稳，因为其他要素过剩，能保证这个要素按最佳比例充分利用；达到确定的要素比例之后，边际产量则会下降，因为这个要素过剩，没有按最佳比例充分利用，故会使边际产量递减，最终导致在其他要素耗尽之后继续投入该要素出现产量不增的现象。

边际收益递减的另一面是边际成本递增。在短期内，当把可变生产要素用作不变生产要素时就表现出收益递减的倾向，这就意味着边际成本有上升的倾向。如果最初存在着收益递增，那么，边际成本就会下降，但在一定时期之后，边际收益递减和边际成本递增总会出现。成本的“∪”形变化规律和收益的“∩”变化规律对企业和厂商来讲意义深远。

经济学运用

边际收益递减

小时候，家长总是跟我们说“一个和尚挑水吃，两个和尚抬水吃，三个和尚没水吃”，告诉我们不要攀比依赖、偷懒耍小聪明。其实，没水吃的根本原因是：只有两个水桶，越是后面上山的和尚（边际要素），可以使用的资本要素（水桶）越少，因此，边际收益越低。只要在上山和尚增加的同时能够不断增加水桶，就不会马上出现边际收益现象。

三、经济学的基本内容

（一）经济学的基本定律

一百多年来，经济学卓有成效地运用现代数学工具或统计方法，极大地推动了数学的发展，现代数学中的线性规划、数理统计、非线性动态分析、控制论、博弈论等，都从经济学中汲取了丰厚的养分。但是，经济学的成功和荣耀并不仅仅是数学工具的运用，其成功在更大程度上得益于它的简洁。

有人曾经嘲笑经济学家，说经济学的全部内容可以在两个星期内掌握。我国著名学者汪丁丁评论说：一门可以在两个星期内掌握的科学，一定是简练到优美地步的学问，其基本定律一定如此有效以至于根本用不到更多的假设和辅助定理，就足以解释整个世界。

通俗地讲，经济学的基本定律是理性人都无一例外地追求“给定条件下的最大化”。理性追求给定成本（价格、收入或付出）下的收益最大化，具体化为效用最大化、产量最大化、利润最大化。支撑经济学的“最大化分析”可以浓缩为一个公式：$MU_i/P_i=\lambda$。MU_i为每增加一单位 i 商品消费给消费者带来的效用，即边际效用，P_i为 i 商品的价格，λ 为一常数，在边际效用递减的情况下，$MU_i/P_i=\lambda$ 是消费理论中的消费者均衡条件（原则）或消费者效用最大化公式。$i=1$，2，3，…，n，代表不同的商品，它的展开式为：$MU_1/P_1=MU_2/P_2=\cdots=MU_n/P_n=\lambda$。例如，消费者选择两种商品 x 和 y，当MU_x/P_x大于MU_y/P_y时，他会增加 x 商品或减少 y 商品，直到每单位货币得到的不同商品的边际效用相等，即 $MU_x/P_x=MU_y/P_y$。

理论运用

经济学的基本定律 $MU_i/P_i=\lambda$

我们可以根据$MU_i/P_i=\lambda$ 推出其他一些重要的微观经济学中的理论或定理。

（1）需求定理。在$MU_i/P_i=\lambda$ 公式中，如果MU_i不变、P_i 下降，人们会增加 i 商品的消费，反之，则减少 i 商品的消费，即当其他条件不变时，价格变化引起需求量呈相反方向变化，得到需求定理。

（2）供给定理。把公式$MU_i/P_i=\lambda$ 换成$MR_i/C_i=\lambda$，即边际收益与成本之比，假定C_i不变，MR_i上升，供给增加，反之减少，得到供给定理（当其他条件不变时，供给量随价格或收益呈同方向变动）。

（3）要素最优组合的条件。如果把MU_i看作投入 i 种要素获得的边际收益（MR_i），把P_i看作投入要素支付的成本（C_i），当固定投入不变且边际收益递减规律存在时，生

产者实现收益最大化和要素最优配置的条件是$MR_i/C_i=\lambda$。

（4）交易、分工和贸易原理。我们还能从$MU_i/P_i=\lambda$得到交易、分工和贸易原理，不同消费者对不同商品而言，边际效用（MU_i）是不同的，这就产生了交换的必要。不同国家的资源禀赋不同，成本（C_i）不同，就产生了分工和贸易。

（5）寻租理论。在不完全竞争市场中，“寻租”和“设租”的理论基础是基于$MR_i/C_i=\lambda$公式中成本（C_i）与收益（MR_i）的比较分析。

（6）外部性和公共产品理论。成本（C_i）收回上的困难以及收益（MR_i）分担上的不对称产生了“搭便车”、外部性、公共产品等市场失灵问题。

总之，经济学中的重要原理，包括边际效用递减规律、边际收益（报酬）递减规律、边际成本递增规律、要素最优投入组合、需求定理、供给定理、均衡价格的形成机制、效用最大化原理、利润最大化原则、寻租与设租、公共产品、“搭便车”、外部性、市场失灵等，其基本内容都是从经济理性、给定条件下的最大化，也就是从$MU_i/P_i=\lambda$这个公式中推演出来的，经济学在预设的简洁性和逻辑一致性上达到了炉火纯青的地步。

（二）微观经济学与宏观经济学的区别

1. 微观经济学研究的问题

微观经济学要解决的是资源配置问题，即解决生产什么、如何生产、为谁生产三个基本问题。微观经济学主要以单个经济单位（单个生产者、单个消费者、单个市场经济活动）作为研究对象，分析单个生产者如何取得最大利润；单个消费者如何获得最大效用；单个生产者的产量、收益、成本、利润如何决定；生产要素供应者的收入如何决定；单个商品的效用、供给量、需求量和价格如何确定。研究社会中单个经济单位的经济行为，如买车买房、升职加薪、投资理财、子女就业。如何确定储蓄和消费的比例？如何选择商品和服务？何时就业？每周工作几个小时？怎样制订退休计划？公司应该生产什么产品？聘请拥有哪些技能的员工？公司是购买还是租赁机器？增加物资设备还是扩大规模（连锁店和营业面积）？商品如何定价？如何激励经理？在一个竞争激烈的市场里，商品的价格是怎样确定的？垄断市场或者寡头市场中的商品如何定价？

微观经济学的中心理论是价格理论。

2. 宏观经济学研究的问题

宏观经济学研究总体经济，如就业状况和失业状况。关于宏观经济的问题包括：产生经济周期的原因是什么？国内生产总值的增长速度（经济增长）是由什么因素决定的？究竟是什么在影响着通货膨胀？汇率变化（本币兑换外币或外币兑换本币的比率）是由什么引起的？货币政策和财政政策会产生什么效应？政府债务如何管理？

当出现失业时，意味着资源的闲置。宏观经济学的核心问题是失业问题或者资源利用问题。所谓资源利用，是指人类如何更好地利用现有的稀缺资源，避免闲置。资源利用涉及以下三大基本问题：

第一，失业问题。应考虑为什么资源得不到充分利用，如何解决失业，实现充分就业。

第二，经济波动问题。应考虑国民收入增长为什么会波动。

第三，通货膨胀问题。应考虑如何对待通货膨胀。

由上可见，稀缺性不仅引起了资源配置问题，而且引起了资源利用问题。主流经济学认为，经济学是研究稀缺资源配置和利用的学问。

第四节 经济学的基本方法和基本工具

一、实证方法和规范方法

实证方法是一种摆脱或排斥价值判断、集中研究和分析经济活动与经济过程如何运行的分析方法。它只研究经济现象间的联系，分析和预测经济行为的后果，只回答“是什么”，对诸如“状态”“可选择的政策”“实施某方案的后果”等方面进行描述、解释。实证分析一般借助于一系列经验数据、假设条件、经济数量模型，根据理论模型做出预测，然后用事实来验证预测，以便决定修改或放弃理论及其预测。经济学就是在“考察资料、形成假说、检验假说、修改或放弃假说”中演化和发展的。

规范方法是以一定的价值判断（伦理学意义上的好或坏）为基础，提出某些标准作为分析处理经济问题的标准，作为制定经济政策的依据，并研究如何才能符合这些标准。它回答“该做什么”“应该是什么”，其分析结论往往无法通过经验事实来检验。

二、实证经济学和规范经济学

运用实证方法分析市场供求、失业与通货膨胀、公共政策、增长与发展等经济问题和经济现象，称为实证经济学；反之，称为规范经济学。

不管个人的好恶，以一种客观和超然的态度，对生产、失业、价格和类似现象加以描述、分析和解释，并把这些现象联系起来是实证方法的基本特征和基本要求。微观经济学与宏观经济学都把社会经济制度作为既定不变量，不分析社会经济制度变动对经济的影响，故西方学者倾向于认为微观经济学与宏观经济学属于实证经济学。

理论分析

经济学家的意见分歧

运用规范方法分析经济问题和经济现象时，经济学家通常存在巨大的分歧。究其原因，在于规范尺度和价值判断标准存在差异，使得不同时期和不同流派的经济学大相径庭。例如，中世纪对经济问题的分析，是以神学为“规范”的；西方古典经济学的规范是个人主义的伦理观；当代福利经济学派的规范则是“福利主义”；伦理学派的规范是“机会均等”的彻底自由主义。经济学规范研究重在考察行为的后果，判断它们的好坏善恶，分析这些后果是否可以变得更好。因此，规范研究包含了对于偏好的行动路线的判断和规定。

经济学规范研究常常涉及以下问题：通货膨胀的容忍限度应该是6%、8%还是12%？究竟是把解决就业压力放在优先位置，还是把抑制通货膨胀放在优先位置？是否应该向富人课税以帮助穷人？国防开支每年应当增长3%还是7%？经济学家根据不同规范和价值判断展开争论，他们之间的分歧不可能通过科学或诉诸事实加以解决。对于通货膨胀的容忍程度、什么程度的贫穷才是合乎正义的以及国防开支应占多大比重的问题，根本不存在正确或错误的答案，这些问题是由政治抉择来解决的。在西方，经济学界的喜好争论和混乱令人印象深刻，有人甚至揶揄：如果让任何一个职业的全体成员组成一个枪毙犯人的行刑队，只有经济学家们会围成一个圆圈。其实，经济学家之间的意见分歧并不像一般人想象的那么大。经济学家之间在实证经济学的许多问题上已经取得了相当一致的意见，如租金控制的影响、最低工资、关税以及汇率的作用和政府支出，实证经济学只有在货币的作用和通货膨胀问题上还存在着重大分歧。经济学家之间的重大分歧是在宏观经济学和规范经济学领域，如在有关政府的适当规模、工会的力量、通货膨胀和失业、收入的公平分配等涉及广泛的政治和伦理问题中。而在对价格和市场研究的微观经济学中，经济学家的意见相当一致。

三、实证分析的基本要求

重点提示

经济学的实证化是经济学科学化的唯一途径

运用实证方法是微观经济学和宏观经济学的主流。许多经济学家认为，经济学的实证化是经济科学化的唯一途径，这样才能使经济学成为像物理学、化学一样的真正科学。经济学家在考察分析、描述经济现象时，离不开定义、假设、假说、检验这几大实证方法的基本环节，概念定义、确定假设、形成假说、检验假说的过程，也就是理论形成的过程。理论往往比感觉更可靠。

运用实证方法进行经济分析的基本要求是避免主观性、防止合成推理谬误和警惕反因果关系谬误。

（一）避免主观性

在观察和处理问题时，不是从客观实际出发，而是从愿望、意志、感情、个人经验出发，就是主观性。在实际工作中，主观性有时表现为教条主义和经验主义。人们习惯于用自己大脑中的概念、理论、经验来解析经济现象。年轻的时候，人们很容易接受新思想，然而一旦把经验、知识组成一种关于现实的观点以后，人们很容易变成自己知识、成见、偏见、感情和利益的俘虏。西方学者承认，经济问题容易引发个人感情，当牵涉根深蒂固的个人信仰和偏见时，血压上升，语音刺耳，而某些偏见又都是披上一层薄薄的合理化外衣的特殊经济利益。生长在地球上面，以为宇宙的其他部分都围绕地球转；有的人牛顿力学学得很好，却妨碍他掌握新的相对论。生活在资本主义社会并长久地体验其生活方式，要赞同和理解其他经济制度是比较困难的。同样的情况也存在于理论之中，当你采用一套新的经济原理时，你就以新的和不同的方式去理解现实。因此，我们应对自己的主观性和没有明确表达出的假设条件事先有所警惕。

（二）防止合成推理谬误

合成推理谬误又叫合成谬误，是指不顾前提和条件，简单地把个别或微观合成为整体或者宏观。合成谬误的逻辑学定义是：对局部来说是正确的东西，仅仅由于它对局部来说是对的，就将它说成对总体来说也必然是正确的。

事实上，对局部来说是正确的东西对整体来说是可能不正确的，甚至完全相反。萨缪尔森在其著作《经济学》中的第一章指出："对于部分来说是对的事情，对于整体来说也是对的，这一错误的概念就是合成谬误。"在经济学领域中，十分肯定的是：对个体来说是对的，对整体来说并不一定都是对的；反之，对整体来说是对的东西，对个体来说可能是十分错误的。有这么一种说法："每个人都希望世界美好，但是每个人都在努力使世界变坏。"目标、行为与结果在很多时候并不一致，研究事与愿违是经济学的任务。例如，对于个人来说，大学毕业后得到工作的概率比高中毕业可能增加5%，但政府通过扩招使所有和你同龄的人都大学毕业并且保持其他条件不变，这群人全体得到工作的概率并不会增加5%。

例如，每个人都踮着脚尖来看庆祝游行并不能使人得到什么好处，虽然某一个人这样做可以看得更清楚一些；在电影院看电影，个人选择站起来，他会看得很清楚，受到影响的其他人也站起来，最后所有的人都站起来，其结果是，所有人都很累、很辛苦地站着看电影——对个体有利的行为，对群体却是有害的。

每个人都踮着脚尖看庆祝游行、看电影，但这并不能使人得到什么好处，虽然某一个人这样做可以看得更清楚一些。个人选择站起来，个人会看得很清楚，受到影响的其他人也站起来，使得所有的人都站起来，最后的结果是，所有人都很累、很辛苦地站着——对个体有利的行为，对群体却是有害的。

对于个人来说，大学毕业得到工作的概率比高中毕业可能增加5%，但如果政府通过扩招使所有和你同龄的人都大学毕业并且保持其他条件不变，大学毕业生全体得到工作的概率并不会增加5%。

经济学运用

合成推理谬误

以下例子都是正确的陈述，如果你认为不对，就犯了合成推理谬误：

（1）某企业的工人或某行业的工人会从提高的工资中获得好处，但所有工业的工人并不能从类似的工资提高中获得好处。

（2）即使所有的农民努力干活且大自然又给予合作从而获得一次大丰收，农业总收入也很可能要下降。

（3）在经济萧条时，个人多储蓄一些，反而会减少整个社会的储蓄额。

（4）税收能增加政府收入，但也可能减少政府财政收入和国民收入。

（5）大规模的广告能增加产品销量，但当该行业所有公司都大搞广告攻势时，不一定能取得类似销量增加的好处。

（6）开车上下班比骑自行车或乘公共汽车节省时间，但如果所有人都开车上下班，情况恰好相反。

（7）个人、地方和部门能从关税保护中得到好处，但国家和消费者不一定能从中获益。

（8）对个人来说是妥当的行为，对整个国家来说有时却是愚蠢的事情。

（三）警惕反因果关系谬误

由于错误地断定因果关系的方向，人们（包括经济学家）会犯反因果关系谬误。例如，曾经有美国媒体记者写文章，报道佛罗里达州的高死亡率不利于那里人们的身体健康，影响人们选择去那里居住。其实，原因正好相反，该州相对良好的居住环境、空气质量和医疗条件吸引了更多的人尤其是老年人移居该州，老年人增加自然导致了该州的高死亡率，即居住在那里对健康有利导致了佛罗里达州的高死亡率。美国媒体记者搞反了因果关系，犯了反因果关系谬误。

关于某城市的高死亡率与人们健康的关系，我们必须仔细分析，首先，假定该城市与其他城市除居住生活以外的其他条件相同，或者根据年龄分布、性别、有损健康的诸多因素做出校正以便具有可比性；其次，考察资料，确定假设、形成假说、检验假说；最后，才能对居住在该城市是否有利于健康做出结论。

经济学运用

反因果关系谬误

下面的观点就是搞反了因果关系，犯了反因果关系谬误：

(1) 甲城市警察在不断增加，暴力犯罪事件却有增无减，所以，警察越多、越集中的地方，越危险、越不安全。

(2) 夫妻们准备要孩子并预期孩子会顺利出生，开始购买婴儿车和旅行车，从而引起婴儿车和旅行车销售量上升。有人据此认为：婴儿车和旅行车的销售引起人口增长。

(3) 有人认为，只有她在春天穿上裙子以后，树木才会变绿。

(4) 大规模的、地毯似的广告宣传导致了美国高标准的生活水平。

四、经济学研究的基本工具

（一）供求分析

供求分析是指在分析经济现象或考虑经济问题时，总是要从供给和需求这两个方面来考虑，供求的相互作用总是要反映在价格上。例如，城市化的聚集效应产生了居住需求，一方面，住房需求曲线右移拉动房屋租金上涨；另一方面，房屋租金上涨刺激满足房屋租赁需求的供给量大幅度增加。又如，1992 年美国对伊拉克实行禁运，一方面，伊拉克国内供给大幅度下降，物品短缺，通货膨胀；另一方面，价格上升引发普遍的涨价预期，人们抢购商品、囤积货物。价格暴涨会抑制需求量，同时会激励商人加快倒买倒卖活动，甚至冒险进行黑市交易、走私、突破禁运。但是，萨达姆分不清因果关系，把通货膨胀归罪于商人并处决 42 名德高望重的商人。商业活动的停止进一步强化了短缺。

（二）成本收益分析

成本收益分析是指人们做出每一项决策都会比较成本与收益。当成本或收益变动时，人们的行为也会发生改变。在给定成本下争取最大收益，或者在给定收益下使得成本最小，这是理性人或经济人的行为原则。成本收益分析要求对未来行动有预期目标，通过评估各种条件下的行为的实际效果，争取以最小的成本获得最大的收益。经济学的成本收益分析与其他学科的成本收益分析的最大不同是，经济学的总成本中包含了选择成本或机会成本。例如，对于一个小学生来说，上学读书的机会成本不高，但是，随着年龄、学识、职位、责任和薪酬的增长，尤其是当他取得高收益工作的机会增加时，他上学读书的机会成本就会越来越高。

（三）边际分析

边际分析是指当自变量发生微小变动时，因变量就随之变动。人们不仅会比较总成本与总收益，还会比较边际成本与边际收益。边际的概念源于高等数学的一阶导数和偏导数的概念。常常用到的边际概念有边际成本、边际收益、边际利润、边际效用、边际消费、边际储蓄等。边际分析是马歇尔于二百多年前创立的，它告诉人们在做决策的时候，除了应用绝对量作为决策参数外，更应该注重运用增量参数。

边际分析是对新出现的情况进行分析，即现状分析。这显然不同于总量分析和平均分析，总量分析和平均分析实际上是过去分析，是过去所有的量或过去所有的量的比。在现实社会中，由于各种因素经常变化，用过去的量或过去的平均值概括现状和推断今后的情况是不可靠的，而用边际分析则更有利于考察现状中新出现的某一情况所产生的作用、所带来的后果。边际分析奠定了西方经济学的基础，它是经济学的基本研究方法之一，不仅在理论上，而且在实际工作中也起着相当大的作用，是开启经济决策王国大门的钥匙。

经济学运用

边际分析

以下为边际分析在经济分析中的简单应用：

（1）最优产量的决定。当边际收益等于边际成本时，此时的产量水平为最佳产量水平，因为这时得到的总利润最大。

（2）结婚十年的恩爱夫妻过不下去了，是理性分开还是勉强继续一起生活？继续没有感情地生活的理由是：感情不和是最近的事情，双方从过去到现在总的幸福大大超过总的不愉快（例如600：100）。分开的理由是：幸福的边际净值为负。继续在一起的每一天、每一分钟痛苦都大于幸福。分开越早，总幸福净值就越大；分开越晚，总幸福净值就越小，直至为负。

经济学可以帮助你了解周围的世界、参与经济生活、解决生活中的许多问题、理解宏观经济政策。它不会使你成为天才，但它可以使你少犯错误。经历了二百多年的发展，经济学已经相当成熟了，虽然学习经济学也许不会改变你的一生，但是，它会使你看到一种全新的思维方式，在人生的重要时期，它可以帮助你做出更加理性的、合理的选择。有经济学家说："学生的时间是稀缺的，但他们会发现学习经济学的时间投入是一项值得的、高回报的、高效率的投资。"作者建议读者把学习经济学当成一项投资，建议用162个学时来学习经济学，课前预习、课堂听老师讲授、课后复习投入的时间成本应该是各占1/3。

把学习经济学当成一次激动人心的远航。系统地学习经济学，对于大多数人而言，一辈子可能只有一次。但是，在人的整个一生中——从摇篮到坟墓，会无数次地碰到经济学严酷的真理。没有学习经济学，就无法正确认识和理解周围的世界。两位经济学大师萨缪尔森、曼昆曾经说过，经济学课程的学习改变了他们的一生。事情确实如此。学习经济学是一项高效的“人力资本”投资，而且获益将是持续的、长期的。远航去经济学的世界，现在出发吧！

本章小结

1. 虽然经济学只有二百多年的历史，却是近代发展最为迅速的科学，被经济学泰斗萨缪尔森称为“最古老的艺术、最新颖的科学”，它作为社会科学王冠上的明珠，成为众多精英追逐的人类大智慧。凯恩斯说：经济学家的思想始终左右着这个世界——不管它是在对的时候还是在错的时候。

2. 经济学是关于稀缺资源配置与利用的科学。经济学的两个基本假设是稀缺性假设和选择性假设，资源稀缺以及选择的必要产生了经济学。机会成本、生产可能性曲线、市场经济体制等都与选择有关，所以，经济学被称为选择的学问。这里讲的经济学是指理论经济学，它主要包括微观经济学和宏观经济学。

思考题

1. 假如你一天有 16 个小时在闲暇和学习之间分配，设闲暇时间为变量 x，学习时间为变量 y，用坐标图表示学习时间与闲暇时间此消彼长的关系。如果你每天花费 6 小时用于闲暇，请在图上标出你要选择的点；假如你决定每天只花费 5 个小时用于闲暇，请标出新点。假设你觉得时间少了，决定每天用 18 个小时分配在闲暇和学习上，画出新的曲线。（提示：16 个小时的函数方程式为 $16=x+y$，18 个小时的函数方程式为 $18=x+y$，方程式的变化在几何图形中表现为线移动）

2. 什么是经济学？如何从资源的稀缺性和选择性推导出经济学？

3. 不同的制度在解决生产什么、如何生产和为谁生产问题的方式上有何不同？考虑在家庭内、大学里、食品行业和军队里是怎样解决三个基本经济问题的。（提示：家庭内通常是习惯和传统起作用，大学里和食品行业主要受市场机制支配，军队里靠计划指令）

4. 举例说明你身边存在的权衡取舍难题。

5. 试述价格机制的作用过程。

6. 如果年收入 5 万元，税率为 20%，超过 5 万元以上的部分适用税率为 50%，请计算一个有 6 万元年收入的人的平均税率和边际税率。

7. 长寿者一般不吸烟，不吸烟者大都长寿，对否？个人在经济萧条时期多储蓄一些，会增加还是减少社会总储蓄？

第二章　需求、供给与均衡价格

学习目标

知识要求：了解需求或供给及影响需求或供给的不同因素，并严格区分需求量或供给量变动和需求或供给变动；理解需求或供给受不同因素影响的变化程度（弹性理论）；掌握供求相互作用怎样决定均衡价格和均衡数量。

技能要求：知道不同因素怎样影响需求或供给函数及均衡的变动；了解不同因素影响需求或供给函数，均衡变动的函数和几何表达形式；会用供求函数和几何模型进行某种商品的供求均衡分析。

开章案例

补贴政策与均衡的变动

2007 年，针对上学难、上大学难，有的经济学家说："许多人上不起大学是因为学费太低了。"这一说法引起轩然大波。其实，经济学家想说的是：要想发展高等教育、增加大学教育供给，最好的办法不是价格控制（管制学费），而应该是出台具有针对性的分类补贴政策。

例如，某地区每年大约有十二万高中毕业生，市场对大学教育的需求函数和供给函数分别是 $D=9\,0000-2P$ 和 $S=50\,000+8P$。公式中 D、S 代表需求和供给，P 代表价格，假定影响需求和供给的其他因素（非价格因素）不变。市场均衡（$D=S$）时，上大学的学费是 4 000 元（均衡价格），上大学的人数是 82 000 人（均衡数量）。

为了鼓励教育这种具有正外部性产品的消费，现在政府出台了一项"需方补贴"政策，政府将对每个申请上大学的学生每年以教育券形式补贴 1 000 元学费。

问题：

(1) 求"需方补贴"政策下将会有多少人上大学？（年）学费是多少？

(2) 得到政府补贴的大学生，每年学费的实际支出是多少？大学每年每位学生的学费实际收入是多少？

解：(1)"需方补贴"政策下的市场均衡数量即上大学的人数是 83 600 人；均衡价格即（年）学费是 4 200 元。计算过程：需求方程和供给方程都是行为方程，政策作为外生变量会改变模型参数值。新政策影响下的新的需求函数 $D'=90\,000-2\,(P-$

1 000)，均衡条件或均衡方程为 $D'=S=83\ 600$ 人，$P'=4\ 200$ 元，即上大学的人数（均衡数量）和学费（均衡价格）都增加了。

(2) 得到补贴后，每位学生学费的实际支出是 3 200（4 200－1 000）元。大学每年每招收一位学生的学费实际收入是 4 200 元。注意，虽然大学没有从政府那里直接得到好处，但从政府对学生的补贴中获益。"需方补贴"政策既增加了大学收入又减轻了学生学费负担，所以，均衡数量（交易量）才会比过去有所增加。

结论：一般而言，补贴（不管是补贴需求方、供给方还是补贴双方）会影响供求双方，降低买方的实际成本、增加卖方的单位收益并增加政府和纳税人的负担。

讨论题

征税，不管是对买方还是卖方，是否都会降低市场均衡数量（交易量）、增加买方负担、降低卖方收益？

第一节 需求理论

一、影响需求的因素

影响一种商品需求数量的因素多种多样，概括起来主要有以下几种：

(1) 商品本身的价格。商品本身价格的变化引起该商品的需求量呈反方向变动，即需求定理。例如，在汽车市场中，汽车价格的变化引起汽车的需求量呈反方向变动。

(2) 相关商品价格。商品之间的联系有三种：互补关系（如汽车与汽油，钢笔与墨水，热带鱼与水族箱）；替代关系（如汽车与火车、羊肉与牛肉、面粉与大米、公路与铁路）；没有直接关系（如汽车与大蒜、羊肉与钢笔）。存在互补关系的商品的价格对该商品需求影响是反方向的，因为，它们共同满足一种欲望，它们之间是互补的。存在替代关系商品的价格对该商品需求影响是同方向的，因为，它们可以互相替代来满足同一种欲望。

(3) 收入水平。富裕国家或家庭几乎对一切物品的需求都高于不发达的国家或家庭对汽车、电器、水果、住宅、电力等的需求。仔细观察会发现，由于各种商品需求程度上的差异，市场需求量对收入变化的反应也是不同的。生活必需品对收入变化的反应不大，而奢侈品、耐用消费品对收入变化的反应则较大。另外，收入分配趋向平等，会使需求增加；反之，则使需要下降。

(4) 消费偏好。社会消费风尚的变化，将促使消费者在商品价格未发生任何变化的情况下增加或减少对某商品的需求。而消费者偏好的变化受许多因素影响，其中，广告宣传可以在一定程度上影响偏好的形成，这就是为什么许多厂商不惜血本大做广告的原因。

(5) 人口数量与结构。人口数量影响需求数量，人口结构影响需求结构。例如，人口的老龄化会减少对碳酸饮料、时髦服装、口香糖、儿童用品等的需求，但会增加对保健用品、药品的需求。

（6）政府的经济政策。例如，偏紧的财政政策和货币政策会抑制消费需求，而鼓励消费的信贷制度则会增加消费需求。

（7）预期。消费者对自己的收入水平、对商品价格水平的预期直接影响其消费欲望。如果预期未来收入水平上升，商品价格水平也会上升，则消费者会增加现在的需求与消费；反之，则会减少现在的需求与消费。

如果把影响需求数量的各种因素作为自变量，把需求数量作为因变量，则可以用函数关系来表示影响需求的因素与需求之间的关系，这种函数称为多元需求函数，用公式表示就是：

$$D=f(a,b,c,d,\cdots,n)$$

其中：D 代表需求，a，b，c，d，…，n 代表影响需求的因素。该公式的经济意义是：影响需求的因素是多种多样的，包括价格、相关商品的价格、收入、偏好、人口、政策、预期等，它们的变动都会引起需求不同程度的变动。

二、需求和需求定理及其表现形式

（一）需求及其形式

经济学家把影响需求的因素抽象概括为价格因素和非价格因素。价格因素是指商品本身的价格，非价格因素包括相关商品的价格、收入、分配、政策、人口、预期等。经济学家用一元需求函数来定义需求，需求是价格与需求量的关系。

需求的表现形式有四种，即文字形式、函数形式、表格形式和曲线形式。需求、需求函数、需求表、需求曲线都是指不同价格下的需求量，内容上是完全一样的。

1. 需求

需求是需求量的集合，是指居民在一定时期内，当影响需求的非价格因素不变时，某一时期内在不同价格水平上居民愿意并且能够购买的商品量。购买意愿和购买能力缺一不可。不同的需求量是对不同的价格做出的响应，每一单位的需求量对应不同的价格，于是，产生一组“价格-需求量”组合。需求是需求量与价格关系中的“一组需求量”。

2. 需求函数

假定非价格因素不变，只考虑商品本身的价格与该商品需求量的关系，并以 P 代表价格，D 代表需求，则一元需求函数表示为：

$$D = f(P)$$

在需求函数中，价格是自变量，需求是因变量。线性需求函数的公式为：$D=a-bP$；非线性需求函数的公式为：$D = aP^{-b}$；某一个具体的需求函数可以是：$D=110-10P$。

在需求函数 $D=110-10P$ 中，D 是变量“需求”，60 个单位则是“需求量”（与价格 $P=5$ 对应）。例如，当汽车线性需求函数为 $D=110-10P$ 时，存在一组“价格与需求量”组合：l（11，0）；k（10，10）；j（9，20）；i（8，30）；h（7，40）；g（6，50）；f（5，60）；e（4，70）；d（3，80）；c（2，90）；b（1，100）；a（0，110）。与不同价格对应的这一组汽车需求量集合（复数）称为需求（D）。需求是复数。

什么是需求量？需求量是指居民在一定时期内，当影响需求的非价格因素不变时，在某一给定价格水平上愿意并且能够购买的商品量。例如，在需求函数 $D=110-10P$ 中，给定价格为 6 万元时，需求量为 50 万辆。需求量是单数。

3. 需求表

不同的价格对应着不同的需求量，居民在特定时间内，对某一商品的需求量同这种商品的价格之间存在着一一对应的关系。例如，需求函数 $D=110-10P$，当某一商品的价格为 0、1、2、3、4、5、6、7、8、9、10、11 元时，需求量依次为 110、100、90、80、70、60、50、40、30、20、10、0 个单位，需求量的集合称为需求。这些“价格-数量”组合，可用需求表（见表 2-1）来表示。

表 2-1 某一商品的需求表

“价格-数量”组合	P 价格（元）	D 需求（单位）
a	0	110
b	1	100
c	2	90
d	3	80
e	4	70
f	5	60
g	6	50
h	7	40
i	8	30
j	9	20
k	10	10
l	11	0

表 2-1 中的第一列是“价格-数量”的各种组合，第二列是自变量“价格”，第三列是“需求”。与某一给定价格吻合、对应的是需求量，比如，$P=8$，$D=30$。

4. 需求曲线

对于需求函数 $D=110-10P$，既可以列表，又可以绘成曲线。通过需求表，很容易找出对应于每一价格的每一需求量；通过需求曲线，不仅容易找出对应于每一价格的每一需求量，而且可以明显地看出价格变化时需求量变化的趋势。

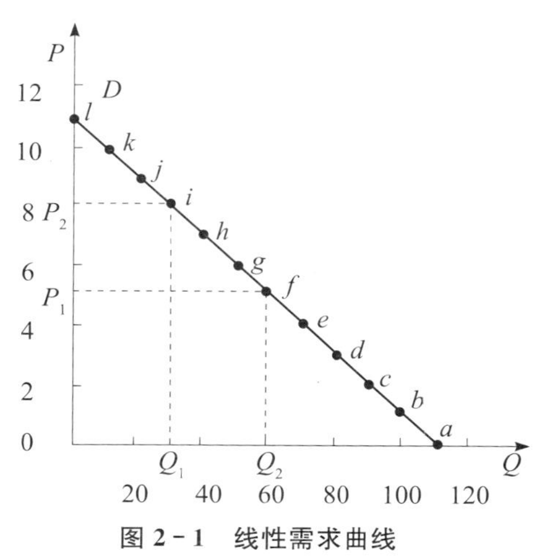

图 2-1 线性需求曲线

根据表 2-1 中的“价格-数量”组合，连接 *a*、*b*、*c*、*d*、*e*、*f*、*g*、*h*、*i*、*j*、*k*、*l* 各点，绘出图 2-1 中的需求曲线。

从图 2-1 可以看出，需求曲线是表示其他条件不变时，商品价格和需求之间的函数关系的几何图形。需求曲线是一条光滑的曲线，它是建立在价格和需求量的变化都是连续的这一假设上的。西方学者认为，这一假设有简便的优点，尽管它很难完全符合实际。

难点解答

如何理解需求量为负数？

在鞋制品需求函数 $D=110-10P$ 中，需求曲线纵坐标上给定价格超过 11 元，表示数量的横轴进入左边第二象限，比如，$P=12$ 元时，需求量为 -10 双鞋。如何理解需求量为负数？

答：需求曲线一般都定义在第一象限，例外情况属于理论探讨，目的在于帮助人们更好地理解需求定理。

需求量为负数表明价格超过一定限度后，购买商品的需求方转变为供给方，需求量转变为供给量。在鞋制品需求函数 $D=110-10P$ 中，给定价格超过 11 元，比如，$P=12$ 元时，需求量为 -10 双鞋，这表明：当价格足够高时（超过 11 元），商场里原来的需求方会停止购买，愿意供给自己脚上的刚刚购买的新鞋。

如果 $D=110-10P$ 是汽车需求函数，价格超过 11 万元时，汽车需求方变为供给方：“这个价格你要多少汽车，我就给你多少汽车。”需求量为负时，“如此这般高价，我可以给你”常常是买者讨价还价的策略。

需求曲线向右下方倾斜，斜率为负。价格和需求量之间的关系可以是线性关系，也可以是非线性关系。当二者之间存在线性关系时，需求曲线是一条向下方倾斜的直线，直线上任一点的斜率都相等。图 2-1 中的需求曲线便是如此。与此不同，当二者之间存在非线性关系时，需求曲线是一条向右下方倾斜的曲线，曲线上不同点的斜率是不同的，见图 2－2。

图 2－2 的纵轴表示每单位商品的价格，横轴表示市场对该商品的需求量。D 代表需求曲线，线上的任意一点都有相对应的价格和在该价格水平上的商品需求量（a 或 b）。

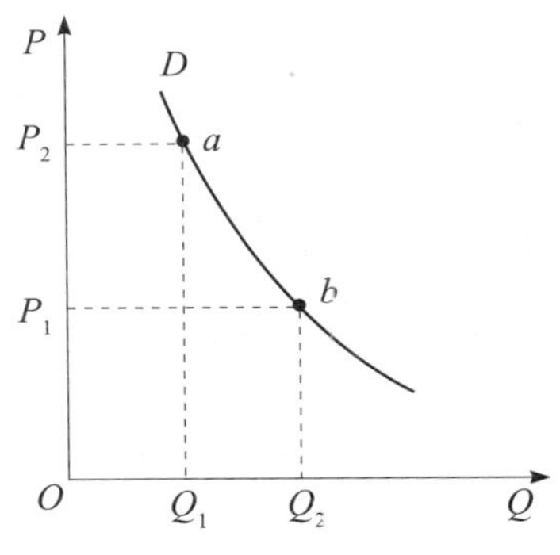

图 2－2　非线性需求曲线

需求的这些不同表示方法各有特点，需求函数精确、需求表通俗、需求曲线直观，它们都一样说明当其他因素不变时，价格与需求量呈反方向变化的关系。

（二）需求定理及其形式

需求定理是指假定影响需求的非价格因素不变，当一种商品的价格下降时，居民愿意并且能够购买的商品数量就随之增加，反之下降，即价格与需求量呈反方向变化。需求定理的函数形式表现为负斜率；需求定理的表格形式表现为价格与需求量的相反变化方向；需求定理的曲线形式表现为需求曲线向右下方倾斜。

（三）需求定理的证明——收入效应和替代效应

为什么需求量与价格呈反方向变动（需求曲线向右下方倾斜）呢？这是收入效应和替代效应共同作用的结果。

收入效应是指当价格变化引起居民实际收入减少或增加时，导致居民对该商品需求量下降或增加。例如，私家车涨价，意味着居民实际收入减少，货币购买力下降，于是，市场对汽车的需求量下降。

替代效应是指一种商品价格上涨导致消费者购买其他的非涨价商品来替代涨价商品，以减少对涨价商品的需求量，达到实际收入不减少的目的。比如，私家车涨价，居民选择出租车、公共汽车、轻轨、地铁、摩托车、自行车等其他未涨价的交通工具来替代私家车，于是，市场对私家车的需求量下降。又如，大米涨价而面粉价格不变，面粉相对就便宜了，消费者就会更多地购买面粉而减少大米的购买量，达到实际收入不减少的目的。这种某种商品价格上升而引起的其他商品对该商品的取代就是替代效应。

收入效应使消费者价高时少买，价低时多买，即价格的高低变化影响每一个消费者对该商品的购买量；替代效应使价格上升的商品需求量减少，使价格下降的商品需求量增加，即较高的价格挤走一些购买者，较低的价格带来新的购买者。因此，替代效应和收入效应说明了需求定理成立的原因。

（四）需求定理的例外

需求定理的例外有三种情况：第一，炫耀性商品，其价格与需求量呈同方向变化。如首饰、豪华型轿车、知名品牌，只有高价才能显示其社会身份，低价、大众化后，高档消费群的需求量反而下降。第二，低档生活必需品（吉芬商品）。英国经济学家发现，在1845年爱尔兰大灾荒时，马铃薯的价格上升，需求量反而增加。第三，投机性商品（股票、债券、黄金、邮票等）。其价格发生波动时，需求呈现出不规则变化，受心理预期影响大，有时出现“买涨不买落”现象。

难点解答

在需求函数中，如何理解价格为负数？

经济学家一般都假定价格大于零。有学生问，存在价格等于零或者小于零的情况吗？

在汽车需求函数 $D=110-10P$ 中，给定价格为负数，如 $P=-10$ 万元时，需求量为210万辆，如何理解价格为负数？

答：价格等于零，表明获得商品没有成本；价格为负数，表明购买商品支付的代价为负，成本变为收益。比如，当 $P=-10$ 万元时，意味着“得一辆汽车送10万元”，开回家一辆汽车，不仅没有支付成本，还得到卖家送的10万元，这时，汽车需求量为210

万辆。理论上存在“价格为负数”的情况，在实际生活中，“价格为负数”往往是商家的销售技巧或者广告策略。

三、需求量的变动与需求的变动

（一）需求量的变动

需求量的变动是指在非价格因素不变的条件下，由于价格变化引起的需求量的变化。凡是价格直接引起的需求量的变化，以后我们都称为“需求量的变动”。

从需求函数来看，“需求量的变动”是 $D=f(P)$ 内部变量变化，是自变量变动引起的因变量的变动（内生变量的关系）。例如，$D=40-2P$，自变量（价格）从 4 变动到 2 时，因变量（需求量）从 32 变动到 36；需求函数 $D=40-2P$ 没有变化。

从需求表来看，“需求量的变动”是“价格-数量”组合变动的结果。“需求量的变动”表现为同一需求表中价格增加引起需求量下降。

从需求曲线来看，“需求量的变动”表现为同一条需求曲线上“点的移动”（$a \to b$）。点（P，D）是“价格-数量”组合点。在需求函数（如 $D=40-2P$）中，从 a 点（4，32）移动到 b 点（2，36）时，对应的“需求量的变动”是“32→36”，具体见图 2－3。

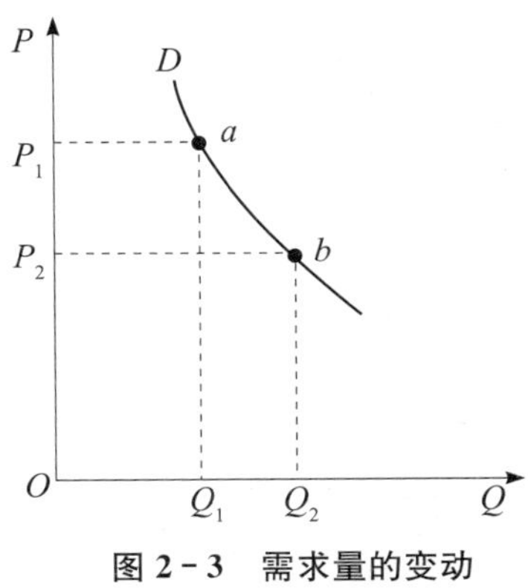

图 2－3 需求量的变动

在图 2－3 中，当价格为 $P_1=4$ 时，需求量为 $Q_1=32$；当价格下降到 $P_2=2$ 时，需求量增加到 $Q_2=36$。价格与需求量的变化在需求曲线上是从 a 点到 b 点的移动。

（二）需求的变动（需求函数的变动）

需求的变动是指在商品本身价格不变的情况下，由于其他非价格因素的变化所引起的需求的变动。例如，在 $D=a-bP$ 中，需求的变动是非价格因素（外生变量）引起函数中参数 a 或者 b 的变化。需求函数的变动、需求表的变动、需求曲线的变动，凡是非价格因素直接引起的需求变化，以后我们都称为“需求的变动”。

从需求函数来看，$D=110-10P$ 变为 $D'=180-10P$ 是需求的变动，即需求函数的变动。例如，当需求函数因为非价格因素变化（如收入），人均年收入从 5 万元提高到 9 万元时，汽车需求函数公式由 $D=110-10P$ 变为 $D'=180-10P$；当城市化率上升时，市场对房屋的需求函数由 $D=1\,000-P$ 变为 $D=2\,000-P$；当政府征税时，人们对奢侈品的需求函数由 $D=800-5P$ 变为 $D'=80-5P$；当保健品广告被禁止时，人们对它的需求函数由 $D=100-10P$ 变为 $D'=60-10P$；等等。这种对应非价格因素（外生变量）变化的需求关系的变化叫“需求函数的变动”或“需求的变动”“线移动”，它涉及非价格因素、需求和价格三个以上的变量。

从需求表看，需求的变动不是同一需求表中“价格-数量”组合的移动，而是相同价格水平下不同需求表的变化。

从需求曲线看，需求的变动表现为整个需求曲线的移动（线移动），见图 2－4。

在图 2－4 中，P_1 价格未发生变化，只是由于收入、相关商品的价格、人口、预期、偏好、国家政策的变化，引起需求曲线向左下方或右上方移动。读者可以根据不同因素的变动，自己判断需求曲线变动的方向。

需求可分为个人需求和市场需求。个人需求是指某个居民对某一商品的需求；市场需求是指居民全体对某一商品的需求。市场需求是个人需求的集合。

现在，所有影响需求的因素都可以反映在几何图形中，包括价格因素和非价格因素（点移动和线移动）。

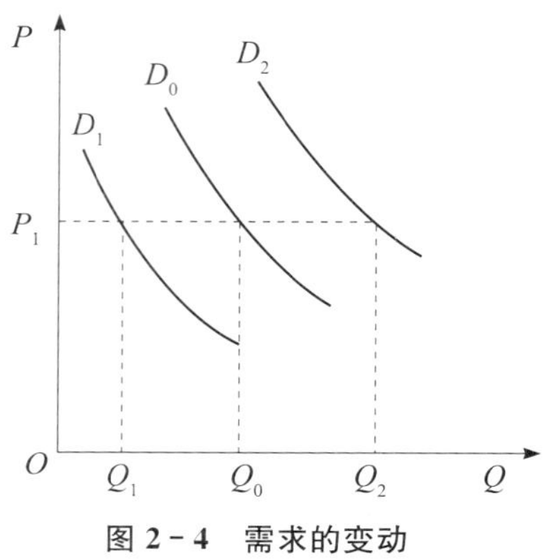

图 2－4 需求的变动

即问即答

化妆品广告引起的需求变化与价格变化是同方向还是反方向？为什么？

答：同方向。因为，化妆品自身价格变化会引起其需求量呈反方向变化（需求定理）；化妆品广告（非价格因素）引起的需求的变动是函数（曲线）的变化。通常，化妆品广告宣传引起化妆品需求增加、价格上升。

第二节 供给理论

一、影响供给的因素

影响一种商品供给量的因素是多种多样的，概括起来主要有：

（1）商品本身的价格。根据供给定理，商品本身价格的变化会引起供给量呈同方向变动。

（2）相关商品价格。两种互补商品之间，甲商品价格下跌会减少乙商品的供给，使乙商品供给曲线左移。两种替代商品之间，甲商品价格下跌会使乙商品的供给增加；反之减少。例如，一块地可种小麦也可种苞米，苞米价格下跌，农民会不种苞米而种小麦，使小麦的供给曲线右移。

（3）生产要素的价格。生产要素价格下降会降低商品的生产成本，企业就愿意增加供给，甚至愿意以比以前更低的价格提供同样数量的商品。所以，生产要素的价格下跌会使供给曲线右移；相反，会使供给曲线左移。

（4）厂商目标。经济学一般假定厂商以利润最大化为目标，即利润大小决定厂商供给多少。但厂商有时也为市场占有率、销售最大化以及政治、道义、名誉等目标而决定其供给量。

（5）技术进步。技术进步可大大提高生产效率，使企业有可能在给定资源条件下更便宜地生产商品，或者说用同样的资源生产出更多的商品。所以，技术进步会使供给曲线右移。新材料、新能源的发明和利用，可将供给带到一个新的水平。

（6）政府的政策。政府的财政政策、价格政策、产业政策、分配政策、货币政策等会刺激或抑制供给。

（7）厂商预期。乐观的预期会增加供给；反之，厂商对投资前景持悲观态度，则会减少供给。

（8）自然条件、社会条件、政治制度等。

如果把影响供给的各种因素作为自变量（多元），把供给量作为因变量，则可以用函数关系来表示“影响供给的因素与供给之间的关系”，它表示供给是各种影响供给的因素的函数。多元供给函数的公式为：

$$S=f\ (a,\ b,\ c,\ d,\ \cdots,\ n)$$

上式中，S 代表供给；a，b，c，d，…，n 代表影响供给的因素（如厂商目标、预期、技术、成本等）。经济学家把影响供给的因素抽象概括为价格因素和非价格因素。价格因素是指商品本身的价格；非价格因素包括相关商品的价格、生产要素的价格、厂商目标、技术进步、政府的政策、厂商预期、自然条件、社会条件、政治制度等。

二、供给和供给定理

（一）供给和供给定理的概念

1. 供给

供给是供给量的集合，是指在一定时期内，当影响供给的非价格因素不变时，在不同价格水平上厂商或企业愿意并且能够提供的商品量，即与不同的价格对应的供给量的集合。经济学讲的供给反映的是价格与其供给量之间的“价格-数量”组合关系（复数）。供给是“许多”的供给量。供给、供给函数、供给表、供给曲线都是指在不同价格下，厂商愿意并且能够供给的商品量。

2. 供给定理

供给定理是指当非价格因素不变时，某种商品的供给量与其价格呈同方向变动，即供给量随着商品本身价格的上升而增加，随着商品本身价格的下降而减少。供给定理是在假定价格以外的因素不变的前提下，商品本身价格与供给量之间的关系。

供给定理存在的原因有两个：第一，企业对最大利润的追求。较高的价格意味着较多的利润，较多的利润驱使企业扩大生产、增加供给。当价格下降时，利润也下降了，这又促使企业缩减生产规模，从而减少了供应量。第二，商品价格必须同增加的成本（边际成本）相适应，这样才能使商品供给量相应增加。因为根据收益递减规律和成本递增规律，在一定的技术条件和生产规模之下，数量达到一定程度以后便会出现收益递减和成本递增现象。这时，价格提高的幅度会大于供给量增加的幅度，在供给曲线上表现为逐步变陡。

（二）供给定理的表现形式

1. 供给函数

假如其他因素不变，只考虑商品本身的价格与该商品的供应量的关系，价格是自变量，供给量是因变量，则一元供给函数为：

$$S=f(P)$$

上式中，供给量 S 是价格 P 的函数且正相关。例如，线性供给函数：$S=-a+bP$，供给定理表现为正斜率；某一个具体的供给函数可以是：$S=-5+10P$ 或者 $S=10P$，在这个供给函数中，斜率为 10。

难点解答

在供给函数中，如何理解价格为负数？

在劳动供给函数 $S=6\ 000+600P$ 中，只要价格在 -10 元/小时以上，就存在供给意愿。给定价格为负数，比如，当 $P=-5$ 元/小时时，劳动供给量为 3 000 个单位，如何理解价格为负数？

答：价格为负数，表明供给商品得到的收益为负，收益变为成本。当 $P=-5$ 元/小时时，意味着“工作 1 小时另付出 5 元钱”——为得到实习或者将来发展的机会，短期工作不仅没有获得报酬反而要付出额外成本。理论上存在“价格为负数”的情况，在实际生活中，“价格为负数”往往是市场主体基于长期战略的考虑。

知识点预习

供给不等于供给量

供给（S）是价格（P）与供给量（d）的关系，它是按各种价格要供应的数量单（或表）。例如，当汽车线性供给函数为 $S=10P$ 时，就存在一组价格与供给量之间的关系。当价格分别为 1 万元、2 万元、3 万元……供给量（d）分别为 10 万辆、20 万辆、30 万辆……与不同价格对应的这一组汽车供给量称为供给（S）。供给是复数，分为个别供给和市场供给。

供给量（d）不同于供给。供给量是指在一定时期内，当非价格因素不变时，在某一给定价格水平上企业愿意并且能够提供的商品量。例如，在供给函数 $S=10P$ 中，给定价格为 4 万元时，供给量（d）为 40 万辆。供给量是单数。

2. 供给表

表 2-2 中“价格-数量”的各种组合及变化趋势，说明了价格变化引起供给量呈相同方向的变化趋势。

表 2-2　某一商品的供给表

“价格-数量”组合	价格（元）	供给量（单位数）
a	0	0
b	1	10
c	2	20
d	3	30
e	4	40
f	5	50
g	6	60
h	7	70
i	8	80
j	9	90
k	10	100
l	11	110

3. 供给曲线

把表 2-2 中的“价格-数量”组合关系绘成图形就是向右上方倾斜的供给曲线（见图 2-5）。通过供给曲线，不仅可以很容易地找出与价格对应的供给量，而且可以明显地看出价格与供给量呈同方向变化的趋势。

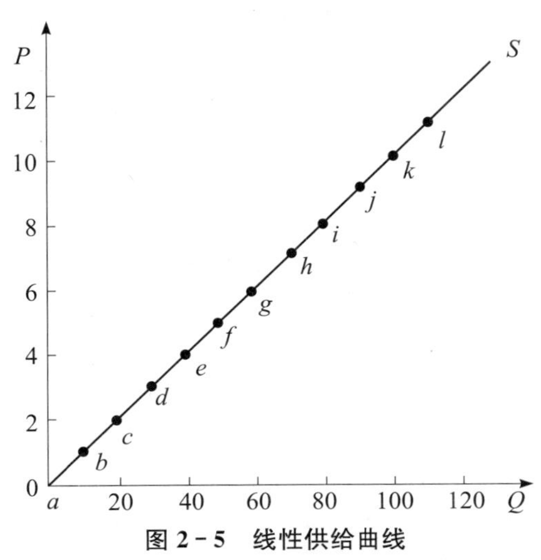

图 2-5　线性供给曲线

图 2-5 表明价格与供给量呈同方向变动，即价格上升，供给量增加；反之，供给量下降。图 2-5 中的供给曲线是一条直线，即线性供给曲线。价格与供给量之间的关系也可以是非线性关系，非线性供给曲线上的斜率在每一点上是不同的，而线性关系则是相

同的，但它们的区别不影响供给曲线的性质。

图 2－6 的纵轴表示每单位商品的价格，横轴表示市场供给量。S 代表供给曲线，线上的任意一点都有相对应的价格和在该价格水平上的商品供给量（a 或 b）。

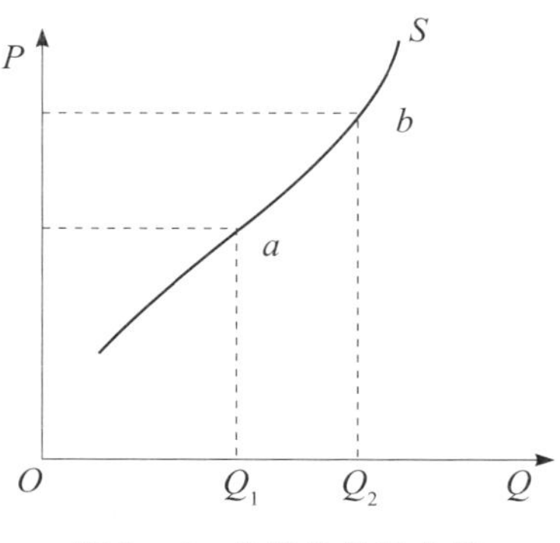

图 2－6　非线性供给曲线

难点解答

如何理解供给量为负数？

在矿泉水供给函数 $S=-100+100P$ 中，供给曲线的纵坐标上给定价格低于 1 元/瓶，表示数量的横轴进入第二、三象限，比如，当 $P=0.5$ 元时，供给量为 -50 瓶矿泉水。如何理解供给量为负数？

答：供给量为负数，表明价格低到一定限度后，商品的供给方转变为需求方，供给量转变为需求量。在矿泉水供给函数 $S=-100+100P$ 中，$P=0.5$ 元时，供给量为 -50 瓶矿泉水，这表明：当价格足够低时（1 元/瓶以下），商场会关门，停止销售，打出“高价收购矿泉水”的牌子，囤积货物，待价而沽。这时消费者要小心了，所谓“高价收购”，其实收购价格不过是 0～0.90 元/瓶。

（三）供给定理的例外

对于有些特殊商品，供给定理不适用，劳动的供给就是一例。当工资（劳动的价格）增加时，劳动的供给会随着工资的增加而增长，但当工资增加到一定程度时，如果工资继续增加，劳动的供给不仅不会增加，反而会减少，如图 2－7 所示。

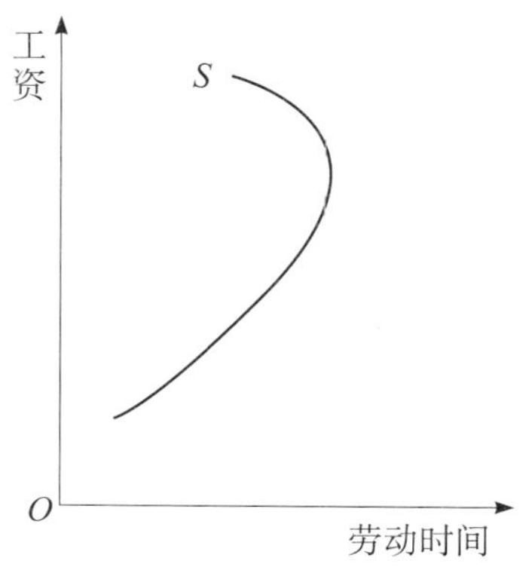

图 2－7　弯曲的劳动供给曲线

劳动供给之所以呈图 2－7 中的形状，是因为随着工资率（每小时工资水平）的进一步提高，劳动者仅用较少的工作时间就可以获得原先需要较多的工作时间才能获得的维持基本开支所需的工资收入。这时，他在闲暇与收入（工作）之间更倾向于前者。

除了劳动的供给特例之外，像土地、古董、古画、名贵邮票、证券、黄金等，这些物品的供给曲线也可能呈不规则变化。

三、供给量的变动和供给的变动

（一）供给量的变动

供给量的变动是指在非价格因素不变的情况下，商品本身价格变动所引起的供给量的变动。

从供给函数来看，它涉及的是函数公式中的内生变量，即 $S=f(P)$ 中自变量与因变量的关系。例如，$S=-5+10P$，价格（自变量）从 2 变动到 4 时，供给量（因变量）从 15 变动到 35。

从供给表来看，供给量的变动表现为同一供给表中“价格-数量”组合的移动后，其中与价格对应的供给量的变动。

从供给曲线来看，供给量的变动表现为同一条供给曲线上的点的移动（$a \to b$）。“点的移动”是供给函数（如 $S=-5+10P$）中给定 P 变化（2→4）时对应的供给量的变化（15→35），见图 2-8。供给函数本身没有变化。

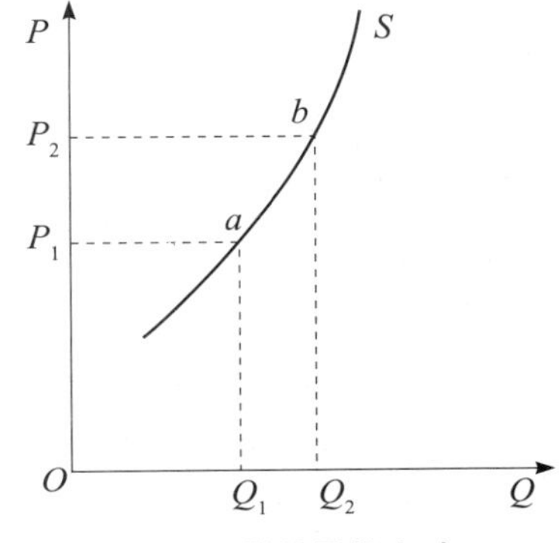

图 2-8 供给量的变动

在图 2-8 中，当价格为 P_1 时，供给量为 Q_1，当价格上升到 P_2 时，供给量增加到 Q_2，价格与供给量的变化在供给曲线上则是从 a 点移动到 b 点。

（二）供给的变动（供给函数的变动）

供给的变动是指在商品本身价格不变的情况下，非价格因素（外生变量）变动所引起的供给函数的变动。

从供给函数来看，供给的变动是供给函数的变动。例如，技术进步使供给函数由 $S=-5+10P$ 变为 $S'=50+10P$；生产成本上升使供给函数由 $S=-5+10P$ 变为 $S'=-10+10P$；宏观政策变化使企业投资意愿上升，供给函数由 $S=500+200P$ 变为 $S'=800+200P$；从手工生产方式转变为自动化生产方式，供给函数发生变化，供给函数由 $S=-2+2P$ 变为 $S'=500+2P$。

从供给表来看，供给的变动不是同一供给表中“价格-数量”组合的移动，而是整个供给表的变化。

从供给曲线来看，供给的变动表现为整个供给曲线的移动（线移动），见图 2-9。

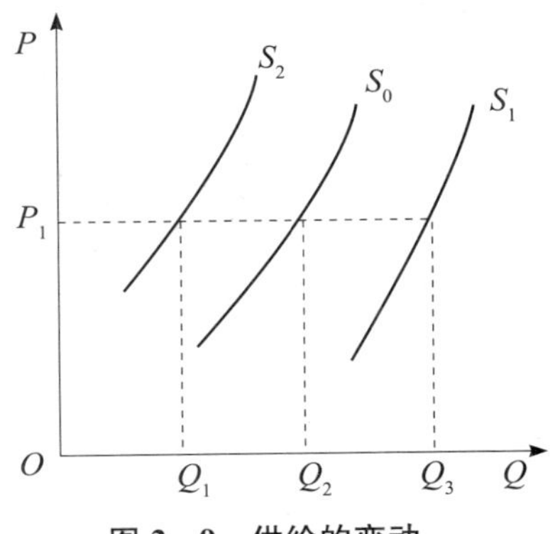

图 2-9 供给的变动

在图 2-9 中，价格 P_1 未发生变化，只是由于厂商目标、技术、成本、预期、相关商品价格、政策等因素的变化，引起供给曲线向左上方或右下方移动。

现在，所有影响供给的因素都可以反映在几何图形中，包括价格因素和非价格因素（点移动和线移动）。

即问即答

汽车制造技术创新引起的供给变化与价格变化是同方向还是反方向？为什么？

答：反方向。因为，汽车自身价格变化（函数中自变量的变动）会引起其供给量（因变量）呈同方向变化（供给定理）；汽车制造技术创新（非价格因素）引起的供给的变动是函数（曲线）的变化。通常，技术创新引起汽车供给增加、价格下降。

难点解答

区分点移动和线移动有何意义？

以“开章案例”为例，政府补贴增加了对大学教育的需求（线右移），提高了学费（均衡价格），增加了供给量（点右移），即学生、学校受益，上大学人数也高于补贴前的人数，补贴有意义。补贴效应：需求增加（线右移），均衡价格上升，供给量增加（点右移）（见图2-4、图2-8）。

如果不区分点移动和线移动，政府补贴增加了对大学教育的需求，需求上升抬高了价格并增加了供给，价格上升又降低了需求和供给，回到原点。所以，不区分点移动和线移动就不能清晰地看出补贴效应。

第三节 均衡理论及其运用

一、均衡点稳定原理及其运用

（一）均衡的内涵

1. 均衡的定义

在物理学中，均衡是指两种力量相互作用恰好相等时的静止状态。例如，热量从高温物体转移到低温物体，最后达到温度的一致（热力学第二定律）。马歇尔把均衡引入经济学，用于分析经济中各种变动力量相当、相对静止、不再变动的状态。

在微观经济学静态分析中，均衡是指供给与需求两种变动力量相当、没有变化趋势、相对静止、不再变动的平衡状态。经济中，供给与需求两种变动力量通过竞争机制和价格机制的调节，可达到一种均衡状态。均衡状态下的价格称为均衡价格，数量称为均衡数量。供求的均衡趋势就像水往低处流、热量从高温物体转移到低温物体一样不可抗拒。

若市场价格背离均衡价格，经过供求的相互作用，有自动恢复均衡的趋势。在静态均衡分析中，不考虑非价格因素这种外生变量，只考察内生变量“价格”与“需求量”“供给量”的关系。

广义的均衡是一种相对静止的状态，一种经济主体实现“最优”或“最大”的状态。所以，效用最大化原则又称为消费者均衡原则，要素最优投入组合又称为生产者均衡。

即问即答

均衡点稳定分析中涉及几个变量？结果如何？

答：三个，即供给、需求与价格（内生变量）；结果是回到均衡。无论变量如何变化，最后都会回到均衡，均衡点 E 是唯一的，相应的均衡价格和均衡数量也是唯一的。

2. 均衡的描述

（1）几何描述。在曲线图上，均衡是指供给曲线和需求曲线相交的点（见图 2－12 中的 E 点）。E 点决定了均衡价格和均衡数量。

（2）数学描述。简单的数学表达如下：给定 $D=20-2P$ 和 $S=-10+8P$，均衡条件为 $D=S$，则有 $P=3$，$D=S=14$。表示为：$P_e=3$，$Q_e=14$。

例题讲解

均衡

例如，给定住宅商品房租赁市场的需求函数和供给函数分别为 $D=20-2P$、$S=-10+8P$，如果影响商品房市场的非价格因素（财政及货币政策、人们的收入及预期、建房成本和基本技术等）不变，即给定条件下供求函数方程中的参数（20，－2 和－10，8）不变，供求的相互作用（买者竞争或者卖者竞争）依靠价格的上下波动最终使得需求量与供给量相等，即 $D=S$。此时的成交价格等于均衡价格即每平方米 3 元，成交量为均衡数量，即 14 万平方米，表示为：$P_e=3$，$Q_e=14$。

（3）文字描述。供求两种变动力量的相互作用就像水往低处流最终一定会形成水平状态（均衡）一样，会使得供给量与需求量趋于相等、买方要价与卖方要价趋于一致。商品供不应求时，出现买者竞争，买者竞相抬价使市场价格上升，价格高了，供给量增加而需求量下降；商品供过于求时，出现卖者竞争，卖者竞相削价、争取尽快出货，价格低了，供给量减少而需求量上升。最终实现供求均衡并决定均衡价格和均衡数量。

可见，市场供求处于非均衡状态时，买者竞争或者卖者竞争会使得价格上下波动，价格上下波动影响需求量和供给量变化，供求趋于相等时，这种状态下的市场成交价格和成交数量就是均衡价格和均衡数量。

重点提示

竞争均衡

只要有要素、商品的自愿和自主流动与竞争，就会有市场；只要有自由市场就会有交换；只要供给意愿与需求意愿不一致，就会出现买者间的竞争或者卖者间的竞争，买卖双方也会谈判、协商、讨价还价，最后就有可能成交。成交就是均衡、一致。成交价就是均衡价格，成交量就是均衡数量。

（二）均衡的决定和形成

先不考虑非价格因素（外生变量）对供求及价格的影响，仅对市场中需求量与供给量这两种力量与价格的关系进行静态分析。

市场上需求量与供给量存在三种状态：(1) $D>S$；(2) $D<S$；(3) $D=S$。需求量与供给量不相等，或者供过于求，或者供不应求，就是非均衡状态，见图 2-10 和图 2-11。

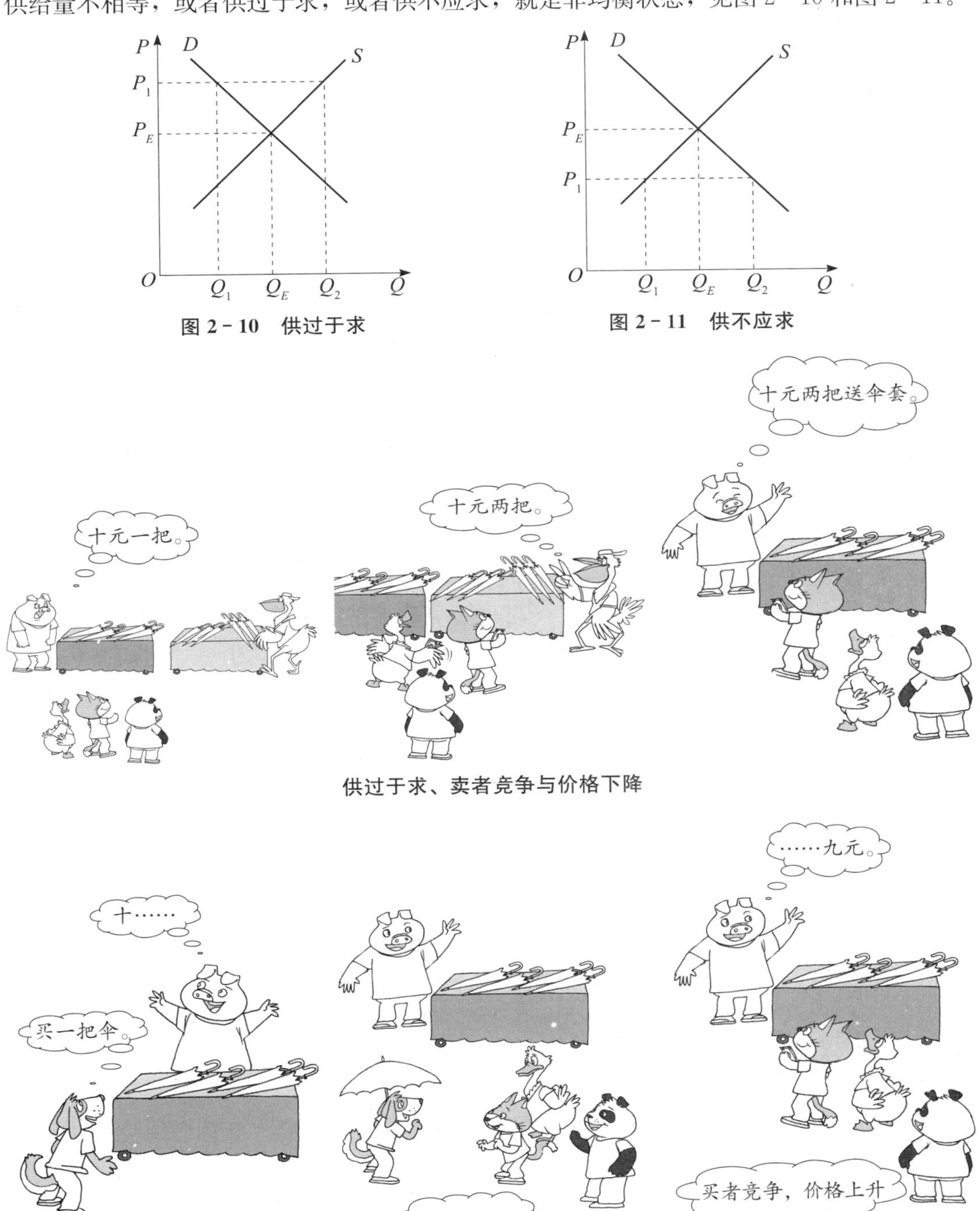

图 2-10 供过于求

图 2-11 供不应求

供过于求、卖者竞争与价格下降

供不应求、买者竞争与价格上升

均衡是如何决定或形成的？均衡是由供求决定的，是通过竞争机制和价格机制的作用形成的。

1. 均衡点稳定原理

均衡点稳定原理是指供求存在一致的趋势，其要点是：

（1）供求失衡时，竞争会使价格上下波动。供不应求时，买者竞争导致市场价格上升；供过于求时，卖者竞争导致市场价格下降。

（2）价格波动自发调节供给量和需求量。价格上升使得供给量增加、需求量减少，价格下降使供给量减少、需求量增加。

（3）价格调节最终导致需求量和供给量一致。这种需求量与供给量在某一价格水平上正好相等的情况，市场正好出清，经济学称之为均衡状态，此时的价格为均衡价格，供给量和需求量一致时的数量为均衡数量。

2. 均衡点稳定原理的几何意义

供求非均衡状态，价格会发生波动并调节需求量和供给量，最终恢复均衡，供求均衡出现在市场需求曲线与市场供给曲线相交的点上，该交点被称为均衡点（E 点）。与均衡点相对应的供求量和价格分别被称为均衡数量和均衡价格，见图 2－12。

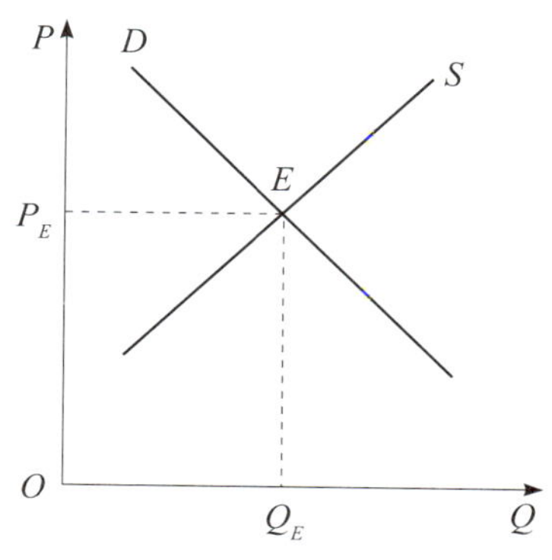

图 2－12　均衡数量和均衡价格

（三）均衡价格

1. 均衡价格的定义

均衡价格是指供给量和需求量相等时的价格。市场上买者愿意支付的“需求价格”与卖者愿意接受的“供给价格”五花八门、千变万化。一个汉堡，在众多买者和卖者心中有着数不清的需求价格和供给价格、需求量和供给量，但是，达成共识并成交后就只有一个价格——均衡价格，成交量也只有一个供求相等的数量——均衡数量。

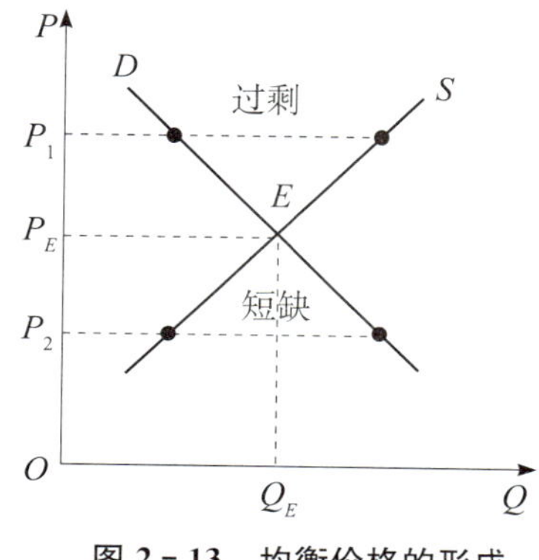

图 2－13　均衡价格的形成

在图 2－13 中，E 点以外的需求价格和供给价格，不是供给量大于需求量，就是供给量小于需求量，只有 E 点的供给量和需求量是相等的，此时，需求价格等于供给价格。

2. 均衡价格和均衡数量的决定

（1）均衡价格的决定。均衡价格是由市场上供求双方的竞争过程自发作用决定的。均衡价格决定后，如果价格背离市场均衡价格，它是不能持久的，供求的较量存在着刺激价格变动的因素和力量，使得价格自动恢复到供给量和需求量相等时的价格。

（2）均衡数量的决定。均衡数量是指供给量和需求量相等时的数量。

（3）均衡价格决定的几何模型。在图 2－13 中，D 和 S 分别是市场需求曲线和市场供给曲线。只要价格偏离均衡价格、出现过剩或者短缺，商品市场上需求和供给这两种相反的力量就会发生作用，使价格上下波动，调节需求量和供给量并最终促使二者相等，价格恢复到均衡价格。

（4）均衡价格决定的数学方程模型。如果给定需求函数为 $D=f(P)$，供给函数为 $S=f(P)$，当消费者竞争行为使得供不应求时，价格上升；当生产者竞争行为使得供过于求时，价格下降。可见，均衡状态或者稳定状态必然出现。用数学方程模型来说明均衡价格的决定，则为：

$D=f(P)$

$S=f(P)$

均衡条件：$D=S$

上式中，$D=f(P)$ 为需求函数，$S=f(P)$ 为供给函数，被称为行为方程式。$D=S$ 代表供求相等的均衡条件，即均衡方程式，可以根据均衡方程式得出 P 值。

重点讲解

均衡的计算

已知需求函数、供给函数和均衡条件为：$D=26-4P$，$S=-4+6P$，$D=S$，求均衡价格和均衡数量。

解：根据均衡条件 $D=S$ 求均衡价格，即

$26-4P=-4+6P$

得：均衡价格 $P_E=3$

将 $P_E=3$ 代入需求函数和供给函数，得：

$D=26-4\times3=14$

$S=-4+6\times3=14$

均衡数量为 14，即 $Q_E=14$。

所以，均衡价格为 3，均衡数量为 14。

理论分析

均衡价格的决定

关于均衡价格的决定，必须注意以下几点：

（1）需求函数和供给函数是行为方程。每个市场主体都有自己的目标、计划和要求，但其行为都受价格制约，有什么样的价格水平就有什么样的需求行为和供给行为，价格变化会引起需求量或者供给量的改变。

（2）当 D 与 S 不相等时，竞争“先生”会挺身而出，竞争“先生”借助价格“先生”的竞相杀价和竞相抬价来影响供求关系，价格“先生”通过自己的努力波动来调节

需求量和供给量，直到它们达成一致才肯罢手。

(3) $D=S$ 是均衡方程。导致均衡发生的不是需求方或者供给方的目标、计划和要求的主动改变，而是发生在需求方之间或者供给方之间的竞争导致的被动适应。均衡形成后，原来的供给、需求与价格三个变量变成两个确定的数量，即均衡价格和均衡数量，这时，卖方的漫天要价和买方的虚伪应价都毫无意义。为什么三个变量变成两个数量了呢？因为众多的供给量和需求量由于竞争在某个地方出现相等时，就只有一个确定的量即均衡数量，而许许多多的需求价格和供给价格也确定为一个均衡价格。

(4) 市场上的价格最终是由需求和供给两种相反的力量共同作用的结果，供求力量作用可以理解为不均衡时的买方竞争或者卖方竞争。

经济学中讲的“价格决定”一般是指由于供给量和需求量的相互作用最终使供求不均衡得以消除，使价格不再波动而处于一种相对静止、不再变动的状态，这时的价格和数量是均衡价格和均衡数量。

难点解答

如何理解均衡数量为负数？

某校学生校服市场，需求函数为 $D=600-8P$，供给函数为 $S=-200+2P$，令 $D=S$，均衡价格和均衡数量为 $P=80$、$Q=-40$，如何理解均衡数量为负数？

答：经济学把均衡点的存在性定义在第一象限，即均衡价格和均衡数量大于零。其他象限不存在均衡点。均衡点（80，−40）在第二象限属于理论探讨，目的在于帮助人们更好地理解均衡原理。

经济学实验课堂上，学生对服装的需求函数为 $D=600-8P$，供给函数为 $S=-200+2P$，供求曲线相交于第二象限，$P=80$，$D=S=Q=-40$，其含义是：

(1) 根据供给函数 $S=-200+2P$，$S=0$ 时，$P=100$，可知：服装价格超过 100 元，市场才会供给服装。80 元的价格不足以激励市场供给服装，所以，供给量为负。供给量为负（−40）意味着商品的供给方转变为需求方，供给方对服装的需求量是 40 个单位。

(2) 根据需求函数 $D=600-8P$，$D=0$ 时，$P=75$。只有服装单价低于 75 元，学生才会有服装需求。80 元的价格对学生来说太高了，学生不仅没有需求量，而且从需求方转变为供给方，需求量转变为供给量，学生们的服装供给量是 40 个单位。

资料来源：薛兆丰．经济学常识．北京：同心出版社，2009：414.

（四）均衡点稳定原理的运用——均衡点稳定分析

均衡价格的形成与竞争是分不开的。当某种商品供不应求时，会出现买者的竞争，买者竞相抬价，结果商品价格上升；当某种商品供过于求时，会出现卖者的竞争，卖者竞相压价，结果商品价格下降；当某种商品的供求均衡时，买卖双方势均力敌，价格趋近不变，从而决定了均衡价格和均衡数量。

所以，只有允许竞争、价格灵活变动和富有弹性，才会消除过剩和不足，达到均衡状态。如果政府长期干预市场、控制价格，就会出现过剩或不足。

案例与实践

均衡点稳定原理的运用——政府管制价格及其后果

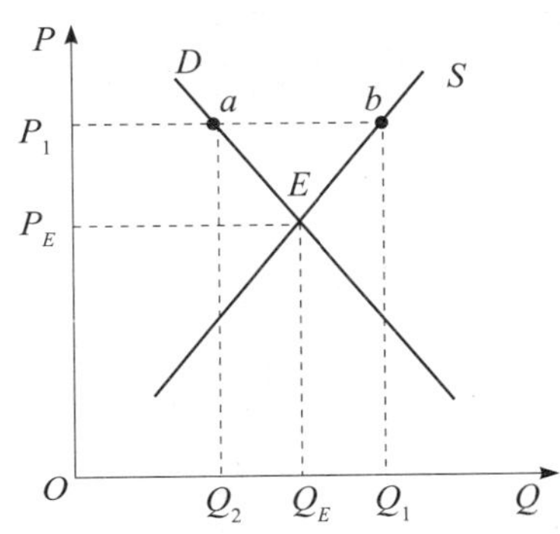

图 2-14 最低限价（支持价格）

为了消除供求关系变化引起的价格波动，或者为了调节某些产品的供求关系，政府往往会实施价格管制政策。价格管制不是高于均衡价格就是低于均衡价格。

最低限价（支持价格）是指政府为了扶植某一行业而规定的该行业产品的最低价格。最低限价高于均衡价格，见图 2-14。

从图 2-14 可见，政府规定的价格为 P_1，此时供给为 OQ_1，但需求是 OQ_2，供过于求，Q_1Q_2 为过剩部分，通常由政府收购并建立库存或出口。最低限价一旦取消，市场价格将会迅速下降，恢复到原有的均衡价格水平。支持价格通常是为了减缓经济波动、稳定生产、促进农业现代化以及扩大农业投资和调整农村产业结构而采取的支持政策，这一政策一般会使政府支出增加、背上沉重的财政包袱。劳动市场超过均衡工资的最低限价会带来劳动力过剩，即失业。

最高限价（限制价格）是指政府为了限制某些产品的涨价而规定的产品的最高价格。最高限价低于均衡价格，见图 2-15。

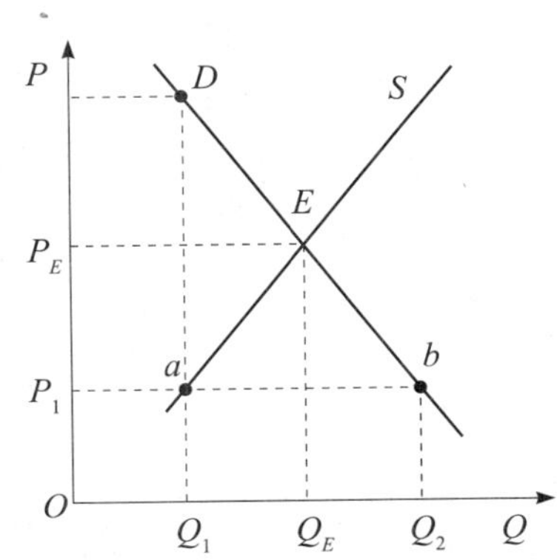

图 2-15 最高限价（限制价格）

在图 2-15 中，政府规定的价格为 P_1，低于均衡价格，此时供给为 OQ_1，需求为 OQ_2，供不应求，为了不让价格上涨，不得不实行配给制。在限制价格下，价格固定，供给固定，供不应求得不到缓解，于是出现排队、短缺、抢购、配给、“黄牛”、黑市、搭配、走“后门”、浪费等现象。由于政府限价所引起的买者竞争不能借助涨价实现，所以供给量不能增加，而非价格竞争扭曲了价格机制，浪费了社会资源，败坏了社会风气。

在几何图形上，均衡点下面的最高限价只是挂在那里的“牌价”，按照这个价格一般买不到商品，必须付出额外的成本（排队、配给、搭配劣质品、付给“黄牛”的加价、托关系、走“后门”、求人等）才能取得短缺的商品。

利用反需求函数计算黑市价。黑市价的计算分两步：第一步，把最高限价（P_1）代入供给函数，得到限价下的产量（a 点下的 Q_1）；第二步，把 Q_1 代入反需求函数（原需

支持价格

求函数自变量和因变量反转），计算得到的价格就是黑市价。在几何图形上，黑市价在 a 点向上与需求曲线相交的位置（图 2－15 中的 D 点）。政府的牌价与黑市价之间的差额由于是“无主租值”，所以会引起“黄牛”、买者激烈的追逐。最没有竞争优势的是普通消费者，他们要放弃工作、闲暇和睡眠去竞争限价短缺商品，他们的竞争手段是排队、等待、加价等。所以，经济学家一般反对长期采用限制价格政策（如通过政府规定房租、利率、粮食等商品的价格）。

限制价格

二、均衡点变动原理及其运用

（一）内生变量的变动不改变均衡点

在上面提到的供求函数方程和均衡方程（$D=26-4P$，$S=-4+6P$，$D=S$）中，需求（D）、供给（S）和价格（P）是经济模型内部所要决定和说明的变量，叫内生变量。

只要没有外生变量变动，均衡点 E 就是唯一的且 P 处于稳定状态。

离开均衡点 E，价格、需求量和供给量就会发生变化。E 点以外的价格，即给 P 一个任意值，就会有与之对应的需求量和供给量，或者过剩，或者不足，竞争会使得需求量和供给量回到相等的 E 点。

在图 2-16 中，P、D、S 会变动，但是，均衡点不会变动。例如，当供过于求时，卖者竞争使价格降低，需求量从 a 到 d，供给量从 b 到 c；当供不应求时，买者竞争使价格上升，需求量从 d 到 a，供给量从 c 到 b……直到供求相等时，P、D、S 的变动才会停止。

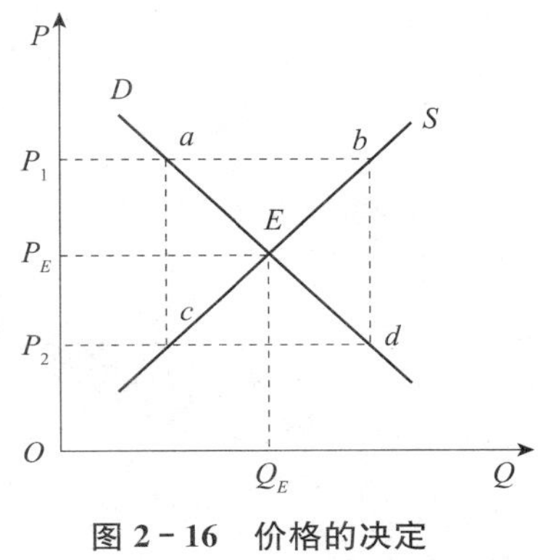

图 2-16　价格的决定

案例与实践

均衡点稳定原理

收取“道路拥堵费”的做法最初源于 20 世纪 70 年代的新加坡，从 2003 年 2 月开始，英国伦敦也采取了类似的措施，2007 年，瑞典斯德哥尔摩开始对市中心的车辆征收“道路拥堵费”。其收费方式采取电子公路收费制度，主要针对进入中心城区的车辆，不同地点和时间段收费不一样；有的则是根据通行时间及载客量来决定是否收费。英国伦敦对进入市中心的小汽车征收“道路拥堵费”后，每天进入市中心的小汽车减少 20%～30%，公交车因此较以前提速 25%。2007 年 2 月，伦敦将征收“道路拥堵费”的范围扩大到伦敦西部的肯辛顿、切尔西等地区。

收取“道路拥堵费”的经济学原理是：在存在供求、交易和进出自由的市场中，如果非价格因素（外生变量）不变，可以通过竞争性、弹性价格调节供求并达到均衡。

即问即答

收取“道路拥堵费”能使得道路交通供求趋于均衡吗？

答：能。只要价格是有弹性的、驾车者对价格变动是敏感的。

如果收费制度几十年不变，同时伴随收入增加和通货膨胀，道路拥堵就不可避免；如果收费标准在白天晚上、高峰低谷一个样，节假日和工作日不能随时调整，交通拥堵就仍然是城市景观；如果大量政府机关和企事业单位都在大城市中心，“道路拥堵费”都由单位买单，“道路拥堵费”收取了，道路拥堵仍然司空见惯。一句话，“道路拥堵费”发挥作用并使得道路交通处于供求均衡点 E 的基本前提是：价格是有弹性的；非价格因素（外生变量）不变并满足市场运行的基本要求。

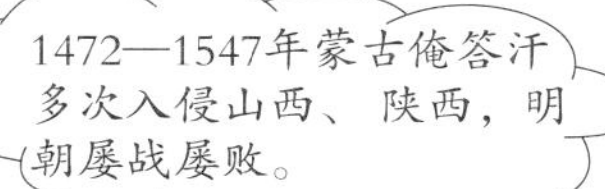

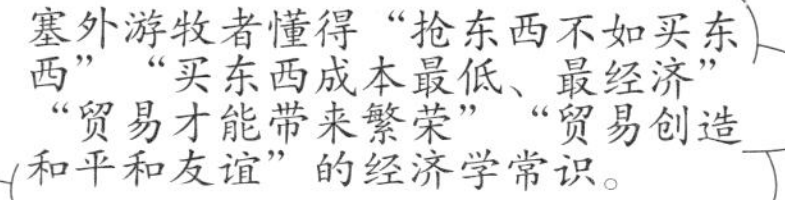

战争与均衡

（二）均衡点变动原理

1. 均衡点变动原理

均衡点变动原理是指任何非价格因素变动都会引起供求函数方程本身以及均衡的变动，从而使均衡价格和均衡数量也发生改变。

在供求函数方程和均衡方程（$D=a-bP$，$S=-c+dP$，$D=S$）中，a、b、c、d 是经济模型外部条件（收入、偏好、预期、成本、技术和政策等非价格因素）所要决定的变量，叫外生变量。在具体的供求方程中，外生变量是已知的参数，比如，$D=26-4P$，$S=-4+6P$。外生变量变动，供求函数方程必然改变，均衡点移动，均衡价格和均衡数量也发生变化。

2. 均衡点变动原理的数学解释

在数学意义上，均衡点变动原理表现为外生变量即供求函数中参数的变动，从而导致供求函数以及相应的均衡价格和均衡数量的改变。比如，$D=26-4P$，$S=-4+6P$ 变为 $D'=44-4P$，$S'=4+6P$，均衡点由 E（3，14）移动到 E'（4，28）。

均衡价格和均衡数量是由供求均衡决定的，如果供求变动，均衡点必然变动，从而均衡价格和均衡数量也发生改变。利用均衡点变动原理分析均衡点改变情况被称为比较静态分析（$E\rightarrow E'$）。

3. 均衡点变动原理的几何解释

（1）供给的变动。供给的变动是指在商品本身价格不变的情况下，其他因素包括厂商目标、厂商数量、技术、成本、预期、相关商品价格、自然条件、政策等变动所引起的供给的变动。从供给几何曲线图看，供给的变动表现为整个供给曲线的移动（线移动），见图 2-17。

（2）需求的变动。需求的变动是指在商品本身价格不变的情况下，由于其他非价格因素包括收入、购买者数量、相关商品价格、消费偏好、分配、政策、人口、预期等的变化所引起的需求的变动。从需求几何曲线图看，需求的变动表现为整个需求曲线的移动（线移动），见图 2-18。

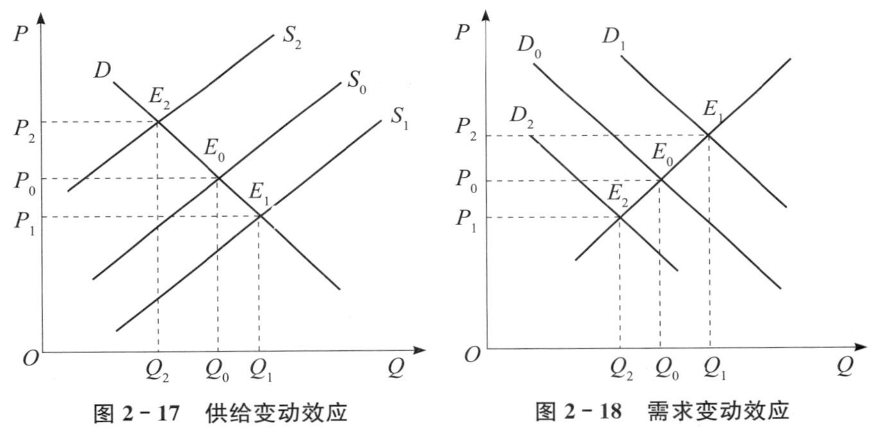

图 2-17 供给变动效应　　图 2-18 需求变动效应

在图 2-17、图 2-18 中，供给的变动和需求的变动会引起均衡点的移动，从而导致均衡价格和均衡数量的变化。

在图 2-17 中，假定需求曲线不变、该种商品价格不变，当供给的增加使供给曲线向右移动时，均衡数量增加，均衡价格降低；当供给的减少使供给曲线向左移动时，均衡数量减少，均衡价格提高，这种变化被称为供给变动效应。

在图 2-18 中，假定供给曲线不变，当需求的增加使需求曲线向右移动时，均衡价格和均衡数量都会增加；当需求的减少使需求曲线向左移动时，均衡价格和均衡数量都会下降，这种变化被称为需求变动效应。

市场需求是个人需求的集合，当买者的数量增加（减少）时，则市场需求曲线向右（向左）移动；市场供给是个人供给的集合，当卖者的数量增加（减少）时，市场供给曲线向右（向左）移动。需求或供给的变动会引起均衡的变动（均衡价格和均衡数量）。人类就是生活在由价格和价格体系支配的社会经济系统中。经济学家哈耶克说，价格体系是人类偶然发现的，未经理解而学会利用的体系（虽然人类已经远非学会并充分地利用它）。所以，理解均衡价格及其变动对于我们每一个人来说都非常重要。

即问即答

均衡点变动原理涉及几个变量？结果如何？

答：涉及无数个外生变量（非价格因素）；结果是形成新的均衡。非价格因素的变动引起供给或需求（或者供给和需求）的变动，结果均衡点 E 发生变动，最终均衡价格和均衡数量发生变化，即非价格因素→供给或需求→均衡→均衡价格和均衡数量。

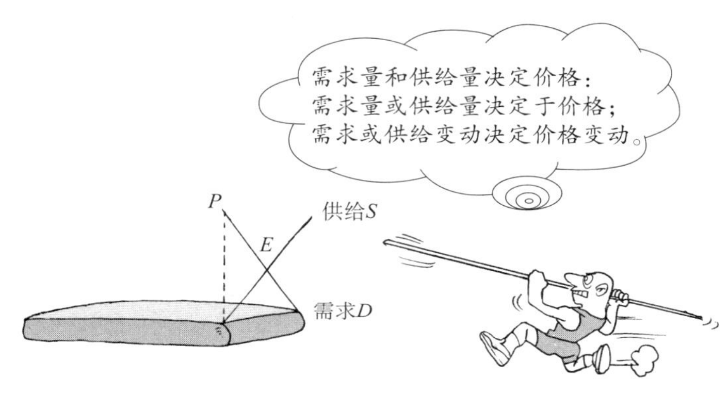

供求与均衡价格

（三）供求定理和供求分析的步骤

1. 供求定理

供求定理的内容是：需求的变动引起均衡价格和均衡数量呈同方向变动；供给的变动引起均衡价格呈反方向变动，均衡数量呈同方向变动。

供求定理是经济学定理中最重要的定理之一，它具有非常广泛的实用价值。因为，价格和数量取决于供给和需求曲线的位置，而当外生变量（非价格因素）发生变化时，就会使供给曲线和需求曲线发生移动，曲线移动，市场上的均衡就改变了。当需求与供给同时变动时，均衡的变化是不确定的，具体情况取决于双方力量的对比。

例题讲解

供求定理

冰激凌市场的内生变量包括供给、需求、价格，只要竞争是充分的，市场要素流动是自由的，那么，一定会形成均衡（出现相对稳定的均衡价格和均衡数量）。

请说明以下事件涉及的分别是点移动还是线移动，以及事件对冰激凌市场的影响（均衡价格、均衡数量的影响）：(1) 天气炎热对冰激凌市场的影响；(2) 地震使冰激凌厂商中止生产对冰激凌市场的影响。

答：(1) 需求（线）右移，价格上升，供给（点）右移。均衡价格上升，均衡数量增加。

(2) 供给（线）左移，价格上升，需求（点）左移。均衡价格上升，均衡数量减少。

例题讲解

供求定理运用

已知冰激凌市场：

(1) 2 月，冰激凌市场均衡价格和均衡数量齐降；

(2) 7 月，冰激凌市场均衡价格和均衡数量齐升；

(3) 10 月，冰激凌市场均衡价格上升，均衡数量下降；

(4) 12 月，冰激凌市场均衡价格下降，均衡数量上升。

请运用供求定理说明冰激凌市场发生变化的原因。

解：根据供求定理（参考图 2 - 17 和图 2 - 18）：

(1) 均衡价格和均衡数量呈同方向变动，原因是需求变动。价格与数量齐升是因为需求线左移。

(2) 均衡价格和均衡数量呈同方向变动，原因是需求变动。价格与数量齐降是因为需求线右移。

(3) 均衡价格和均衡数量呈反方向变动，原因是供给变动。价格上升、数量下降是因为供给线左移。

(4) 均衡价格和均衡数量呈反方向变动，原因是供给变动。价格下降、数量上升是因为供给线右移。

---

2. 供求分析的步骤

供求分析是供求均衡点移动分析的简称。供求分析是要说明哪些因素影响供求的变动并使得均衡（均衡价格和均衡数量）怎样变动。供求分析的重点和目标是分析均衡价格和均衡数量的变动。均衡变动的分析被称为比较静态分析，即将原均衡与新均衡进行比较。

由于导致供求变动的因素太多、太复杂，因此，有必要确定分析某个（些）事件（非价格因素）影响市场均衡的步骤。

分析某个（些）事件如何影响一个市场时，我们按两个步骤进行：

第一，确定该事件对供求的影响。确定该事件是使供给曲线移动（供给函数改变，$S \to S'$），还是使需求曲线移动（需求函数改变，$D \to D'$），或者是使两条曲线都移动；确定曲线移动方向，即向右移动还是向左移动。

第二，用供求图来考察这种移动对均衡（均衡价格和均衡数量）的影响。均衡变动后，分析价格是涨了还是降了、均衡数量是多了还是少了。

在供求分析中要特别注意，“需求”“供给”是指曲线的位置，曲线移动（函数改变）会使均衡发生变化（$E \to E'$），新价格引起“需求量”“供给量”发生变化。因此，说明需求或供给移动中涉及的是“点移动”还是“线移动”是理解供求原理的关键。供求分析的目的是要说明均衡变化（$E \to E'$）后，新的均衡价格（P'）和均衡数量（Q'）是高了还是低了。

案例分析

房价变动原因分析

2010 年 8 月，北京市昌平区某大型居住社区二手房市场价格下跌了，如何判断是需求还是供给导致的该结果？

运用供求定理，结合政府抑制购房的政策（外生变量），可以基本判断：房价下跌是需求原因。

（1）根据供求均衡点变动模型（供求定理），供求曲线变动（原因），均衡点必然变动，均衡价格（“价”）和均衡数量（“量”）也相应会改变（结果）。这样，我们就可以反过来根据“价量变动组合”判断原因，到底是需求曲线移动还是供给曲线移动。

价格上涨的两种表现是：需求曲线右移导致的“价量齐涨”和供给曲线左移引起的“价涨量跌”；价格下跌的两种表现是：需求曲线左移导致的“价量齐跌”和供给曲线右移引起的“价跌量涨”。

（2）房价下跌有两个原因，一是需求（需求曲线左移）；二是供给（供给曲线右移）。从实际情况看，2010 年 4—8 月的调控政策使得房屋市场成交量下降，结合房价下跌，可以判断出是属于“价量齐跌”的状况。所以，此次房价下跌是需求下降引起。逻辑是：政府抑制购房的政策→需求曲线左移→均衡价格下降→二手房供给量减少。

（四）供求分析运用举例

在生活中，我们可以看到很多供求变动引起均衡点变动的实例。比如，“洛阳纸贵”（需求函数变动）、“减肥运动”（食品需求函数变动）以及所谓“千年极寒”引起的能源、保温材料上市公司股价暴涨（需求函数变动）。下面介绍一些非价格因素（外生变量）影响供给函数以及均衡点变动的情况。

1. 征税的影响

例题讲解

赋税分担的经济学发现

已知某厂商生产销售的香烟的需求函数、供给函数为：

$D=26-4P$

$S=-4+6P$

根据均衡条件 $D=S$，得：均衡价格 $P_E=3$，均衡数量 $D=S=14$。

求：(1) 政府对供给方——厂商生产销售的每单位香烟征税 1 元后，香烟的新的价格和产量是多少？(2) 买卖者之间赋税的分担情况如何？

解：(1) 根据前面介绍的供求分析步骤，我们做如下分析：

第一，征税作为外生变量影响供给行为。因为，生产计划中厂商会考虑到：每盒香烟卖掉后，都要拿出 1 元缴税，即从单位价格里减掉 1 元。征税的行为后果是供给函数改变了，新的供给函数为 $S'=-4+6(P-1)=-10+6P$，供给减少表现为供给曲线向左移动 $S\rightarrow S'$。第二，令 $D=S'$，则 $P'=3.6$，$S'=D=11.6$，所以，新的市场均衡价格上升了，均衡产量下降了。

(2) 征税使得买者每单位香烟支付的市场价格由 3 元增加为 3.6 元，相当于承担了 0.6 元的税额，即 60%；征税后，生产者每单位香烟卖价为 3.6 元，缴完 1 元税赋后实际所得为 2.6 元，每单位收入由原来的 3.0 元减少为 2.6 元，相当于承担了 0.4 元的税额，即 40%。[请读者求解向消费者征 1 元税的市场影响，提示：$D'=26-4(P+1)$，参阅本书第 71 页“谁来买单?”]

下面对征税的影响进行几何解释。在图 2-19 中，假设对香烟生产者征直接税 x 元，使得生产者供给减少，供给曲线向左上方移动。因为，赋税增加后，厂商每单位香烟得到的收益下降，愿意提供的产量下降，这样，供给减少（曲线左移），价格上升，即 $S\rightarrow S'$。对香烟生产者征直接税，而赋税由消费者（3.6－3.0＝0.6）和生产者（3－2.6＝0.4）共同承担，这是经济学的一大发现。

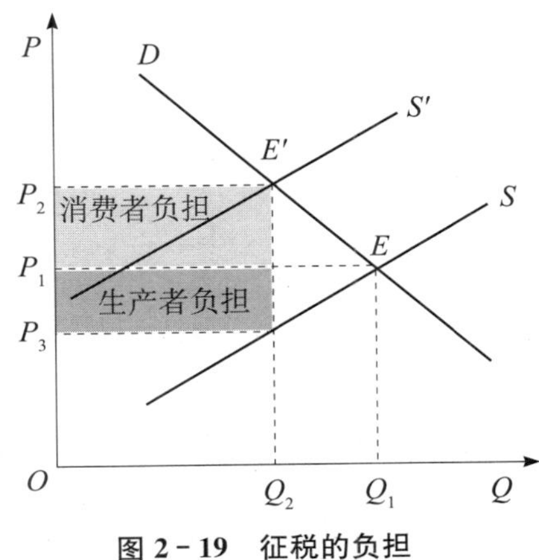

图 2-19 征税的负担

赋税承担的比例如何确定？赋税到底主要是由买者还是卖者承担取决于供给和需求的相对弹性。如果需求价格弹性大于供给价格弹性，赋税主要转嫁给生产者；反之，就转嫁给消费者（弹性理论将会在后面详细介绍）。见图 2-20 和图 2-21。

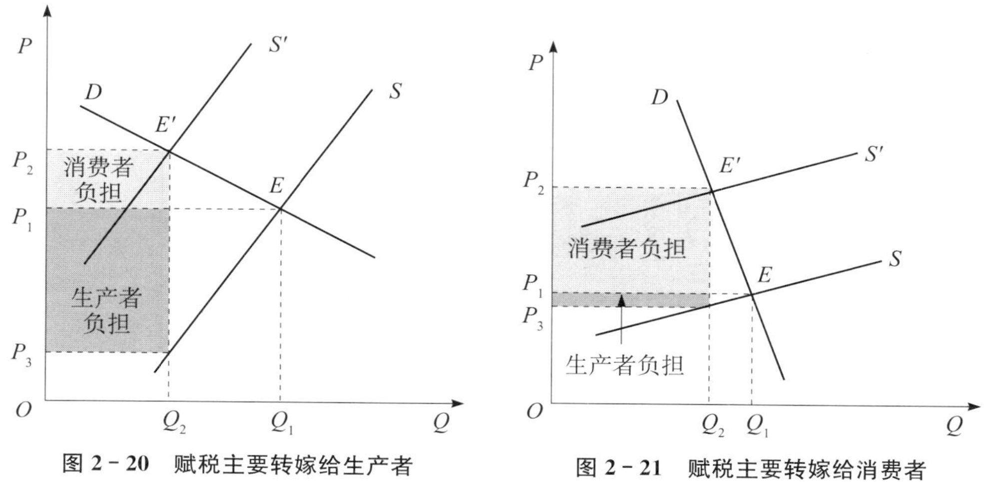

图 2-20 赋税主要转嫁给生产者　　图 2-21 赋税主要转嫁给消费者

2. 限制种植和医生数量、汽车关税和技术进步

图 2-22 说明了政府如何通过限制种植玉米数量来提高农民的收入。供给减少（$S \rightarrow S'$）后，玉米单位销售价从 P_1 提高到 P_2。

图 2-23 说明了限制医生的数量如何能够使医疗价格上涨、医生收入增加。例如，高昂的学习费用、严格的开业条件、颁发医生执业许可证等，使医生的供给下降并维持在一个不变的水平上。

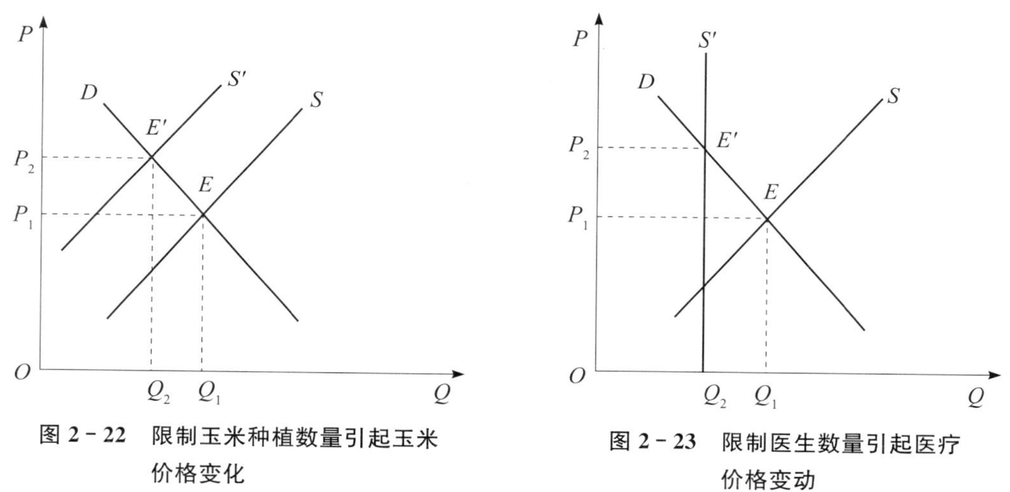

图 2-22 限制玉米种植数量引起玉米价格变化　　图 2-23 限制医生数量引起医疗价格变动

在图 2-24 中，对进口汽车征收关税（每辆 2 000 元），使进口汽车供给减少，价格上升，从而增加了对国内汽车的需求。

在图 2-25 中，假定煤是按不变成本生产出来的（水平线），煤的生产技术的提高使煤的生产成本大幅度下降，煤价几乎减半。

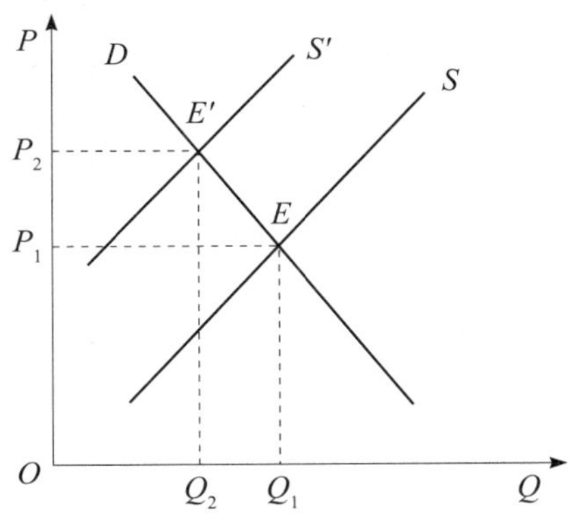

图 2-24 进口汽车关税变化引起汽车市场变化

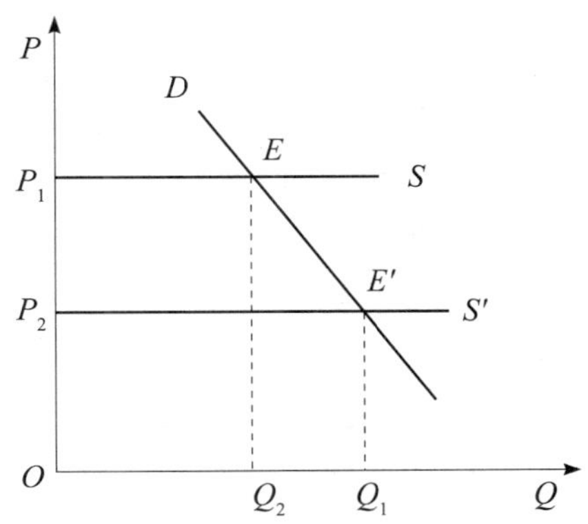

图 2-25 技术进步对煤价的影响

背景资料

技术进步与计算机供给

在供给理论中，我们的分析以供给量和价格的关系为中心。但应该看到，在今天，决定供给的关键因素是技术，计算机的供给便说明了这一点。

20 世纪 80 年代，个人计算机的价格按运算次数、速度和储存能力折算，每台为 100 万美元。尽管价格如此高昂，但供给量极少，只有少数工程师和科学家使用。如今，同样性能的个人计算机已降至 1 000 美元左右。价格只是当初价格的千分之一，但供给量增加了不止 1 万倍。现在个人计算机的普及程度是许多未来学家所未预见到的。

计算机供给的这种增加不是由于价格的变动引起的，而是由于技术进步的变动引起的。从 20 世纪 80 年代末开始，计算机行业的生产技术发生了根本性变化。集成电路技术的发展、硬件与软件技术标准的统一、规模经济的实现与高度专业化分工使计算机的生产成本迅速下降，而质量日益提高。这种技术变化引起计算机供给曲线向右移动，而且移动幅度相当大。因此，尽管价格下降，供给还是大大增加了。

技术是决定某种商品供给的决定性因素。正因为如此，经济学家越来越关注技术进步。

第四节 弹性理论及其运用

一、需求价格弹性

（一）需求价格弹性的定义

需求价格弹性是指一定时期内需求量变动比率与价格变动比率的比。不同商品在不同的价格水平上需求量对价格的反应程度是不一样的。价格下跌10%，需求量可能增加2%，也可能增加20%。经济学用不同商品的需求价格弹性来表示这种区别，公式为：

$$需求价格弹性\ (E_d) = \frac{需求量的变动比率}{价格的变动比率} = -\frac{\Delta Q}{Q} \bigg/ \frac{\Delta P}{P} = -\frac{\Delta Q}{\Delta P} \cdot \frac{P}{Q}$$

公式中，Q 是需求量，ΔQ 是需求量增量，P 是价格，ΔP 是价格增量，E_d 是需求价格弹性。它还可以用微分方式表示为：

$$E_d = -\frac{\mathrm{d}Q}{\mathrm{d}P} \cdot \frac{P}{Q}$$

需求弹性是需求理论中的一个重要概念，除了需求价格弹性（需求弹性）外，还有需求交叉弹性、需求收入弹性。

（二）需求价格弹性的五种情况

不同商品的需求价格弹性是不同的，如必需品的需求通常对价格变动做出的反应较小；而奢侈品则具有较高的价格敏感性。一般把物品的需求价格弹性分为五类：需求富有价格弹性（$E_d>1$）、需求缺乏价格弹性（$1>E_d>0$）、单位需求价格弹性（$E_d=1$）、需求具有无穷价格弹性（$E_d \to \infty$）、需求完全无价格弹性（$E_d=0$）。

1. 需求富有价格弹性

它是指需求量变动的幅度大于价格变动的幅度。如价格变动50%引起需求量变动200%，这就是需求富有价格弹性，见图2－26。

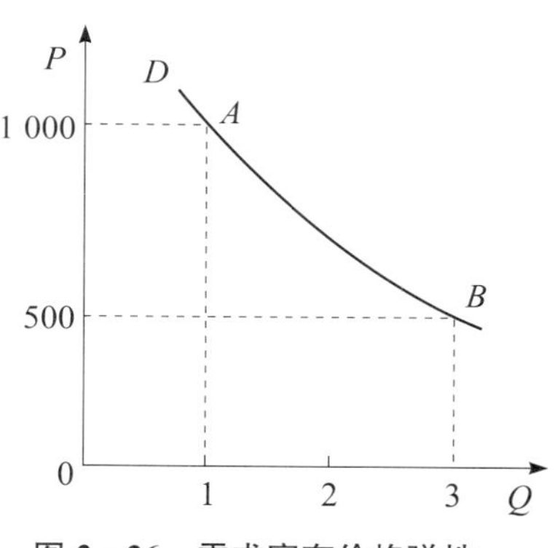

图2－26　需求富有价格弹性

对奢侈品征税未必惠及低收入者

2. 需求缺乏价格弹性

它是指需求量变动的幅度小于价格变动的幅度。如价格变动50%引起需求量变动25%，这就是需求缺乏价格弹性，见图2－27。

3. 单位需求价格弹性

它是指需求量变动的幅度与价格变动的幅度相一致。如需求量变动50%，价格变动也是50%，见图2－28。

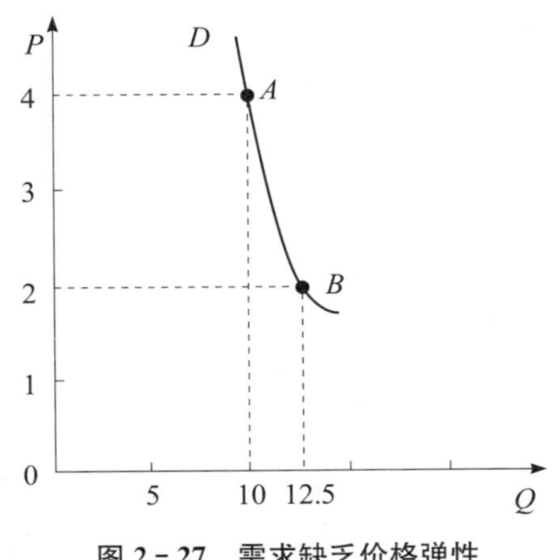

图 2-27 需求缺乏价格弹性

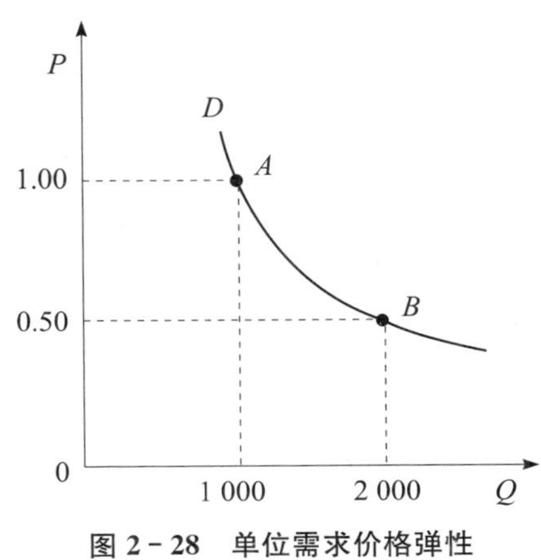

图 2-28 单位需求价格弹性

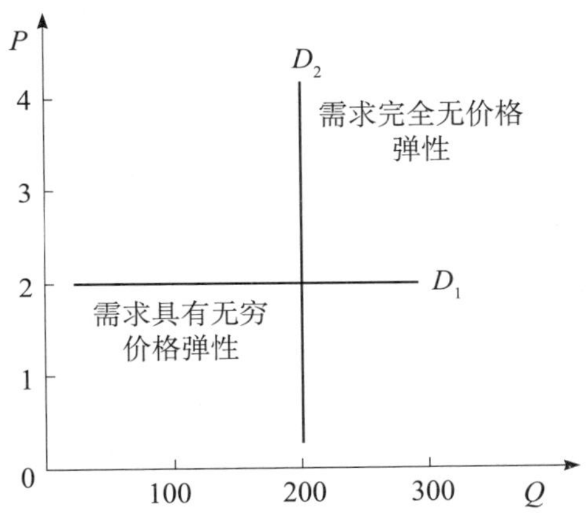

图 2-29 需求具有无穷价格弹性和需求完全无价格弹性

4. 需求具有无穷价格弹性

它是指需求量具有无穷大的弹性。这意味着价格的微小变化会引起需求量无穷大的变动，如图 2-29 所示。需求具有无穷价格弹性的需求曲线是需求曲线的特例，消费者对商品价格的变动极其敏感。例如：出租车服务价格为每千米 2 元，如果某个出租车服务提供者涨价，则人们对他的需求量为零；反之，低于每千米 2 元，人们会排队抢着上他的车甚至提前预订。此外，黄金、外汇、股票等的需求曲线也会近似于一条直线。

5. 需求完全无价格弹性

它是指无论价格如何变化，需求量都不会做出反应，如图 2-29 所示。需求完全无价格弹性的需求曲线是需求曲线的特例，消费者对商品价格的变动无动于衷。例如，人们对生老病死服务的需求。

（三）决定需求价格弹性的因素

商品的需求价格弹性存在着差异，是什么原因造成不同商品需求价格弹性的区别呢？

需求价格弹性的大小取决于以下因素：

第一，收入比重，即商品销售价格在消费者预算中所占的比重。

第二，替代性，即该商品是否存在替代产品，存在多少替代产品。

第三，依赖程度，即消费者对商品的依赖性或必需程度。

第四，时间长短，即消费者是否有时间对价格变化做出反应。时间越长，消费者越有条件对价格变化做出反应；反之，则只能被动接受。

商品需求价格弹性的大小直接影响厂商在价格决策中的总收益大小。例如，家电、化妆品、旅行、航空等需求富有价格弹性的商品，它们的价格与总收益呈反方向变动，价格上升，总收益减少，价格下降，总收益增加，这正是“薄利多销”；而像食品、药品等需求缺乏价格弹性的商品，它们的价格与总收益呈同方向变动，价格上升，总收益增加，价格下降，总收益减少，正所谓“谷贱伤农”“增产不增收”。

二、供给价格弹性

（一）供给价格弹性的定义

供给量随着价格的变化而变化，但不同的商品在不同的价格水平上，供给量对价格变化的反应程度是不一样的。价格下跌 10%，供给量可能上升 20%，也可能仅上升 5%。经济学用不同商品的不同供给价格弹性来表示这种区别。

供给价格弹性是指供给量对市场价格变动所做出的反应程度，即供给量变化的百分比除以价格变化的百分比的商，其一般公式为：

$$\text{供给价格弹性}（E_s）=\frac{\text{供给量变化的百分比}}{\text{价格变动的百分比}}=\frac{\Delta Q}{Q}\Big/\frac{\Delta P}{P}=\frac{\Delta Q}{\Delta P}\cdot\frac{P}{Q}$$

公式中，Q 是供给量，ΔQ 是供给量增量，P 是价格，ΔP 是价格增量，E_s 是供给价格弹性，它还可以用微分方式表示为：

$$E_s=\frac{\mathrm{d}Q}{\mathrm{d}P}\cdot\frac{P}{Q}$$

很容易看出，供给价格弹性的定义与需求价格弹性的定义是相同的。唯一的差别在于：对于供给而言，数量对价格的反应是正的，而对于需求而言，反应则是负的。

（二）供给价格弹性商品的五种情况

根据不同商品供给价格弹性的大小，一般把商品分为五类：供给富有价格弹性（$E_s>1$，如劳动密集型产品）、供给缺乏价格弹性（$0<E_s<1$，如资金技术密集型产品）、单位供给价格弹性（$E_s=1$）、供给完全有价格弹性（$E_s\to\infty$）、供给完全无价格弹性（$E_s=0$）。

图 2-30 描绘了供给价格弹性的三种重要情况。

与横轴垂直的供给曲线表示供给完全无价格弹性，无论价格怎样变化，生产者提供的商品都是一样的、既定不变的。供给完全无价格弹性的需求曲线是供给曲线的特例，生产者对商品价格的变动不做出反应。比如，一个城市的土地供给曲线。

水平的供给曲线表示供给完全有价格弹性，在一个既定价格下，厂商愿意提供任意数量或者无限的商品。供给完全有价格弹性的供给曲线是供给曲线的特例，生产者对商品价格变动的反应极其强烈。例如，自来水公司的供给曲线。

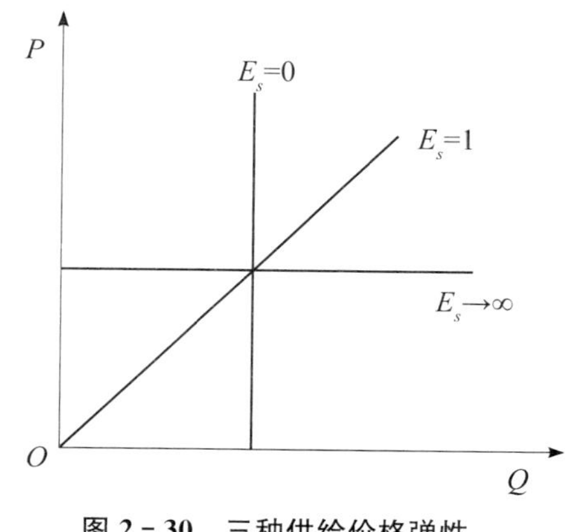

图 2-30 三种供给价格弹性

中间经过原点的供给曲线表示单位供给价格弹性。

在图 2-31 中，供给曲线上各点的价格弹性均大于 1。例如在 A 点，因为 $BC>OB$，所以 $E_s>1$。

在图 2-32 中，供给曲线上各点的价格弹性均小于 1。例如在 A 点，因为 $BC<OB$，所以 $E_s<1$，表示供给缺乏价格弹性。

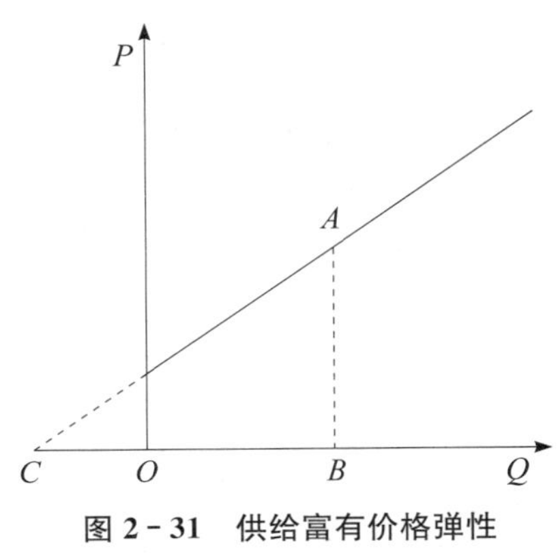

图 2-31 供给富有价格弹性

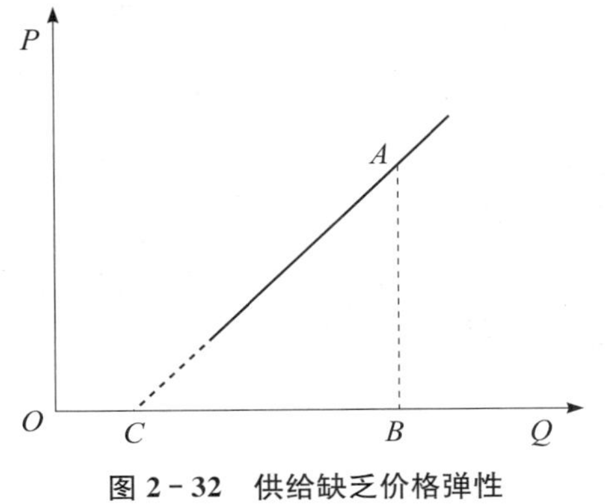

图 2-32 供给缺乏价格弹性

（三）影响和决定供给价格弹性的因素

（1）供给增加的难易程度。如果在现行市场价格下很容易购买投入品，就像纺织行业的情况那样，那么，微小的价格上升就会引起数量的大幅度增加，这意味着供给价格弹性相对较大。假定生产能力受到严重限制，就像南非金矿开采那样，那么，即使黄金价格急剧上升，南非的黄金产品也只是做出微小反应。

（2）时间长短。当商品的价格发生变化时，厂商对数量的调整需要一定的时间。在很短的时间内，厂商若要根据商品的涨价及时地增加数量，或者根据商品的降价及时地缩减数量，都存在不同程度的困难，相应地，供给价格弹性是比较小的。但是，在长期内，生产规模的扩大与缩小，甚至转产，都是可以实现的，供给量可以对价格变动做出较充分的反应，供给价格弹性也就比较大。

（3）生产成本变化的情况。就生产成本而言，如果数量增加只引起边际成本轻微上升，则意味着厂商的供给曲线比较平坦，供给价格弹性可以是比较大的；相反，如果数量增加引起边际成本较大上升，则意味着厂商供给曲线比较陡峭，供给弹性可以是比较小的。

（4）产品生产周期的长短。在一定时期内，对于生产周期较短的产品，厂商可以根据市场价格变化较及时地调整数量，供给价格弹性相应较大；相反，对于生产周期长的产品，其供给价格弹性往往较小。

三、弹性理论的运用

（一）税收分担的经济学发现

下面的论述将证明，如果供求函数的价格弹性不变，不管是向买者征税还是向卖者征税，它们都使买者实际付出上升，卖者得到的下降，无论如何收税，买卖双方都要分摊赋税。到底是买者负担多还是卖者负担多，取决于供给和需求的相对弹性。

1. 消费税

在图 2-33 中，征税行为不会使供给曲线受影响，因为在任何一种既定的价格水平下，卖者向市场提供产品的激励是相同的。买者购买商品时需要向政府缴税，因此需求曲线向左移动。移动距离等于每单位商品的征税量，即 P_2P_1，均衡价格从 P_E 降至 P_2，消费者购买每单位的商品，除了给销售商 OP_2 的价格外，还必须缴纳 P_1P_2 的消费税，也就是说，消费者每单位商品支付的总价款是 OP_1。所以当向一种商品征税时，会抑制市场活动，减少销售量，税收由买卖双方负担。

2. 销售税

政府向卖者征税，税收最初影响供给。供给曲线向左上方移动，移动距离等于每单位商品的征税量。向卖者征收一定量赋税时，供给曲线向上移动相应的征税量，这时均衡价格上升，移动距离等于征税量 P_1P_2。征税后，卖者得到的价格每单位虽然是 OP_1，但必须要拿出其中一部分（P_1P_2）缴税。卖者实际所得从 P_E 下降到 P_2。在图 2－34 中可以看出，虽然是对卖者征税，但税收实际上是由买卖双方分摊的，买者承担 P_1P_E，卖者承担 P_EP_2。

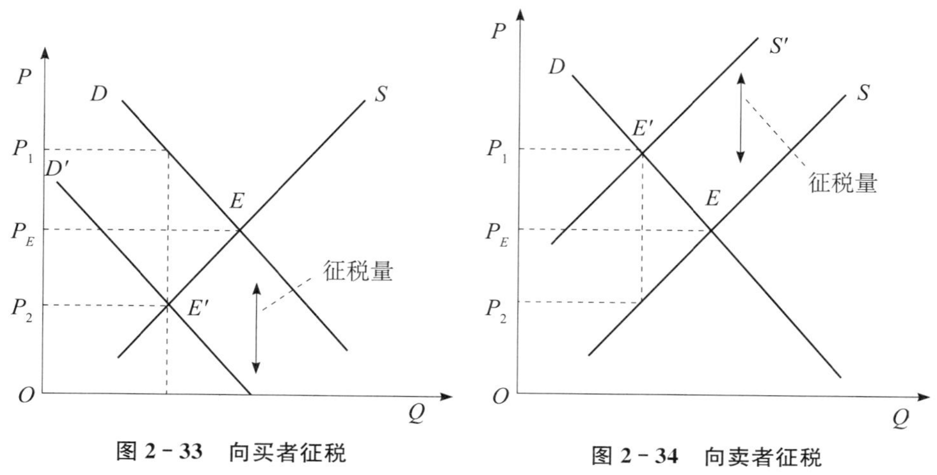

图 2－33 向买者征税

图 2－34 向卖者征税

在图 2－35 中，供给曲线富有弹性，需求曲线缺乏弹性。在征税量 AB 中，买者承担较大部分。在图 2－36 中，相对于供给曲线，需求曲线富有弹性。在征税量 AB 中，卖者承担较大部分。

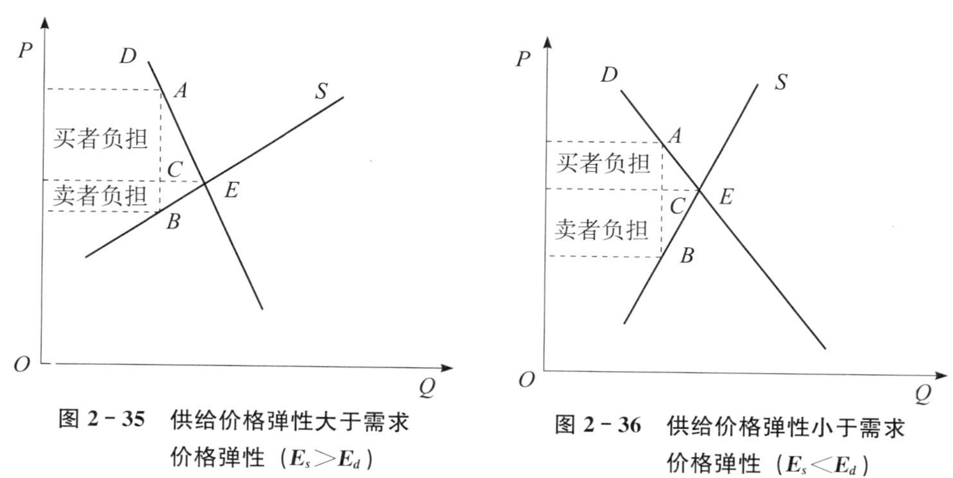

图 2－35 供给价格弹性大于需求价格弹性（$E_s>E_d$）

图 2－36 供给价格弹性小于需求价格弹性（$E_s<E_d$）

这两幅图说明：税收负担更多地落在价格缺乏弹性的一方。这是因为，弹性小，意味着买者对该种物品没有适当的替代品，或者卖者的退出成本较高，没有新的适合生产的替代品，退出困难，当对该商品征税时，市场中选择机会少的一方不能较轻易地离开市场，从而必须承担更多的税收负担。

例题讲解

谁来买单?

前面例题分析了对供给方——卖方征税的情况，以下介绍对买方征税的情况，通过分析你会发现，对谁征税无关紧要，税收总是由买卖双方承担。而且，赋税分担的比例也跟向谁征收无关。谁负担得多，取决于供给和需求的相对弹性。

例如，已知某厂商生产销售的香烟的需求函数、供给函数为：

$D=26-4P$

$S=-4+6P$

根据均衡条件 $D=S$ 得：均衡价格 $P_E=3$，$D=S=14$。

求：(1) 政府对消费者购买每盒香烟征税 1 元后，新的价格和产量是多少？(2) 买卖双方之间赋税的分担情况如何？(3) 为什么分担比例不一样？

解：(1) 征税影响需求。消费者买香烟，每盒需要额外交 1 元税。新的需求函数为 $D'=26-4(P+1)=22-4P$，在几何图形上表现为需求曲线左移，$D \to D'$。令 $D'=S$，则 $P'=2.6$（元/盒），$Q'=11.6$（单位）。所以，新的市场均衡价格和均衡数量都下降了。

(2) 征税使得消费者购买每盒香烟支付的市场价格（买价）由 3.0 元下降为 2.6 元，上缴政府 1 元赋税后，实际支付 3.6 元，相当于承担了 1 元赋税中的 0.6（3.6−3.0）元，即 60%；征税使得生产者制定的每盒香烟的市场价格（卖价或收入）由 3.0 元下降为 2.6 元，相当于承担了 1 元赋税中的 0.4 元，即 40%。(请翻看第 63 页，在向卖者征税的情况下，双方分担的比例是否也为 6∶4? 向谁征税不会影响税负分担比例，弹性才是根本原因。)

(3) 谁负担得多，取决于供给和需求的相对价格弹性。当 $P=2.6$，$S=D'=11.6$ 时，根据需求价格弹性公式，得 $E_d=0.90$；根据供给价格弹性公式，得 $E_s=1.34$。$E_d<E_s$，需求价格弹性小于供给价格弹性，弹性小的需求方负担较大比例的赋税。

例题讲解

补贴效应

已知粮食市场的供求函数为：$D=26-4P$，$S=-4+6P$。消费者每购买一单位粮食，政府补贴 1 元后，均衡价格从 3 美元上升为 3.4 美元，均衡数量由 14 个单位提高为 16.4 个单位 [提示：$D'=26-4(P-1)$，$S=-4+6P$，令 $D'=S$，$P=3.4$ 美元，$D'=S=16.4$]。谁从补贴中获益更大?

解：不管是税收政策还是补贴政策，都是对价格弹性（绝对值）小的一方影响更大，即价格弹性小的一方承担较大比例的赋税，或者获得较大比例的补贴。例如，在题目中的供求函数中，需求价格弹性小的获益更大。在新的均衡点（3.4，16.4），$E_d=0.83$，$E_s=1.24$，$E_d<E_s$。需求价格弹性小于供给价格弹性，弹性小的需求方将从补贴

中获益更大。相对于补贴前，受补贴政策影响，需求方原来每单位须支付 3 美元，现在每单位向卖方支付了 3.4 美元后，再从政府那里得到 1 美元补贴，实际支付 2.4（3.4—1）美元，实际获得的补贴是 0.6 美元，占补贴额的 60%；受补贴政策影响，供给方单位收益增加 0.4（3.4—3）美元，占补贴额的 40%。

20 世纪 70、80 年代，美国对蔬菜和水果的补贴很少，对玉米、大豆、高粱、大麦、燕麦、棉花、大米等 20 多种包括转基因在内的农产品实行大量补贴。得到补贴的几个食品集团大做食品和汉堡广告，使得人们对蔬菜、水果的需求减少，产生了很多体重超标的胖子。

即问即答

补贴和征税的计算与验证

如何计算补贴和征税对买卖双方的影响并保证结果基本正确？

答：（1）向买卖双方补贴（i）会降低买方承担的成本、增加卖方销售收益。所以，受政策影响形成的新函数表示为：$D'=a-b(P-i)$，$S'=a+b(P+i)$。验证时，判断标准是“曲线是否右移”。

（2）向买卖双方征税（t）会提高买方承担的成本、降低卖方销售收益。所以，受政策影响形成的新函数表示为：$D'=a-b(P+t)$，$S'=a+b(P-t)$。验证时，判断标准是“曲线是否左移”。

（二）需求价格弹性、价格变化与总收益

需求价格弹性与总收益有着密切关系。可从下列公式中得到说明：

$$TR=P\cdot Q$$

公式中，TR 代表总收益，Q 代表与需求量相一致的销售量。

从公式可见，总收益取决于价格和需求量。所以，需求价格弹性发生变化，必然会引起总收益发生变动。

由于不同商品的需求价格弹性不一样，对总收益的影响势必会不同。这里，以需求价格弹性的两种情况为例来考察它们对总收益的影响。

1. 需求富有价格弹性的商品

假定电视机的需求富有价格弹性。如 $E_d=2$，每台电视机的价格为 500 元，销售量为 100 台。这时，总收益是：

$$TR=500\times100=50\ 000\text{（元）}$$

如果每台电视机的价格从 500 元下降到 450 元，下降幅度为 10%，由于 $E_d=2$，销售量便会增加 20%，销售数量达到 120 台。这时，总收益是：

$$TR=450\times120=54\ 000\text{（元）}$$

两相比较，虽然后者每台电视机的价格下降了，但总收益增加了 4 000 元。

反过来看，如电视机的价格提高 10%，那么，销售量会减少 20%。这时，总收益是：

$$TR=550\times80=44\ 000\text{（元）}$$

两相比较，虽然后者每台电视机的价格提高了，但总收益减少了 6 000 元。

通过上述分析，可得出这样一个结论：需求富有价格弹性的商品，它的价格与总收

益呈反方向变动。价格上升，总收益减少；价格下降，总收益增加。

2. 需求缺乏价格弹性的商品

应该指出的是，并不是任何降价都会增加销售，从而增加总收益。

以面粉为例。假定需求价格弹性为 $E_d=0.5$，每千克面粉的价格为 2 元，销售量为 100 千克。这时，总收益是：

$$TR=2\times100=200\text{（元）}$$

如果面粉的价格下降 10%，由于 $E_d=0.5$，销售量则上升 5%。这时，总收益是：

$$TR=1.80\times105=189\text{（元）}$$

两相比较，虽然后者每千克面粉的价格下降了，但总收益并未增加，反而减少了 11 元。

反过来看，若每千克面粉的价格上升 10%，则销售量下降 5%。这时，总收益是：

$$TR=2.2\times95=209\text{（元）}$$

两相比较，虽然后者每千克面粉的价格上升了，但总收益并未减少，反而增加了 9 元。

通过上述分析，可得出这样一个结论：需求价格缺乏弹性的商品，它的价格与总收益呈同方向变动。价格上升，总收益增加；价格下降，总收益减少。

（三）谷贱伤农

“谷贱伤农”描述了在丰收年份，农民收入反而减少的现象。这一现象可用弹性理论加以说明。

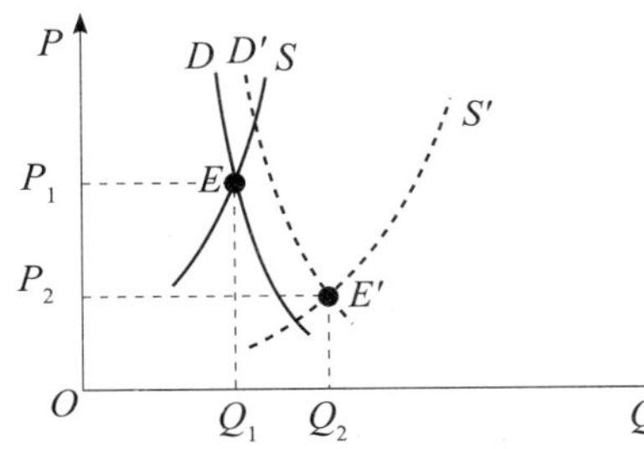

图 2-37　供给的扩张和无价格弹性的需求导致农业收入降低

随着科学技术的进步，农业生产中的技术含量越来越高。如通过运用拖拉机、联合收割机和摘棉机来实现机械化；肥料和灌溉、精心育种和新型杂交种子等方面的发展。这些方面的不断创新，一方面大幅度地降低了对农业劳动力的需求（如今只有 3%的美国人生活和工作在农场）；另一方面极大地提高了农业生产率。生产率的快速提高，大幅度地增加了供给。如图 2-37 所示，供给曲线从 S 移动到 S'。恩格尔定律表明：随着收入的增长，食物需求的增长相对较慢，对农产品需求增长相对缓慢，需求曲线有限右移 $D\rightarrow D'$。

供给的快速增长超过了需求的有限增加，从而导致农产品价格下降。如图 2-37 所示，决定价格的均衡点 E 移动到均衡点 E'。由于需求价格缺乏弹性，新均衡点降低至 E'，农民收入大幅度减少。

第五节　供求均衡理论的运用——收入分配

在生产要素市场上，要素（劳动、资本、土地和企业家才能）的供给和需求的相互作用决定了要素（均衡）价格。要素价格既决定了居民或家庭的收入（工资、利息、地租、利润），又决定了使用这些要素的厂商的生产成本。

要素价格决定了收入在要素所有者之间的分配，所以，收入分配理论又被称为生产要素价格理论。

一、要素的需求与供给

（一）要素的需求

要素的需求是派生需求。厂商购买生产要素不是为了自己的直接需要，而是为了生产和出售产品以获得收益。对生产要素的需求不是直接需求，而是间接需求。

（二）要素的供给

在市场经济中，大部分生产要素归个人所有。劳动作为人力资本只能出租，不可出售。资本和土地一般为家庭和企业所有。

劳动供给是由许多经济和非经济的因素决定的。劳动供给的主要决定因素是劳动的价格，即工资率和一些人口因素，如年龄、性别、教育和家庭结构等。

土地和其他自然资源的数量是由地质决定的，并且不可能发生重大的变化，尽管其质量会受到自然资源保护状况、开发方式和其他改良措施的影响。

资本的供给依赖于家庭、企业和政府部门过去的投资状况。从短期看，资本像土地一样固定不变，但是从长期看，资本的供给对收入及利息率等经济因素非常敏感。

图 2-38　生产要素的供给曲线

生产要素的供给取决于各要素的特点及要素所有者的偏好状况。一般来说，各种要素供给与价格呈正相关关系，如图 2-38 中 A 点以下区域所示。从 A 点至 B 点，其供给不随价格的变化而变化，供给完全无弹性。在一些特殊情况下，要素供给如图 2-38 中 B 点以上区域所示。当要素价格的提高使其所有者的收入大大增加时，如劳动价格提高，其供给曲线可能会向后弯曲。

对汽车的需求引致对汽车生产工人和机器设备的需求；对保健品、美味佳肴等产品和服务的需求引致对医生、医院、厨师、饭馆等土地、劳动、资本及管理生产要素的需求。

由于女性在购买服装上肯花钱，引致全球对女模的需求远远超过男模，所以，超级女模的收入通常远超男模。

每个人都是要素和产品的供给者和需求者

案例分析

陡峭的劳动供给曲线

2003年，中国流行“非典”（SARS），各大医院引进了很多呼吸机，结果发现只有十几个呼吸科医生，而会操作呼吸机的人少得可怜，呼吸科医生的工资待遇立即因为各大医院争抢而水涨船高。

由上述案例可以得出：要素市场价格由要素的市场需求和市场供给相互作用的均衡决定。

二、工资的决定

将所有单个消费者的劳动供给曲线水平相加，即得到整个市场的劳动供给曲线。尽管许多单个消费者的劳动供给曲线可能会向后弯曲，但整个市场的劳动供给曲线不一定也是如此。在较高的工资水平下，现有的工人也许提供较少的劳动，但高工资也吸引新的工人，因而总的市场劳动供给一般还是随着工资的上升而增加，从而市场劳动供给曲线仍然是向右上方倾斜的。

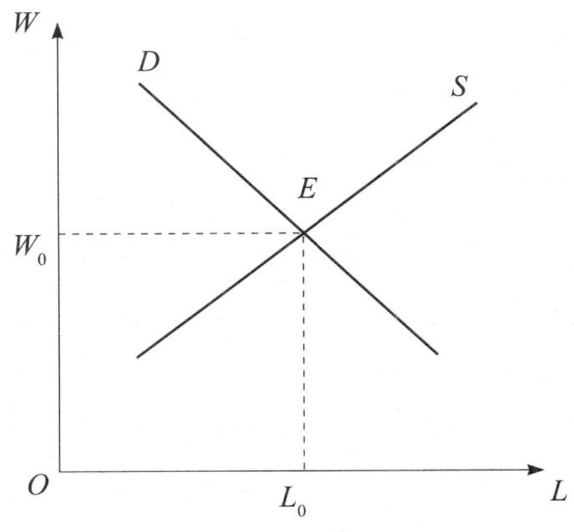

图2-39 均衡工资的决定

由于要素的边际收益递减，要素的市场需求曲线通常总是向右下方倾斜，劳动的市场需求曲线也不例外。将向右下方倾斜的劳动需求曲线和向右上方倾斜的劳动供给曲线综合起来，即可决定均衡工资水平，见图2-39。

在图 2－39 中，劳动需求曲线 D 和劳动供给曲线 S 的交点是劳动市场的均衡点。该均衡点决定了均衡工资为 W_0，均衡劳动数量为 L_0。因此，均衡工资水平由劳动市场的供求曲线决定，并且随着这两条曲线的变化而变化。

工会、政府政策、法律、习惯、社会心理等因素，均会引起劳动的需求或供给的变动（曲线移动），并进一步导致市场均衡工资发生变化。

例题讲解

工资的决定及政府干预

假设劳动力市场上的供求函数为：$L_S=-6+2W$，$L_D=9-0.5W$。试计算：

（1）劳动供求均衡时的均衡工资和均衡劳动量。（答：$L_S=L_D$ 时，均衡工资为 6，均衡劳动量为 6）

（2）若政府规定最低工资为 8 元，有多少人愿意工作？厂商需要多少工人？有多少工人失业？（答：$L_S=-6+2\times8=10$；$L_D=9-0.5\times8=5$；5）

（3）假定代替最低工资规定的是政府同意厂商每雇用一个工人就向厂商补贴 3 元，则在均衡条件下新的均衡工资和均衡劳动量及政府的补贴额是多少。[答：向厂商补贴影响需求函数，$L_D'=9-0.5(W-3)=10.5-0.5W$。令 $L_S=L_D'$，求出均衡工资为 6.6，均衡劳动量为 7.2，政府的补贴额为 21.6]

课堂实践

如何帮助不发达地区的工人提高收入？

假如有发达与不发达两个地区，工资水平存在明显差距。该怎样帮助不发达地区的工人提高收入？

答：免税、补贴、设定最低工资标准、捐款、做慈善（具体措施大家可以讨论）。应注意，所有这些办法都有成本。例如，设定最低工资标准伤害的会是最弱势的、没有任何技能的工人，该措施不仅没有提高他们的收入，反而使他们找工作更加困难。

放松管制、降低人财物流动成本、取消劳动力流动限制也许是更加可靠的办法。

例如，有两地的劳动市场供求函数如下：

A 地区：$D_a=26-4P$，$S_a=-4+6P$，均衡工资水平为 3 元/小时，就业量为 14 万人；B 地区：$D_b=80-4P$，$S_b=20+6P$，均衡工资水平为 6 元/小时，就业量为 56 万人。

政府取消劳动力流动限制后，两地区供求函数合并为：$D=D_a+D_b=106-8P$，$S=S_a+S_b=16+12P$，均衡工资水平为 4.5 元/小时，就业量为 70 万人。

所以，放松管制，没有花纳税人的钱，也没有增加政府的财政负担，A 地区工人的工资水平提高了，B 地区用工成本降低了，但总就业量没有下降。

结论：对于劳动市场需求方即厂商而言，用工成本有降低也有提高，相互抵消；对于劳动市场供给方即工人而言，既提高了收入又没人失业。

三、地租

（一）土地的供给

经济学中的土地泛指一切自然资源。它们既不能被生产出来，数量也不会减少，因而它们是固定不变的。应该明确的是，这里的土地（也包括资本和劳动）是从其提供服务的角度加以分析的。地租是指土地提供服务所得到的报酬，而不是指土地本身的价格。同样，资本本身的价格与资本提供服务的价格是两个不同的概念，不要将二者混淆。

由于土地所有者拥有的土地是既定的，例如为 Q_1，故将供给 Q_1 量的土地——无论地租 R 是多少。因此，土地供给曲线在 Q_1 的位置上垂直，见图 2－40。

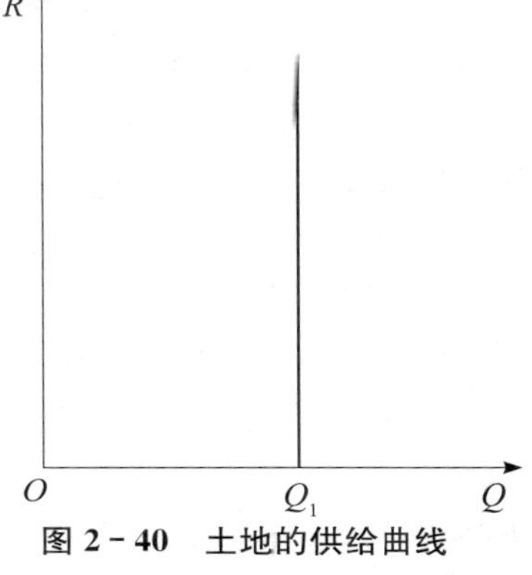

图 2－40　土地的供给曲线

之所以得到土地供给曲线垂直的结论，并不是因为自然赋予的土地数量是（或假定是）固定不变的，而是因为我们假定了土地只有一种用途，即生产性用途，而没有自用用途，没有自用价值。

在完全竞争市场上，由于价格不变，所以，土地的边际产量决定土地的需求，边际产量递减，土地的市场需求曲线就向右下方倾斜。

（二）地租由土地供求的均衡决定

将所有单个土地所有者的土地供给曲线水平相加，即得到整个市场的土地供给曲线。再将向右下方倾斜的土地市场需求曲线与土地供给曲线结合起来，即可决定使用土地的均衡价格，见图 2－41。

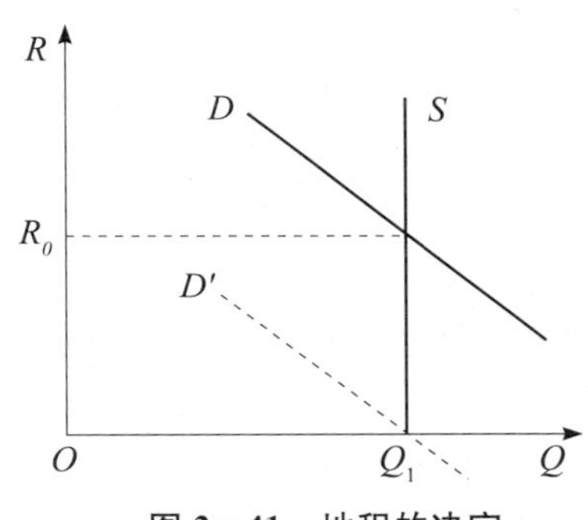

图 2－41　地租的决定

在图 2－41 中，土地需求曲线 D 与土地供给曲线 S 的交点是土地市场的均衡点，该均衡点决定了土地服务的均衡价格 R_0。

土地的供给曲线与需求曲线的交点所决定的土地使用价格称为地租。在土地供给曲线垂直且固定不变的条件下，地租的多寡完全由土地的需求曲线决定。地租随着需求曲线的上升而上升，随着需求曲线的下降而下降。如果需求曲线下降到 D'，则地租消失，即等于零。

根据上述地租决定理论，可以这样来说明地租产生的（技术）原因：地租产生的根本原因在于土地的稀少，供给不能增加；如果给定了不变的土地供给，则地租产生的直接原因就是土地需求曲线的右移。

（1）地租，即土地价格，是指当土地供给固定时的土地服务价格，它只与固定不变的土地有关。租金、准租金、经济租金是从地租衍生出来的相关概念。

（2）租金，是指固定供给的一般资源的价格。地租只与固定不变的土地有关，租金是所有固定不变资源（包括土地）的服务价格。例如某些人的天赋才能就如同土地一样，其供给是自然固定的。这些固定不变的资源有相应的服务价格，这种服务价格显然与土地的地租非常类似。为与特殊的地租相区别，把这种供给固定不变的一般资源的服务价格称为租金。换句话说，地租是当所考虑的资源为土地时的租金，而租金则是一般化的地租。

（3）准租金，是指对供应量暂时固定的生产要素的收益，可以表示成固定总成本和经济利润之和，当经济利润为零时，准租金等于固定总成本。比如开一家饭馆，购买厨房机器设备、租用店面、装修、获得营业许可、与服务员和厨师签订劳动合同后，这些投入在短期内是很难改变用途的固定投入，只能通过短期固定要素的使用逐步收回来。这部分固定成本带来的收益就是准租金。

（4）经济租金，是指要素收入超出使用该要素必须支付的最低报酬的部分。“必须支付的最低报酬”相当于机会成本，若要素收入减去机会成本还有剩余，这部分剩余就是生产者剩余。所以，经济租金等于生产者剩余。计算公式为：

经济租金＝生产者剩余＝要素收入－机会成本（次优用途上的收入）

现举例说明经济租金的含义：

1）在某商场旁边，我有一块 15 平方米的土地，可以租给广告商（4 万元/年），租给纸媒体经营商（3 万元/年），租给个体烧烤经营者（3 万元/年），租给附近商场用作停车场（3 万元/年），租给保险公司经营保险业务（2 万元/年），租给服装公司（2 万元/年），租给垃圾回收公司（2 万元/年），租给一个农民养奶牛（2 万元/年），租给房屋租赁公司（2 万元/年）……在这个例子中，我把土地租给了广告商而放弃的使用该要素必须支付的最低报酬＝机会成本＝次优选择的潜在收入＝租给纸媒体经营商（3 万元/年）＝租给个体烧烤经营者（3 万元/年）＝租给附近商场用作停车场（3 万元/年），经济租金＝4－3＝1（万元）。

2）假定姚明在 NBA 打篮球的年收入是 8 000 万元，而在 CBA 打篮球的年收入是 200 万元，他得到的经济租金是 7 800 万元，这是非常高的。

3）过去十年，明星玛丽平均每年在好莱坞只拍一部电影（固定供给量），得到 600 万元收入。现在有人跟她签约拍中美联合拍摄制作并拟在全球放映的电影，她得到的收入将是 660 万元，经济租金是 60 万元。经济租金＝实际收入－固定供给收入＝实际收入－机会成本＝参加联合摄制电影拍摄收入－平常每年电影收入＝60（万元）。

4）长期以来，发达国家投资的平均回报率是 9%，但是，到中国投资的平均回报率是 20%，这些到中国的直接投资就会得到 11%的经济租金。

5）北京北三环的一套三居室年租金是 4 万元/年，2008 年奥运会成功举办后涨到 6 万元，则经济租金为 2 万元。

6）假定银行存款年利率为 2%，去年你到银行存 100 万元时，营业员劝你购买保本型理财产品。今年你去银行支取到期的 100 万元本金和预期的 2 万元利息时，却意外得知不是 102 万元而是 110 万元，则你得到了 8 万元的经济租金。

理解经济租金要把握以下要点：

第一，经济租金是差额，是实际得到的与应该得到的差额。

第二，经济租金是实际得到的与应该得到的固定供给的收入的差额。要素的供给量是独立于价格的、固定的，要素所有者并没有多出租土地和房屋，没有因为收入高而一天打三场球，没有多拍两部电影，没有额外增加投资，同样的资源或要素改变了用途，把它们用到比平常效率更高的用途中去了。

第三，去掉经济租金不会影响要素的供给。土地不租给广告商（4 万元/年），仍然要租给纸媒体经营商（3 万元/年），或者租给个体烧烤经营者（3 万元/年），或者租给附近商场用作停车场（3 万元/年）。不租给广告商就没有了经济租金，但仍然要出租，因为，即便没有经济租金（生产者剩余或者经济利润），也仍然会有会计利润。

第四，要素应该得到的或者要素的机会成本为零时，要素的全部收入为经济租金，即经济租金＝地租＝租金。

经济租金可以用均衡图来表述，见图 2－42。

图 2－42 中，要素所有者为提供 Q_0 产量，实际销售收入为 OR_0EQ_0，他们所愿意接受的最低要素收入是 $OAEQ_0$，两者的差额阴影区域 AR_0E 为经济租金。AR_0E 是要素的“超额”收益，即使去掉，也不会影响要素的供给量。例如，只要给 800 万元（$OAEQ_0$），两支 NBA 球队就愿意到中国打一场季前赛，但由于受欢迎，他们获得了 1 390 万元的收入（OR_0EQ_0），即他们得到了 590 万元的经济租金（阴影部分 AR_0E）。经济租金（阴影部分 AR_0E）又叫生产者剩余。

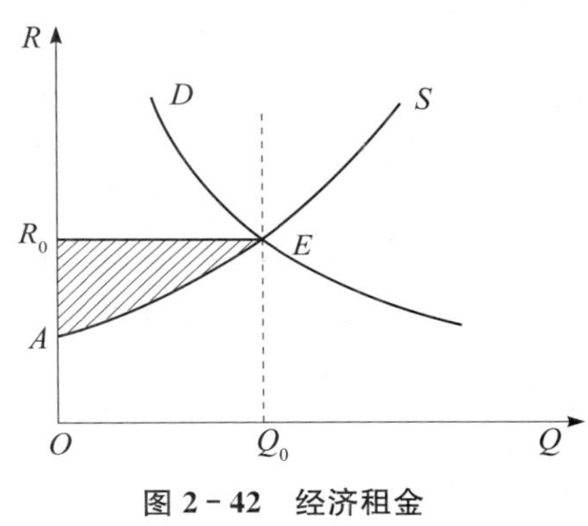

图 2－42 经济租金

经济租金的大小取决于要素供给曲线的形状。供给曲线越陡峭，经济租金部分就越大。特别是当供给曲线与横轴垂直时，全部要素收入均变为经济租金，它恰好等于租金或地租。由此可见，租金实际上是经济租金的一种特例，即租金是当要素供给曲线与横轴垂直时的经济租金，而经济租金则是更为一般的概念，它不仅适用于供给曲线与横轴垂直的情况，也适用于与横轴不垂直的一般情况。在另一个极端上，如果供给曲线是水平的，则经济租金便完全消失。

难点讲解

地租、租金、准租金、经济租金、租的关系

这五个概念的共同点及相互联系是：

1. 共同点

它们都是“租”，凡是供给固定要素的收益我们都可以称为“租”；凡是劳动、土地、资本、企业家才能，任何供给固定的要素的服务价格，都是“租”。反过来，这些要素服务价格（使用收益）的增加或者下降，都不会改变要素的供给量。

地租产生于土地供给固定性，是土地资源的使用收益；租金产生于资源供给固定性，是一般资源的使用收益；准租金产生于要素供给暂时固定性，是短期固定要素的使用收

益；经济租金产生于固定供给资源不同用途的选择，是固定要素最优收入与次优用途收入的差额。

地租、租金、准租金、经济租金都是供给固定的资源使用收益，其关系是递进的，越来越一般化。

2. 联系

（1）租。租是最一般化的概念。例如，姚明是稀缺的固定供给要素，只要走出家门，就会有收益——租。姚明只有一个，收益的大小不影响姚明的供给量。

（2）经济租金。如果可以有选择，姚明会提升较高收益的服务，从姚明出卖服务的最优收益（租）里减去一个他认为"必须得到的次优收益"（机会成本），剩余部分就是经济租金（生产者剩余）。

（3）准租金。短期中，姚明从事篮球运动的投入分为固定投入和变动投入，他的篮球收入减去变动投入（与接下来的比赛有关的训练、营养、治疗等费用）就是准租金。准租金大于固定成本，就存在经济利润；准租金大于零，亏损也工作；准租金小于零，就不出去工作。

（4）租金。假定姚明选择在火箭队打球，出卖服务的收益是 2 000 万美元，另一个选择就是在家，在家的服务收益为零（打球的机会成本为零），此外没有其他选择，这时，姚明在火箭队打球获得的 2 000 万美元服务收益就是"租金"。

（5）地租。假定姚明退役不打球了，把打球攒钱买的、居住了 20 年的、价值 2 亿美元的房子租出去，每年得到的 2 000 万美元收益就是地租。

四、资本和利息率

（一）资本和利息率的定义

资本是用作投入要素以便生产更多商品和劳务的物品。资本的利息不涉及资本所有权但涉及资本使用权。使用资本（或资本服务）的价格，通常称为利息率（r），利息率是厂商使用资本的价格而不是厂商购买一项资本的价格。例如，一台价值为1 000元的机器被使用一年得到的收入为 100 元。这就是该机器服务的价格（或年利息率$r=10\%$）。资本服务的价格或利息率等于资本服务的年收入与资本价值之比。

（二）利息率的决定

1. 短期利息率的决定

资本的短期供给曲线是一条垂直线。根据短期资本供给和需求曲线，我们可以说明利息率的决定，见图 2-43。

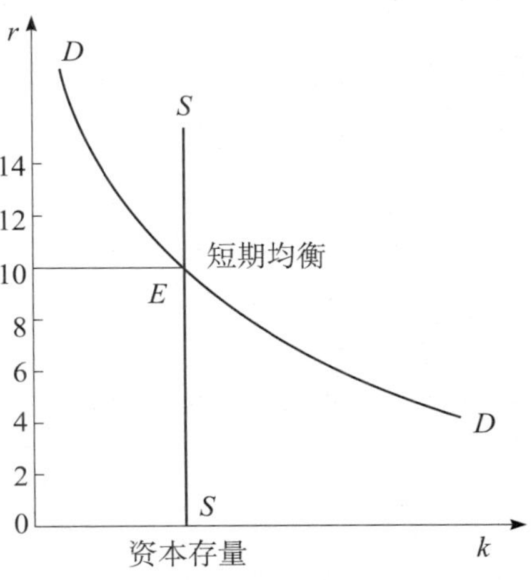

图 2-43　短期利息率的决定

在图 2-43 中，无论利息率的高低，由于厂商不能购买新机器，供给不能增加，因此资本的供给完全无弹性。在 E 点，恰好将资本数量分配给需要资本的企业。在这一短期均衡中，企业愿意以每年10%的利息率借款购买资本。在这点上，资金的贷款者也会满意于其所供给的资本得到年利息率正好是 10%的利息。

2. 长期利息率的决定

如果上述利息率被认为是高利率，那么，人们就会进行更多的储蓄，然后储蓄通过投资将不断转化为资本，厂商或设备租赁公司会购买新机器，从而引起长期资本供给曲线和利率水平发生变动，见图 2-44。

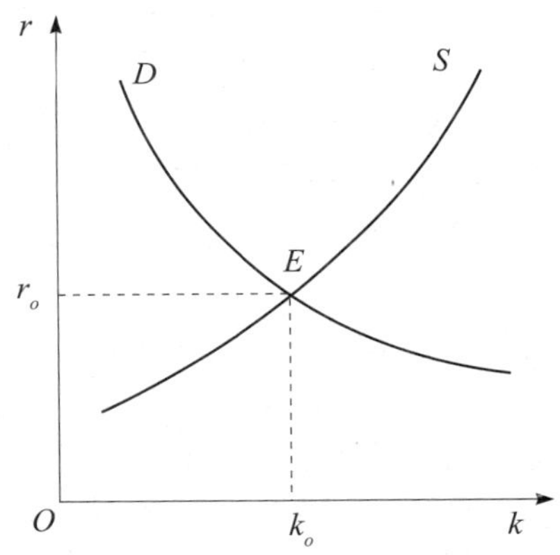

图 2-44　长期利息率的决定

在图 2-44 中，曲线 S 表示资本或资金的长期供给，它向上倾斜说明人们愿意以较高的实际利息率供给更多的资本。曲线 D 与曲线 S 相交于点 E，形成了资本市场上的长期均衡。在这一点上，净储蓄停止了，净资本积累为零，并且资本存量不再增长。它表示企业拥有的资本存量增加与人们所愿提供的资本数量增加相适应。由这一点所决定的利息率，便是长期资本市场的均衡利息率。

五、风险、创新和垄断与利润

西方经济学将利润分为正常利润和超额利润。

（1）正常利润。正常利润是企业家才能的价格，是企业家才能这种生产要素所得到的收入，即要素价格。它包括在成本之中，其性质与工资相类似，是由企业家才能的需求与供给所决定的。企业家才能的报酬与劳动者的工资、资本的利息、土地的地租最大的共同点是确定性，即不论企业经营状况如何、盈亏与否，市场双方通过合同事前约定、到期支付。企业家才能与劳动力、资本、土地最大的不同点是：企业家才能的需求很大但供给很小。那些具有天赋、受到良好的教育、有胆识、有能力、办事果断的人才具有企业家才能。企业家才能的需求与供给的特点决定了企业家的收入——正常利润——一种特殊的工资，其数额高于一般劳动者所得到的工资。

（2）超额利润。超额利润是指超过正常利润的那部分利润，又称为经济利润。这里的超额利润来源于：承担风险；创新；垄断。超额利润与正常利润、工资、利息、地租的最大不同是，它与企业经营状况盈亏挂钩，不能在事前通过合同约定、到期支付，并具有不确定性。

案例介绍

创新

一磅铜卖35美分，犹太人麦考尔想将其做成铜门、奥运奖牌、瑞士钟表卖10美元、1 000美元或更多。1974年，麦考尔公司董事长把美国自由女神像翻新后的废料做成一座座自由女神像当纪念品卖，仅仅3个月，这堆废料卖了350万美元。

即问即答

工资、地租、利息、正常利润和超额利润的异同是什么？

答：（1）工资、地租、利息、正常利润的共同点是：它们都是事前合同约定的收入，这些收入是有合约保证的。合约的基础是要素市场上供求决定的平均工资、地租、利息和正常利润。要素市场上的平均工资、地租、利息和正常利润是要素供求双方都必须考虑的机会成本。无论个别企业经营状况如何，报酬的支付都由合约决定，合约在一定程度上减少和避免了不确定性和风险。

（2）超额利润是经济利润，来自风险、创新、垄断。对企业来说，风险、创新和垄断具有不确定性，其超额利润是大是小、是正是负都是不确定的，即超额利润不能事前通过合约来确定，超额利润是不确定性报酬，即经营收益减去成本之后的剩余。

本章小结

1. 供求。经济学用一元供求函数、供求表、供求曲线、供求价格弹性等概念及工具说明需求定理或供给定理（价格引起需求量或供给量呈反方向变动，即点移动）。用需求或供给函数的变动、表变化、曲线移动来说明影响需求或供给的非价格因素（收入、分配、偏好、人口、政策、预期、相关商品价格、目标、成本、技术、政策、自然和社会条件等）变动引起需求或供给函数（曲线）呈不同方向和不同程度的移动（线移动）。

2. 市场供求均衡分析的运用。市场供求均衡分析的运用包括两方面内容：一是均衡稳定分析（静态分析），干预价格导致供不应求或供过于求。二是均衡移动分析（比较静态分析），如果价格不变，任何影响供求的因素的变动都会引起供求曲线、均衡点、均衡价格和均衡数量的变动。

3. 借助剪刀均衡图，进行供求均衡移动分析的基本步骤是：(1) 确定某事件影响的是供给曲线移动还是需求曲线移动，或是两种曲线都移动；确定曲线是向左移动还是向右移动。(2) 用供求图考察这种移动对均衡价格和均衡数量的影响。供求均衡移动分析具有广泛的应用领域，如征税、关税、颁发营业许可证、补贴、出口退税等的政策效应。如下图所示。

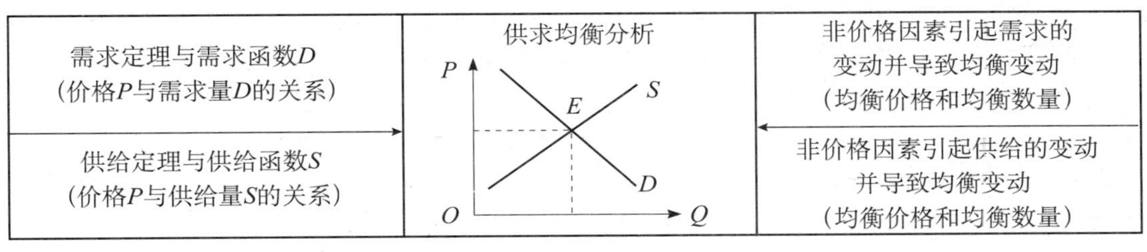

供求均衡分析

4. 分配理论——供求均衡理论最重要的运用。在要素市场上，要素的需求和要素的供给决定了要素的价格，要素价格又决定了人们收入的高低。供求决定价格，价格决定商品和收入的分配及流向。为什么歌星与普通人的收入差好多倍？为什么市场配置资源会导致收入的巨大差距？经济学用生产要素的供给和需求以及生产要素价格来解释。

思考题

1. 在计划经济和市场经济中，供给不足的问题分别是通过什么方式解决的？试用石油价格变化的例子加以说明。(提示：市场机制或计划指令)

2. 西方学者说："价格告诉人们干什么，人们自觉对价格变化做出反应；价格波动自动地实现稀缺资源的供求平衡、安排资源和收入分配；价格还提供了生产、需求、产业结构和资源流动的信息。"你能说明不利用价格，经济是如何运转的吗？(提示：查阅资料说明计划经济的优点和不足)

3. 某报纸有这样一段论述："乍一看来，向物品征税会提高消费者支付的价格。但是，价格的上升会降低需求。需求下降又会使价格下降。因此，无论如何，可以认为，向物品征税不会提高商品价格。"这段话对吗？为什么？画出图形并加以说明。(提示：向物品征税导致供给曲线向左移动并且使得价格上升、需求量下降。注意区分点移动和线移动以及因变量和自变量)

4. 大规模的广告活动使健身器材价格狂涨。在高兴的同时，健身器材经销商又担心价格上升会抑制需求，需求下降拉动价格下降。这种担心对吗？试用供求图进行分析。(提示：广告使健身器材的需求曲线向右移动并且使得需求增加、价格和供给量上升。注意区分点移动和线移动以及因变量和自变量)

5. 用供求图分析劝导性的“吸烟有害健康”广告与征收高额烟草税对香烟市场的不同影响。

6. 为什么说生产要素价格理论就是分配理论？（提示：要素的市场供求决定要素价格，要素价格决定要素所有者的收入，所以，市场化分配产生收入差距）

7. 生产要素市场和商品市场有何不同？有何联系？什么叫租金和经济租金？（提示：从市场主体和供求角度分析）

8. 说明影响汽车需求和供给的因素，解释汽车广告在影响汽车需求和汽车需求价格弹性方面的作用。

9. 学习了供求均衡模型后，汤姆在读书笔记中写道：“供不应求，价格上升，价格上升使需求下降和供给增加，需求下降和供给增加又使价格下降；同样，供过于求，价格下降，价格下降使需求增加和供给下降，需求增加和供给下降又使价格上升。所以，无论是供不应求还是供过于求，商品价格始终保持不变。”汤姆的表述准确吗？为什么？（提示：表述不准确。准确表述是：“供不应求，价格上升，价格上升使需求量下降和供给量增加，二者趋于均衡；供过于求，价格下降，价格下降使需求量增加和供给量下降，二者趋于均衡。所以，无论是供不应求还是供过于求，只要价格是有弹性的、被动的，竞争是充分的，供求会达成一致，形成均衡价格和均衡数量。”）

第三章　消费者行为分析

学习目标

知识要求： 了解边际效用论的总效用、边际效用概念及边际效用递减规律；理解消费者均衡原则；掌握收入约束下的消费者如何实现效用最大化。

技能要求： 知道当人们说汽车、住房的价值高、有用时，一般是指总效用，决定商品价格的往往是边际效用；了解边际效用递减规律并且可以用它说明消费者的支付意愿、需求和需求曲线；会用消费者购买商品的均衡原则指导和说明消费行为。

开章案例

水的边际效用

钻石虽然没有水有用，但价格比水贵，水对生命如此不可缺少，为什么价格却很低？200 年以前，这一悖论困扰着亚当·斯密。现在，我们知道如何解答这一问题了，答案如下：决定某一物品单位价格的是边际效用而不是总效用。例如，第一桶至第十桶水的边际效用分别是 900、100、80、50、20、10、4、3、2、1，那么，虽然水的总效用是 1 170，但水的边际效用是 1，如果 1 单位边际效用的支付意愿是 1 元，则消费者对水的支付意愿是 1 元。

第 1 至第 3 个单位的钻石的边际效用分别是 100、99、98，那么，钻石的总效用是 297，钻石的边际效用是 98，则消费者对钻石的支付意愿是 98 元，是水的 98 倍。所以，钻石比水贵。但水的总效用仍然是钻石的 3.94 倍，因为水更有用。

水的供应充足，其边际效用如此之低，最后一杯水只能以很低的价格出售，最后的一些水仅仅用于浇草坪或洗汽车。我们发现，商品越多，它的最后 1 单位的相对购买愿望越小，大量的水的价格就越低。为什么必不可少的水在一些地方成为免费商品？正是无限供给量使其边际效用大大减少，因而降低了这一极其重要商品的价格。

在市场中，假如茶水每杯 1 元，我喝四杯共支付 4 元。但我对四杯水的边际效用评价（愿付价格）分别是 10、6、3、1，这样算下来我就得到 16（20—4）个单位的消费者剩余。根据边际效用递减规律，对于我来说，前面的单位要比最后的单位具有更高的效用。因此，我们就从前面的每一单位中享受了消费者剩余（效用剩余）。

结论：边际效用决定消费者的支付意愿，边际效用小，一般而言价格就低，比如水；边际效用大，价格就高，比如钻石。这就是经济学中的“稀缺定价铁律”。

讨论题

同样单位的水，第一杯与第六杯，你的支付意愿真的不同吗？

第一节　效用论

一、效用

（一）效用的定义

效用是指满足，效用大小就是指人们消费商品时所感受到的满足程度的大小。效用函数具有多元性，而且消费者不仅能从取得商品、接受服务、感到安全、得到尊重、发现自我中获得满足，得到主观上的效用，而且能从助人利他、积德行善、同情他人、自我牺牲中获得满足，同样有效用，所谓“施之者比受之者有福”。19 世纪后期，经济学家将“效用”作为消费者在不同消费可能性之间进行选择的依据，用它来解释有理性的消费者如何把他们有限的资源分配在能给他们带来最大满足的商品上。

（二）基数效用论和序数效用论

1. 基数效用论

基数效用论认为效用可以相加求和，可以用基数（1、2、3…）来计量效用的大小。效用的计量单位被称为效用单位。例如，对某一个人来说，吃一顿丰盛的晚餐和听一场音乐会的效用分别为 6 个效用单位和 12 个效用单位，二者效用之和为 18 个单位。

2. 序数效用论

序数效用论者认为，效用的大小是无法具体衡量的，效用之间的比较只能通过顺序或等级来表示。序数是指第一、第二、第三……序数只表示顺序或等级，是不能加总求和的。虽然序数效用论用无差异曲线和序数来说明效用最大化原理，但在其基本原理的结论和内容上，基数效用论与序数效用论没有本质区别。

二、边际效用及边际效用递减规律

（一）边际效用的定义

边际效用是指消费者在一定时间内增加消费某种商品和劳务带来的满足或效用。边际是指新增加或额外的部分。

（二）边际效用递减规律的定义

边际效用递减规律是指随着个人连续消费越来越多的某种商品，他从中得到的增加的效用量或额外的效用量是递减的。

（三）边际效用递减规律的特征

边际效用递减规律的特征有递减性、反复性、主观性、相对性。

（1）递减性。边际效用的大小与消费商品的数量成反比。一张桌子有三条腿可以站稳，第四条腿能增加桌子的稳定性和承重力，但是，增加的这条腿的效用（第四条腿的效用＝边际效用）显然不如第三条腿。越是后面的桌子腿，增加的承重力比前面的一条越低，用经济学的话说，桌子腿的边际效用越来越低，而边际成本不变或递增。

边际效用的递减性

（2）反复性。边际效用是在特定的、连续的时间段里起作用的，不同的时间段里具有再生性、反复性。

（3）主观性。边际效用具有主观性，消费者对商品的支付意愿或愿意支付的价格由边际效用决定，数量少，边际效用大；反之，边际效用小。

效用主观性

（4）相对性。例如运动员第二场比赛得了亚军，相对于第一场得到的亚军满足感下降，但是，一想到跟冠军只有毫厘之差，不免懊恼、沮丧、难受，但看到上次的冠军这次只拿了季军，心中立即释然。

边际效用的相对性

（四）例外情况

当然，边际效用递减规律也有例外情况，如成套邮票、毒品等。但是，更多的、普遍存在的现象，比如“虱子多了不痒，债多了不愁”、“吃饱了蜜不甜”、人们追求多样化和少而精、君子戒多戒贪、“良田万顷，日食一升，广厦万间，夜眠七尺”、普通人济贫扶弱、人类崇尚自由选择等都可以用边际效用递减规律来解释。

（五）边际效用递减规律的提出

1854 年，德国经济学家赫尔曼·海因里希·戈森出版了《人类交换规则与人类行为》，这本著作使戈森成为边际效用理论的先驱。边际效用递减规律也称为戈森定律，戈森定律可以简单概括为：“随着获得物品的递增，欲望和享受递减。”戈森曾说：“我相信，我在解释人类关系方面所做的，正如哥白尼在解释天体关系方面所做的。我相信，我已成功地发现了使人类得以生存并支配人类进步的力量，以及这种力量发生作用的一般形式。哥白尼的发现使人类得以预测天体未来运行的轨迹，我的发现指出人们为了实现人生目的所必定遵循的确定不移的路线。”

三、总效用与边际效用

总效用是指随着消费量增加而得到的总的效用。总效用是边际效用之和。请看图 3－1，每一长方形的高度表示每增加 1 个汉堡包消费所得到的边际效用。长方形的高度一直往下减，最后为零。横轴上从零点到任一点上长方形面积的总和表示消费产生的总效用。例如，如果一天消费 4 个汉堡包，总效用就是图中矩形面积之和。

如果汉堡包小到一定程度，我们就可得到图 3－1 中 *MU* 的连续线，即边际效用曲线。在图 3－1 中可以看到，当消费的汉堡包越来越多时，得到的总效用会越来越以缓慢的速度增长。这是因为，随着消费汉堡包数量的增加，边际效用是递减的。

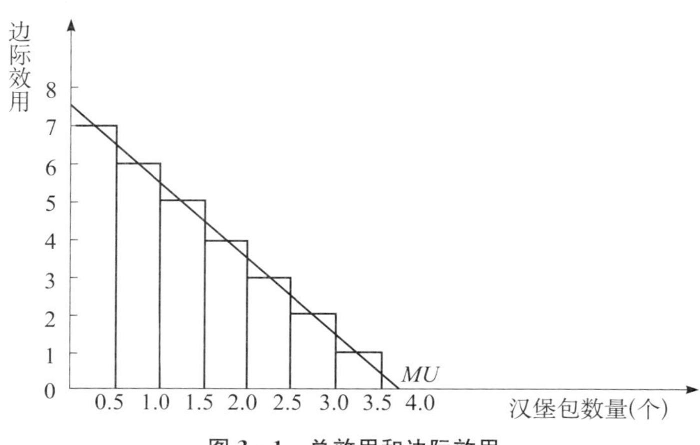

图 3-1 总效用和边际效用

重点讲解

总效用与边际效用

假定消费汉堡包的边际效用函数为：$MU(Q_x)=40-5Q_x$。总效用与边际效用的关系如下：

（1）总效用是边际效用之和。当消费 3 个汉堡包时，总效用＝35＋30＋25＝90。

（2）前后相邻的总效用之差乃边际效用。第 3 个汉堡包的边际效用可以根据边际效用函数得到，即 $MU(3)=40-5\times3=25$；也可以通过总效用减去它的前一个总效用得到，即 $MU(3)=90-65=25$。

（3）边际效用为零时，总效用最大。当消费 8 个汉堡包时，边际效用为零，$MU(Q_x)=40-5Q_x=0$，$Q_x=8$，这时，总效用＝140。如果继续消费，9 个汉堡包的总效用则下降为 135。

（4）边际效用为负时，总效用会下降，最后增加的边际效用不是满足，而是麻烦、痛苦。例如，番茄的边际效用在正常情况下为正值，但收获过剩，就变为负担。

结论：根据边际效用函数，人们可以准确地进行数量选择。

案例分析

几个包子才能饱？

民间有一个故事说，有一人吃了 5 个包子，感叹道："早知道吃 5 个包子能饱，又何必吃前面 4 个包子呢?!"这个人因此被人笑话。人们笑话他是因为他分不清 5 个包子的效用与第 5 个包子的效用以及总效用与边际效用。

四、边际效用决定购买数量

（一）不考虑成本支付，$MU \geqslant 0$

如果得到商品不用支付成本（免费），消费者依据边际效用函数决定数量边界（$MU \geqslant 0$），购买一种商品的数量选择原则为：边际效用要大于或等于零，并且 $MU \geqslant P$。

例题讲解

如何消费免费物品？

某品牌汉堡包免费供应，如果某人的边际效用函数为 $MU(Q_x)=40-5Q_x$，求：消费汉堡包的最优数量和总效用。

解：令 $MU(Q_x)=0$，则 $40-5Q_x=0$，故 $Q_x=8$。

总效用是边际效用之和：$35+30+25+20+15+10+5+0=140$。

（二）考虑成本支付，$MU \geqslant P$

如果考虑成本支付，假定一单位货币代表一单位效用。边际效用决定消费者的支付意愿（MU=愿意支付的价格。例如，某商品的 MU 为 1，表示消费者愿意支付的货币为 1 元）。

一种商品数量选择的最大效用原则为：

$$MU \geqslant P \text{ 或 } MU=P$$

当市场价格为 P 时，$MU>P$，增加购买；$MU<P$，减少购买；$MU=P$，这时所购商品数量的总效用最大，停止购买。通过对比 MU 与 P 来找到购买商品的合适数量，即当最后一个单位商品的边际效用等于商品的市场价格时就是合适数量，购买商品的数量要遵循 $MU/P=1$ 的原则。

可见，在决定一种商品的数量水平时，只要满足“边际效用大于或等于市场价格”即可。即

$$MU/P=\text{货币的边际效用}=1$$

符合这个原则，消费者就能实现总效用最大。同时，需求曲线、需求概念、需求定理也可以用 MU 来解释。

例题讲解

如何根据价格变化调整消费品数量？

某品牌汉堡包供应商在不同时间和地点推出相同质量标准但单价各异的汉堡包，玛丽的边际效用函数为 $MU(Q_x)=40-5Q_x$，求：玛丽消费汉堡包的最优数量。

解：令 $MU(Q_x)=P$，则 $40-5Q_x=P$，故当 $P=5$，10，15，20，25，30，35，

40 时，Q_x=7，6，5，4，3，2，1，0。

当市场价格为 P 时，$MU>P$，增加购买；$MU<P$，减少购买；$MU=P$，这时所购商品数量的总效用最大，停止购买。

即问即答

净效用或消费者剩余

消费者剩余又叫净效用或效用剩余，它是指消费者愿意支付的价格高于商品实际市场价格的差额，即消费者剩余 $S=MU-P$，或者总消费者剩余 $S=TU-P\cdot Q$。

已知：玛利亚消费汉堡包的边际效用函数为 MU（Q_x）$=40-5Q_x$，汉堡包的单价为 5 元。令 MU（Q_x）$=5$，则 $40-5Q_x=5$，故 $Q_x=7$。她本来可以消费 7 个汉堡包，但她只消费了 1 个汉堡包。

问：玛利亚消费汉堡包的边际效用剩余和总效用剩余是多少？

答：边际效用剩余是消费最后一个单位的效用剩余，即 $S=MU-P=(40-5\times1)-5=30$；总效用剩余是消费得到的总效用与总成本之差，即$S=TU-P\cdot Q=(40-5\times1)-5\times1=30$。

第二节　消费者均衡原则

一、消费者均衡原则的定义

消费者均衡原则又称购买商品数量原则。在消费者购买和消费决策中，消费者并不总是选择一种商品或者服务，消费者经常面对的是不同商品和服务的多项选择。不同商品和服务的效用大小不一，支付的成本也千差万别，如何找到一个一般的原则指导消费行为呢？消费者购买多种商品是为了效用最大化，存在一种最优决策的一般原则吗？

经济学家发现，人们在决定购买组合前要考虑两个因素：第一，各种商品的边际效用；第二，该商品的价格及消费预算。人们购买的最后一个鸡蛋和最后一双鞋提供的边际效用不会正好相等，而且一双鞋的成本远远高于一个鸡蛋的成本，因而所付出的代价也不同。

经济学家认为，人们应该如此安排他们消费商品数量的比例（消费者最大效用原则或消费者均衡原则）：在不超过消费预算的前提下，每种单个商品上花费的每元支出给他带来的边际效用必须相同。从这样的购买组合中，消费者才能得到了最大的满足或效用。换句话说：在消费者的收入和各种商品市场价格既定的条件下，购买不同商品的边际效用与价格之比相等。

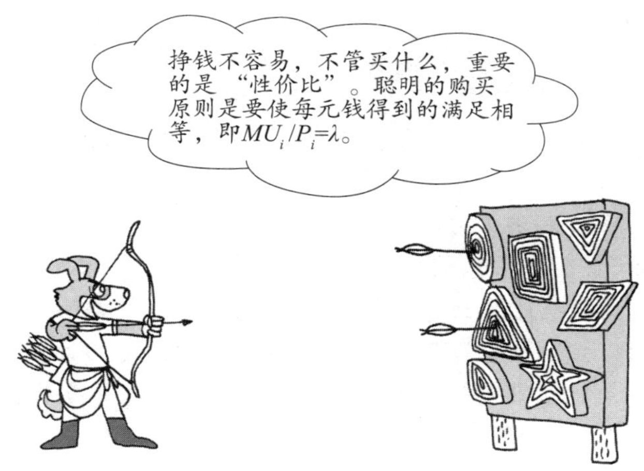

二、消费者均衡原则的数学公式

我们用两个公式来简练地表达消费者均衡原则。假定消费者选择购买两种商品，消费者均衡的基本条件可以用两个公式来简练地表达：

$$I=P_xX+P_yY$$

$$MU_x/P_x=MU_y/P_y$$

第一个公式是收入和价格约束条件公式，即消费预算方程式，I 为收入，X 和 Y 为两种商品的数量，P_x 和 P_y 为两种商品的价格。第二个公式是效用最大化消费者均衡原则公式，MU_x 和 MU_y 为两种商品的边际效用。

三、消费者均衡原则的经济学含义

消费者均衡原则的数学公式对于消费者购买商品数量及组合的确定具有一般的指导意义：当 MU_x/P_x 大于 MU_y/P_y 时，消费者应该增加 X 商品或减少 Y 商品的购买，直到二者相等；当 MU_x/P_x 小于 MU_y/P_y 时，消费者应该增加 Y 商品或减少 X 商品的购买，直到二者相等。为什么必须保持这一条件呢？如果增加某种商品的消费能够提供更多的边际效用，那么，把钱从其他商品的花费中转移到该商品上去，边际效用递减规律作用使得该商品的每 1 元的边际效用下降，一直到等于其他商品的边际效用时为止，这就增加了总效用。如果花费在某种商品上的每 1 元提供的边际效用少于普通水平，那么，人们可以减少购买该商品的数量，直到花费在该商品上的最后 1 元所提供的边际效用上升到普通水平为止。

例题讲解

效用最大化消费均衡组合

假设消费者张某消费 X 和 Y 两种商品的总效用函数为 $U=X^2Y^2$，张某收入为 500 元，X 和 Y 的价格分别为 $P_x=2$ 元，$P_y=5$ 元。

求：(1) 张某的消费均衡组合点。

(2) 若政府给予消费者消费 X 以价格补贴，即消费者可以原价格的 50%购买 X（$P_x=$ 1 元），则张某将消费 X 和 Y 各多少？

(3) 若某工会愿意接纳张某为会员，会费为 100 元，同时张某可以 50%的价格购买 X（$P_x=1$ 元），则张某将消费 x 和 y 各多少？

(4) 张某是否应该加入该工会？

解：(1) 根据消费预算方程式 $I=P_xX+P_yY$ 和效用最大化消费者均衡原则公式 $MU_x/P_x=MU_y/P_y$ 就能够计算出张某的消费均衡组合。由总效用函数求导得到张某边际效用函数为 $MU_x=2XY^2$，$MU_y=2X^2Y$，根据消费者均衡条件，由 $MU_x/P_x=MU_y/P_y$ 很容易得到 $MU_x/MU_y=P_x/P_y=2/5$，结合消费预算方程式（$500=2X+5Y$）解出 $X=125$，$Y=50$。

(2) 价格发生变动，预算约束线随之变动，$500=X+5Y$，由消费者均衡条件 $MU_x/MU_y=P_x/P_y=2/5$，得 $X=250$，$Y=50$。

(3) 收入发生变动，预算约束线也发生变动，$400=X+5Y$，由消费者均衡条件 $MU_x/MU_y=P_x/P_y=2/5$，得 $X=200$，$Y=40$。

(4) 张某是否应该加入工会，需要比较加入工会前后张某的总效用。

如果得不到政府给予的购买 X 的价格补贴，则参加工会前：$U=X^2Y^2=125^2\times50^2$，参加工会后：$U=X^2Y^2=200^2\times40^2$。所以张某应加入工会。

如果不参加工会仍然可以得到政府给予的购买 X 的价格补贴，则参加工会前：$U=250^2\times50^2$，参加工会后：$U=X^2Y^2=200^2\times40^2$。所以张某无须加入工会。

四、边际定价揭开“斯密价值悖论”

水、粮食、阳光、空气、国防安全和法律秩序对生命效用如此之大、如此不可缺少，为什么价格却很低？而对于生命并非必不可少的钻石、工艺品、古董具有很高的价格呢？

200 多年以前，这一悖论困扰着亚当·斯密，他觉得这个问题不可思议、无法解释，是一个谜。现在，我们可以用边际定价解答这一问题了。边际定价又叫稀缺定价，如果水不充裕，极其稀缺，例如只有一桶水，那么，水的单价就是其效用中最高的。如果市场上只有 1/10 桶水，其价格就会超过钻石。

水和钻石的边际定价的几何描述为：水的供给和需求曲线相交于很低的均衡价格，而钻石的供给和需求曲线相交所决定的钻石的均衡价格很高，具体见图 3－2 和图 3－3。为什么水的供给和需求相交于如此低的均衡价格呢？

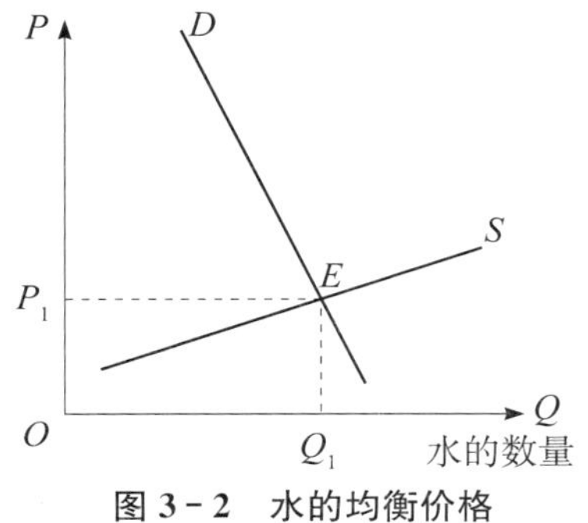

图 3－2　水的均衡价格

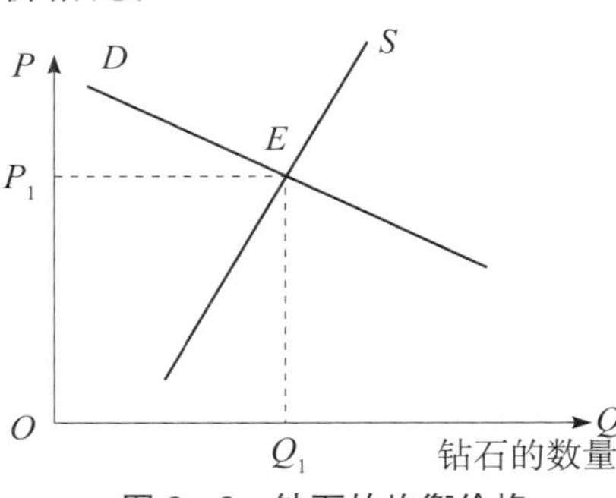

图 3－3　钻石的均衡价格

从成本或供给来看，钻石是十分稀缺的，得到一单位钻石的成本很高，它的供给曲线很靠左。而相对于钻石而言，水相当丰富，供给曲线很低、很靠右，得到一单位水的成本很低，在世界上的许多地方都可以几乎不费代价而得到。

从需求角度来看，我们对水的依赖性大于钻石，水的需求曲线很陡，但钻石的需求曲线很平坦，水的总效用大，但水的价格不决定于总效用。相反，水的价格取决于最后一杯水的效用，即边际效用。

水的价格由边际效用决定的“需求价格”（支付意愿）与边际成本决定的“供给价格”均衡决定。

边际效用决定了消费者对每一单位水“愿意支付的价格”越来越低（边际效用递减决定需求曲线向右下方倾斜）。由于有如此多的水，所以，最后一杯水只能以很低的价格出售。即使最初的几滴水相当于生命自身的价值，但最后的水仅仅用于浇花或洗汽车。因此我们发现，商品的数量越多，它的最后一单位的相对购买愿望越小，大量的水的价格就越低。

为什么必不可少的水在一些地方成为免费商品？正是无限供给量使其边际效用大大减少，因而降低了这一极其重要商品的价格。从均衡图看，需求曲线位置虽然很高，但很陡峭，给定的陡峭的对水的需求曲线与位置很低的供给曲线相交，均衡价格必然就低，所以，水价惊人得低。

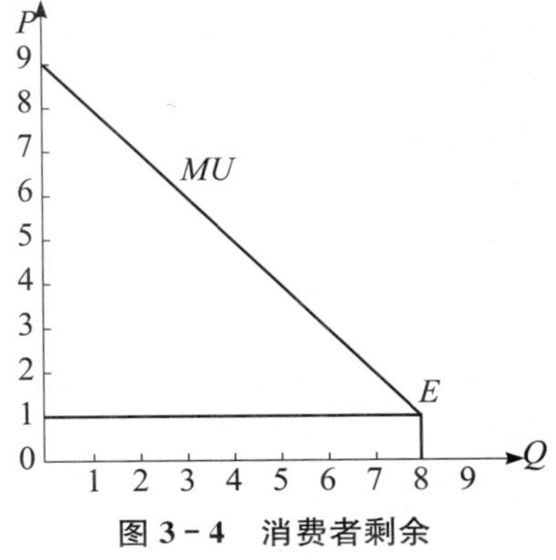

图 3-4 消费者剩余

正如一位学生所言，经济学的价值论并不难懂，只要你记住：在经济学中，是狗尾巴摇动狗身子。摇动价格和数量这个狗身子的是边际效用这条狗尾巴。

结论：容易得到的物品，总效用大（如图 3-4 中三角形和矩形面积之和），但边际效用小，价格就低

（如图 3－4 中的 E 点，第 8 个单位的边际效用等于 1 时，单位价格为 1 元），比如水；稀罕的物品，总效用低，边际效用大，价格就高，比如钻石。

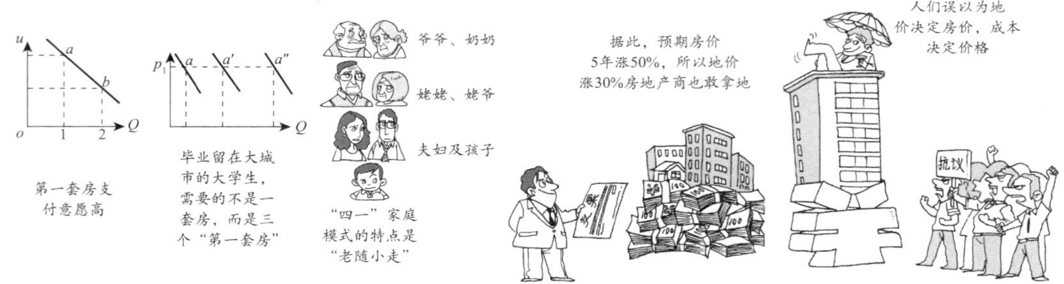

边际效用决定的支付意愿

第三节　消费者剩余原理

一、消费者剩余

消费者剩余又叫净效用或效用剩余，它是指消费者愿意支付的价格高于商品实际市场价格的差额。在存在分工和交换的社会中，每个人都可能享受消费者剩余，原因在于：市场竞争总会形成相对稳定的均衡价格，我们所购买的每一个鸡蛋或每一杯水，都支付相同的价格。根据边际效用递减规律，对于我们来说，前面的单位要比最后的单位具有更高的价值。因此，我们就从前面的每一单位中享受了消费者剩余（效用剩余）。

请看图 3－4，该图说明了一个消费水的人的消费者剩余的概念。比如，水的价格为每单位 1 元。图 3－4 中位于 1 元的水平线表示了这一点。该消费者应该购买多少水呢？根据 $MU=P$ 这一效用最大化原则，该消费者购买 8 个单位的水，他得到的总效用为 44 个单位（支付意愿为三角形与长方形之和，即 44），实际支付 8 元，他的消费者剩余最大，为 36（44－8）个单位。第 1 个单位的水能够消除极度的干渴，消费者愿意为它支付 9 元，消费者剩余为 8；第 2 个单位的水，消费者剩余为 7……如此下去，直到第 8 个单位。在 E 点时，消费者达到了均衡，此时，支付意愿为 1 元，市场价格为 1 元，消费者剩余为零。继续购买是不理智的，超过 E 点，消费者剩余将为负，总效用会下降。

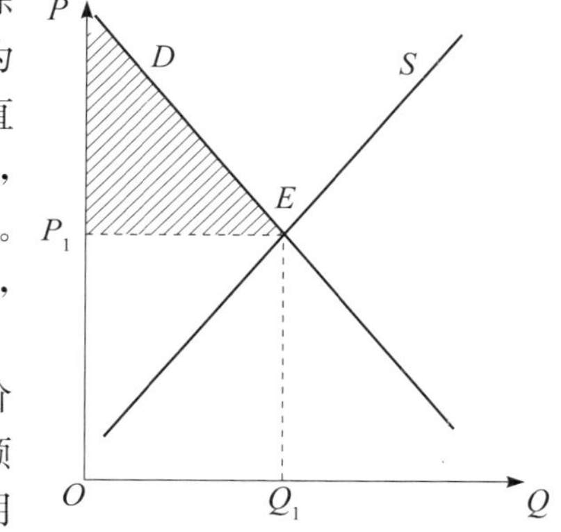

图 3－5　均衡图表示的消费者剩余

请看图 3－5，该图中，供求相互作用决定的均衡价格为 P_1，消费者购买商品数量 OQ_1 所支付的成本总额为 OP_1EQ_1，但得到的总效用是 $OPEQ_1$，这样用总效用减总成本，阴影部分为消费者剩余。

二、消费者剩余原理的运用

首先，在制定有关公共物品、机场、道路、水坝、地铁和公园的许多决策中，消费者剩余概念是极其有用的。假设一条新的可免费使用的连接两个大城市的高速公路的修建正在考虑之中。由于高速公路免费使用，它不能给建设者带来任何收入，而使用高速公路的人节省了时间或享受了旅行安全，他们获得的效用增加，得到更多的消费者剩余。为了避免个人之间效用比较困难的问题，我们假设有 10 000 个使用者，他们都是完全相同的。

假定，仅使用一次，每个人就可以从高速公路中得到 350 个单位的效用。免费使用产生的消费者剩余 $S=MU-P=350-0=350$；总消费者剩余 $S=TU-P\cdot Q=350\times 10\,000-0\times 350=350$ 万个单位。给定 1 个货币单位＝1 个效用单位，那么只要总成本小于 350（10 000×350）万元，消费者就会赞成修建这条高速公路。从事"成本-收益"分析的经济学家们一般建议，如果这条高速公路的总消费者剩余大于它的成本，就应该修建。

其次，消费者剩余还可以解释人们对把价格和价值相等同的怀疑。我们已经知道，尽管水和空气的总经济价值远远超过了钻石和皮衣，但它们可能具有很低的货币价值(价格乘以数量)。水和空气的消费者剩余是很大的，而钻石和皮衣的价值可能只略微大于其购买价格（较低的消费者剩余）。

最后，消费者剩余概念还指出，现代社会的公民享受着巨大的由分工和交换所带来的好处或福利，我们中的每个人都能以低价购买大量品种繁多的非常有用的商品。这是一种谦虚的思想。如果某些人因为他们的高生产率和高收入水平而态度傲慢，因为成功而不可一世，那么可以建议他们冷静下来。如果把他们送到没有分工和交换的社会中，什么都要自给自足，没有分工和交换，没有其他人的劳动，没有每代人积累下来的技术知识，没有资本设备，那么他们利用货币收入什么东西也买不到。很显然，我们所有人都从我们从来没有建造的经济世界中获得了消费者剩余。

案例与实践

消费者剩余和生产者剩余

(1) 有 4 位消费者甲、乙、丙、丁，他们愿意为理发支付的价格分别是 8 元、6 元、4 元、2 元（边际效用＝支付意愿＝愿付价格，每个人愿付价格是不同的）；

(2) 有 5 位生产者，他们提供理发服务愿意接受的单位价格分别是赵先生 0.5 元、钱先生 1 元、孙先生 1.5 元、李女士 2 元、王女士 3 元（他们的边际成本是不同的）。市场上理发的一般均衡价格是 2 元，市场供求的参与者一共 9 人。

问：(1) 市场竞争达到均衡时的均衡价格和均衡数量是多少？

(2) 消费者理发的总付出是多少？

(3) 生产者提供理发服务得到的总收益及支付的总成本是多少？

(4) 这时的总消费者剩余、总生产者剩余和总剩余是多少？

（5）消费者丁的消费者剩余是多少？生产者王女士的生产者剩余是多少？

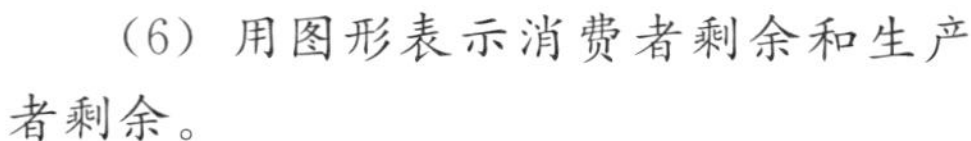

（6）用图形表示消费者剩余和生产者剩余。

答：（1）2 元，4；

（2）8 元；

（3）8 元，5 元；

（4）12，3，15；

（5）0，1；

（6）见图 3-6。

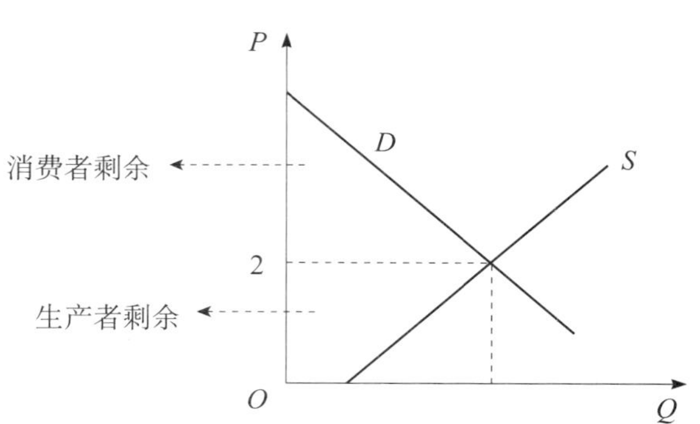

图 3-6　消费者剩余和生产者剩余

幸福就是渴有水、寒有衣

一元钱对富者边际效用低，剩余也低

福利再分配是冒险游戏

福利分配能增加社会总效用吗？

本章小结

1. 当收入既定，价格不变时，你在购买或选择多种商品时如何实现效用或满足最大化？每一货币单位所购买的不同商品的边际效用均相等，这是消费者购买的明智原则。用公式描述消费者均衡的条件是：

$$I=P_xX+P_yY$$

$$MU_x/P_x=MU_y/P_y$$

2. 决定商品价格的往往是边际效用。例如，当汽车和住房特别多时，最后一单位的汽车和住房就非常便宜了；当饮用水特别稀缺时，最后一杯水就价值连城，即“物以稀为贵”。

3. 消费者剩余概念把边际效用与市场价格结合起来，即消费者剩余＝边际效用－市场价格。

思考题

1. 解释边际效用和边际效用递减规律。举例说明边际效用与总效用的关系并画图。（提示：$MU>0$，$TU\nearrow$；$MU<0$，$TU\searrow$；$MU=0$，TU 最大）

2. 说明边际效用曲线与需求曲线、边际效用与支付意愿、边际效用与市场价格和消费者剩余的关系。

3. 消费者行为分析要说明什么问题？（提示：在既定的收入和价格条件下，消费者应如何实现或满足效用最大化）

第四章　厂商理论

学习目标

知识要求：了解短期中一种变动投入下的生产函数、产量规律及边际收益递减规律；理解一种可变要素的合理投入区域；掌握生产要素的最佳组合原理。

技能要求：知道规模收益与规模经济的区别；了解厂商的利润最大化原则；会用产量规律、成本规律、利润最大化原则解释微观经济现象。

开章案例

上大学的会计成本和机会成本

上大学是要花钱的，这就是上大学的成本。从目前来看，每位大学生在四年中的学费、书费等各种支出约为 4 万元。这种成本要实实在在地支出，称为会计成本。会计成本是会计师在账面上记录下来的成本，它只包括实际有货币流出和流入的交易，具体包括工资薪金及购买原料、材料、燃料、动力、运输等费用，以及为借入资金支付的利息。会计成本是一种历史成本，它记录了企业过去的实际支出。

上大学的代价绝不仅仅是这种会计成本。上大学放弃工作的机会和工资收入就是上大学的机会成本。例如，如果一个人不上大学而去工作，每年可以赚到 6 万元，这四年的机会成本就是 24 万元。上大学的代价应该是会计成本 4 万元与机会成本 24 万元，共计 28 万元。

上大学成本如此之高，人们为何还争先恐后呢？因为人们在计算长期收益。例如，如果一个没上过大学的人，一生中每年获得收入 6 万元，从 18 岁开始工作到 60 岁退休，42 年共计获得收入 252 万元。一个上过大学的人，一生中每年获得收入 10 万元，从 22 岁开始工作，到 60 岁退休，38 年共计获得收入 380 万元，因此上大学还是合适的。这就是每个人都想上大学的原因。

但是，对一些特殊的人，情况就不是这样了。比如，一个有篮球天赋的美国青年，如果在高中毕业后可以直接去 NBA 打篮球，每年可获得收入 500 万美元。这样，他上大学四年的机会成本就是 2 000 万美元。因此，有这种天赋的青年，即使学校提供全额奖学金，他也会在上大学与在 NBA 打篮球之间犹豫。有些具备模特气质与条件的女孩，放弃上大学也是因为当模特的收入高，上大学的机会成本太大。当你了解机会成本后，就知道有些年轻人不上大学的原因了。可见，机会成本这个概念在我们日常生活的决策中是十分重要的。

会计成本和机会成本之间的区别说明了经济学家与会计师在分析经营活动方面的重要不同。会计师记录成本是为了向别人报告企业的损益情况，以便能够反映企业过去的行为，注意，是过去的成本。经济学家关心未来，他们研究企业如何做出生产和定价决策，因此，他们衡量成本的目的是判断某个方案或者资源的某种用途的好与坏，这必然涉及不同方案或者不同用途之间的比较，以便对不同投入来源的结果做出选择。

讨论题

上大学是为了将来有更好的收益和前途。但是，上大学是要付出代价的。上大学的代价绝不仅仅是付出学费、努力和时间，上大学的成本还有哪些？

第一节　投入与产出：生产函数

一、生产函数

厂商是从事生产活动的，生产就是将投入转化为产出的活动，经济学用生产函数描述生产活动。生产函数是指能生产出的最大产出量与这一产出量所需要的投入之间的关系。它反映了一定物质技术的状况。假定产出量为 Q，投入的要素分别为资本 K、劳动 L、土地 N、企业家才能 N_e，则生产函数可表示为：$Q=f(K, L, N, N_e)$。

案例与实践

生产函数

以下实例说明了生产函数的应用：

(1) 一个农学家有一本关于农业生产函数方面的书，该书说明了能够生产出不同数量的玉米的土地和劳动的各种组合；其中一页上有生产 100 蒲式耳玉米所需要的土地和劳动的各种组合；另一页上列出了生产 200 蒲式耳玉米所需要的投入组合，等等。

(2) 电力生产。一本关于工艺指南方面的书载明了生产 100 万千瓦电力所需要的汽轮机、污染控制设备、燃料和劳动的各种组合。其中一页上有一个以天然气为燃料的生产蓝图，该图表明了生产电力的低资本成本和高燃料成本的组合；另一页上有一个以煤为燃料的生产图，该图表明了生产电力的低燃料成本和因污染控制而产生的高资本成本；其他页上描述了核电站和太阳能电站等生产情况。当把所有的生产蓝图放在一起时，便形成了电力生产的生产函数。

(3) 通过输油管传送的原油量。工程师们知道，产出量取决于油管的直径、抽油机的马力和地形等因素。所列出不同的油管直径、抽油机的马力和其他因素，以及与之相应的石油产出的表格，代表了输油量的生产函数。

有成千上万个不同的生产函数，每个生产函数对应于一种产品，尽管它们并没有被记录在工程手册上。生产函数描述了一个企业如何能够生产出它的产品组合，同时，生产函数也是决定企业成本曲线的重要因素。

生产要素

二、短期生产函数：总产量、平均产量和边际产量

经济学根据生产中要素投入的变动情况，把生产分为长期和短期。把短期定义为在这样一个时期，企业能够通过改变可变要素，如原料和劳动，但不能改变固定要素（如机器设备）来调整生产，或者说至少有一种要素投入不能变；把长期定义为在一个足够长的时期，以致包括设备资本在内的所有要素都能得到调整。

从企业的生产函数中，我们可以得到三个重要产量概念：总产量（*TP*）、平均产量（*AP*）和边际产量（*MP*）。

总产量是一定投入所得到的用实物单位衡量的产出总量，如多少吨小麦或多少桶石油。见表 4－1 和图 4－1。

表 4－1　总产量、边际产量和平均产量表

劳动单位（*L*）	总产量（*TP*）	边际产量（*MP*）	平均产量（*AP*）
0	0	—	—
1	2 000	2 000	2 000
2	3 000	1 000	1 500
3	3 500	500	1 167
4	3 800	300	950
5	3 900	100	780

表 4－1 和图 4－2 表明，随着劳动单位投入量的增加，总产量的增长呈现为越来越小的阶梯式。

平均产量（*AP*）是总产量除以总投入的平均数（见表 4－1）。

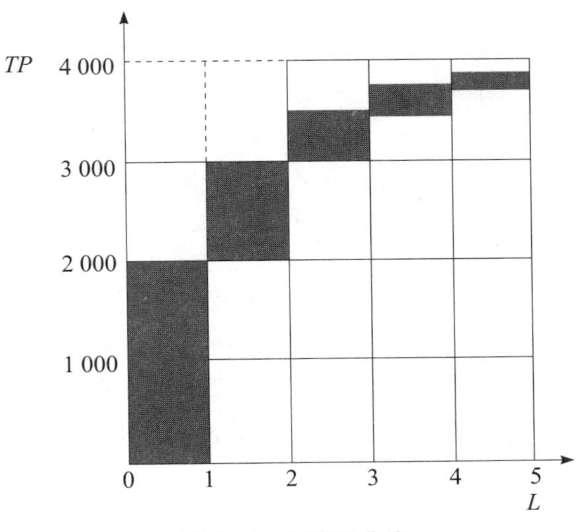

图 4-1 总产量曲线

边际产量是指在其他投入不变的情况下，增加某一种投入所增加的产出量或额外的产出量。例如，我们保持土地、机器和其他投入不变，劳动的边际产量就是从增加一个单位的劳动中得到的额外产出量。见表 4-1 和图 4-2。

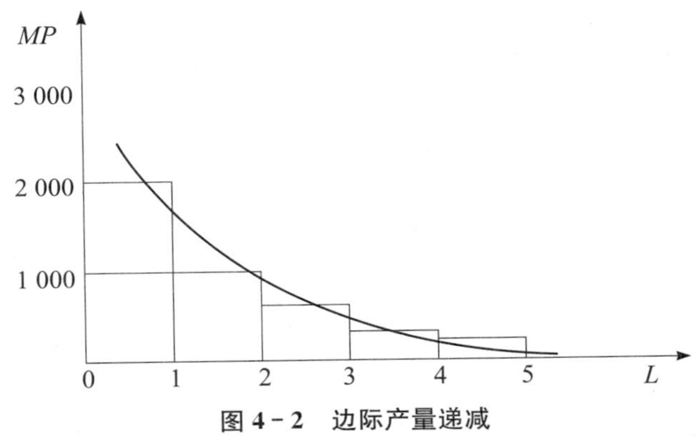

图 4-2 边际产量递减

表 4-1 和图 4-2 表明，第 1 个单位劳动，劳动的边际产量为 2 000；第 5 个单位劳动，劳动的边际产量仅为 100。在图 4-2 中，边际产量呈现为阶梯式递减。把边际产量用曲线连接起来就可得到边际产量递减曲线。该曲线以下面积即矩形画线部分的面积加总，等于图 4-1 所示的总产量。总产量的变化受限于边际产量的变动。边际产量递减决定了总产量以越来越小的阶梯式增长。当边际产量为负值时，理性的厂商会停止劳动投入，并且调整劳动投入量直到 $MP \geqslant 0$，这时总产量最高。

即问即答

短期生产函数

新开张的汽车 4S 店，确定营业面积、装修、聘请会计和办理营业执照等工作都完成了，老板现要决定聘用多少服务人员。他根据什么原则聘用服务人员？聘用多少名？

答：只要劳动的边际产量大于零，老板就可以不断招聘，当劳动的边际产量等于零时，停止招聘。

聘用服务人员是需要支付工资成本的，这就需要把招聘来的服务人员带来的收益与支付给他的工资进行比较。聘用服务人员的原则是“劳动要素的边际收益等于边际成本”。在给定的完全竞争的劳动市场中，劳动价格为100元/天，即劳动的边际成本始终不变。由于劳动的边际生产力递减，新招聘进来的服务人员所带来的边际收益递减，老板需要服务人员的数量由劳动的边际收益与工资的均衡决定。如果老板聘用的第8个服务员的劳动的边际收益为110，他可以继续招聘第9个，第9个服务人员带来的边际收益如果是100，老板就不应该聘用第10个了，因为，第10个服务人员带来的收益可能小于成本（90<100）。

总产量、平均产量、边际产量的关系为：$AP=TP/L$，$MP=\Delta T/\Delta L$。根据总产量曲线、平均产量曲线和边际产量曲线及其相互关系，可以确定劳动这一可变要素投入量的合理区域，如图4－3所示。

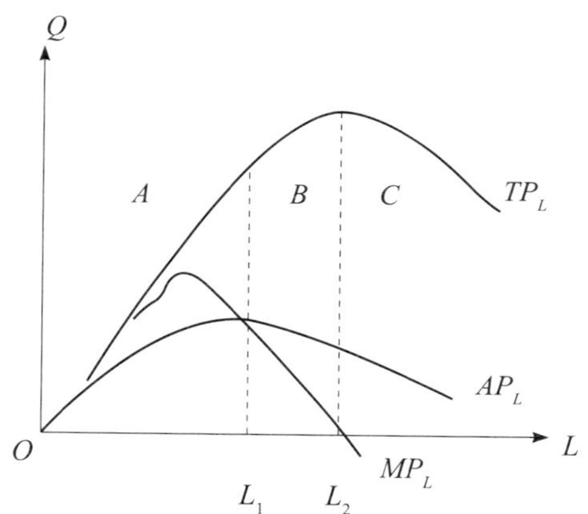

图4－3　总产量、平均产量、边际产量的关系

在图4－3中，劳动投入量L_1对应着边际产量曲线与平均产量曲线的交点，L_2对应着边际产量等于零或总产量最大的点。这样，劳动的投入量被分成为三个区域：从零到L_1为第一阶段（A）；L_1到L_2为第二阶段（B）；超过L_2为第三阶段（C）。

在劳动投入量的第一阶段内，平均产量呈现上升趋势，劳动的边际产量大于劳动的平均产量。这意味着，劳动的边际水平超过平均水平，因而理性的厂商不会把劳动投入量确定在这一领域。与这一区域相对应的第三阶段，在这一区域内，可变投入劳动的边际产量小于零，即增加投入不仅不增加产量，反而会促使产量下降，因而厂商也不会把投入确定在这一阶段中。因此，理性的生产者只会把劳动投入量确定在第二阶段中。

可变投入的第二阶段，即可变投入位于平均产量曲线与边际产量曲线的交点以及边际产量等于零之间的区域，被称为可变生产要素的合理投入区。

例题讲解

短期生产函数

已知某企业的生产函数为：$Q=5+5L+2L^2$。求：AP 和 MP。

解：$AP=TP/L=Q/L=(5+5L+2L^2)/L=5/L+5+2L$；$MP=\mathrm{d}TP/\mathrm{d}L=\mathrm{d}Q/\mathrm{d}L=Q'=5+4L$。

三、短期生产中的一般规律：边际收益（产量）递减规律

边际收益（产量）递减规律是指，在保持技术不变和其他投入不变的情况下，连续增加同一单位的某一种投入所增加的产量迟早会逐步减少，从而引起边际收益（产量）减少。

为什么生产函数通常遵守边际收益递减规律呢？其原因在于：随着某一种要素的不断投入，如劳动的更多单位增加到固定数量的土地、机器和其他投入上，劳动可使用的其他要素越来越少。

即问即答

为什么边际收益会递减？

答：边际收益递减的原因在于：增加的要素所能利用的其他要素递减。

"一个和尚挑水吃，两个和尚抬水吃，三个和尚没水吃"，这句俗语就反映了当资本（水桶）不变时，仅仅靠增加劳动（和尚）这一种生产要素导致的边际收益递减。出现边际收益递减的根本原因是只有一种要素投入，使得增加的要素（可利用的水桶）显得越来越不够用。大家相互攀比、推诿扯皮、人浮于事，以至边际收益递减、人多没水吃。

生产函数是投入的要素（资本 K、劳动 L、土地 N、企业家才能 N_e）与产出量之间的关系，反映了一定物质技术的状况。单一要素的持续增加会逐步改变投入与产出量之间特定的物质技术比例关系，从而要素前后单位的作用就相去甚远：第 1 个单位的水关系到作物的生命；以后的几个单位的水能保证作物健康、快速的生长。但是，随着水的增加量越来越多，土地被淹没，大多数作物会死亡。劳动增加，土地会变得更加拥挤，机器超负荷运转，所投入的劳动所增加的产量会越来越少，从而引起边际收益递减。

四、长期生产函数：规模收益和最优投入组合

（一）规模收益

规模收益是指当所有生产要素同时同比例增加时的投入与产出的关系。例如，如果

土地、劳动、水和其他投入都增加相同的比例，小麦产量会发生何种变化呢？或者，如果劳动、计算机、橡胶、钢和厂房的空间都增加1倍，汽车产量会有何种变化呢？这些问题都涉及规模收益，即投入的规模扩大对收益或产量的影响。当所有投入都同比例增加时，总产量有以下三种反应：

（1）规模收益递增。它表示所有投入的增加比例小于产出的增加比例。例如，一位正在设计一个小规模化工厂的工程师发现，把劳动、资本和原料增加20%，会引起总产出30%的增长，即投入规模增加的幅度小于收益增加的幅度。经研究发现，那些达到当今最大规模的工厂的许多制造过程享有适度的规模收益递增。

（2）规模收益不变。它表示所有投入的增加比例导致相同的产出增加比例。例如，如果劳动、土地、资本和其他投入都增加20%，那么，在规模收益不变的情况下，产出也增加20%，即规模增加的幅度等于收益增加的幅度。许多手工业（如在发展中国家使用的手织机）表现为规模收益不变。

（3）规模收益递减。它表示所有投入的增加比例大于总产出的增加比例。例如，一个农民的玉米地，种子、劳动和机器都增加了20%。如果总产出仅仅增加了15%，这种情况表现为规模收益递减，即规模增加的幅度大于收益增加的幅度。许多涉及自然资源的生产活动，如种植酿酒的葡萄或栽培树林等，都表现为规模收益递减。

当所有投入的同比例平衡增加导致了产出更大比例、同比例或更小比例的增加时，生产表现为规模收益递增、不变或递减。

当今的生产中哪一种收益形式最为普遍呢？经济学家常常认为，大多数生产活动应当能够达到规模收益不变。他们的理由是：如果生产能够通过对现有工厂一次又一次地简单重建而得到调整，那么，生产者很容易使投入和产出保持相同比例的增长。在这种情况下，可以观察到在任何产出水平上的规模收益不变。

企业的规模变得越来越大时，管理和协调的问题也就日益难以处理。在追逐较高利润的过程中，企业可能发现它的市场已经扩展到能够有效管理的范围之外。正如扩张得太单薄的帝国那样，规模过大的企业会发现它们自己面临较小的、更敏捷的对手的入侵。因此，尽管技术上可能产生规模收益不变或递增，但是，对管理和监督的需要可能最终导致大企业的规模收益递减。

（二）最优投入组合

不同生产要素投入的比例和组合实际上是不同的，带来的产出量也是不同的。有理性的生产者会选择最优投入组合进行生产。确定最优投入组合需要运用等产量线和等成本线。

1. 等产量线

等产量线是指在技术水平一定的条件下，生产同一产量的两种生产要素投入量的各种不同组合所形成的曲线。以 Q 表示既定产量水平，L 表示可变要素劳动的投入量，K 表示可变要素资本的投入量，则与等产量线相对应的生产函数为：

$$Q=f（L，K）$$

与无差异曲线相似，等产量线与坐标原点的距离的远近表示产量水平的高低：离原点越近的等产量线代表的产量水平越低；离原点越远的等产量线代表的产量水平越高。同一平面坐标上的任意两条等产量线不会相交。等产量线是凸向原点的。

2. 边际技术替代率及其递减

在维持产量水平不变的条件下，增加一个单位的某种要素投入量时所减少的另一种要素的投入数量，被称为边际技术替代率。劳动对资本的边际技术替代率的公式为：

$$RTS_{LK}=-\Delta K/\Delta L$$

公式中的 ΔK 和 ΔL，分别表示资本投入的变化量和劳动投入的变化量。公式中加一负号是为了使 RTS_{LK} 值在一般情况下为正值。

在两种生产要素相互替代中，存在着一种变动趋势，即在维持产量不变的前提下，当一种生产要素的投入量不断增加时，每一单位的这种生产要素所能替代的另一种生产要素的数量是递减的。这一趋势被称为边际技术替代率递减规律。

边际技术替代率递减，其原因是：随着劳动对资本的不断替代，劳动的边际产量逐渐下降，而资本的边际产量不断上升。因此，随着劳动对资本的不断替代，作为逐渐下降的劳动的边际产量与逐步上升的资本的边际产量之比（边际技术替代率）趋于递减。

3. 等成本线

等成本线是指在既定的成本和生产要素价格条件下，生产者可以购买到的两种生产要素的各种不同数量组合的轨迹，见图 4-4。

在图 4-4 中，C 代表既定成本，w 代表劳动价格即工资率，r 代表资本的价格即利息。

横轴上的点 C/w 表示既定的全部成本都购买劳动时的数量，纵轴上的点 C/r 表示既定的全部成本都购买资本时的数量，连接这两点的线段就是等成本线。它表示既定的全部成本所能购买到劳动和资本的各种组合。等成本线以内区域中的任何一点，如 A 点，表示既定的全部成本都用来购买该点的劳动和资本的组合以后还有剩余。等成本线以外的区域中的任何一点，如 B 点，表示用既定的全部成本购买该点的劳动和资本的组合是不够的。唯有等成本线上的点才表示用既定的全部成本能刚好购买到的劳动和资本的组合。

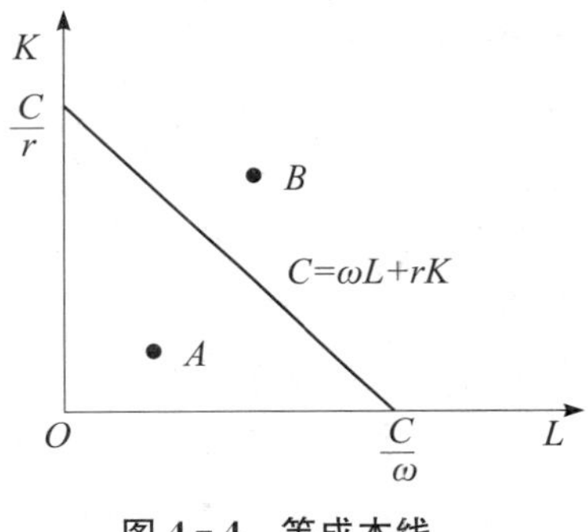

图 4-4 等成本线

在成本固定和要素价格已知的条件下，便可以得到一条等成本线。所以，任何关于成本和要素价格的变动，都会使等成本线发生变化。关于这种变动的具体情况，与前面对预算线的分析是类似的，读者可以参照。

4. 最优投入组合

把企业的等产量线和相应的等成本线画在同一个平面坐标系中，就可确定企业在既定成本下实现最大产量的最优要素投入组合点，即生产均衡点，见图 4-5。

在图 4-5 中，有一条等成本线 AB 和三条等产量曲线 Q_1、Q_2 和 Q_3。图中唯一的等成本线 AB 与其中一条等产量线 Q_2 相切于 E 点，该点就是生产的均衡点。它表示：在既定成本条件下，企业应该按照 E 点的要素组合进行生产，即劳动投入量和资本投入量分别为 OL_1 和 OK_1，这样，厂商就会取得最大的产量。

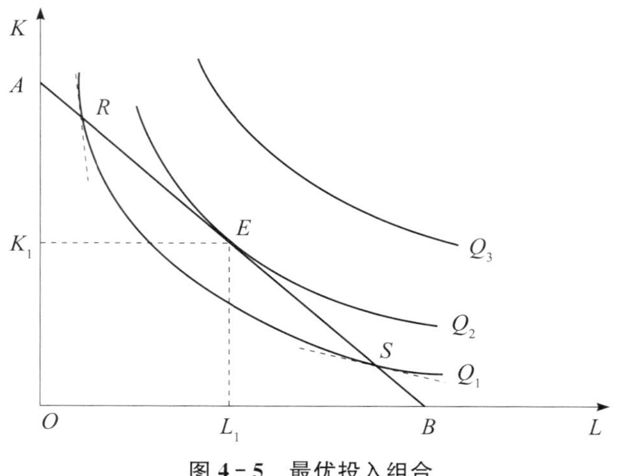

图 4－5　最优投入组合

为什么 E 点是生产要素最优投入组合点呢？这是因为，在图 4－5 中，等产量线 Q_3 代表的产量虽然高于等产量线 Q_2，但唯一的等成本线 AB 与等产量线 Q_3 既无交点又无切点。这表明等产量线 Q_3 所代表的产量是企业无法实现的产量，因为企业利用既定成本只能购买到位于等成本线 AB 上或等成本线 AB 以内区域的要素组合。再看等产量线 Q_1，等产量线 Q_1 虽然与唯一的等成本线 AB 相交于 R、S 两点，但等产量线 Q_1 所代表的产量是比较低的。因为，此时企业在不增加成本的情况下，只需由 R 点出发向右或由 S 点出发向左沿着既定的等成本线 AB 改变要素组合，就可以增加产量。所以，只有唯一的等成本线 AB 和等产量线 Q_2 的相切点 E，才是实现既定成本条件下的最大产量的要素组合。任何更高的产量在既定成本条件下都是无法实现的，任何更低的产量都是低效率的。

确定生产要素最优投入组合还有另外一种方法，即在既定产量下，当所花费成本最小时的要素组合为最优投入组合，要素投入满足 $MP_L/C_L = MP_K/C_K$，其中 MP_L 是劳动的边际产量，MP_K 是资本的边际产量，C_L、C_K 为劳动和资本要素的单位价格。这种方法的原理类似于消费者均衡原则。

第二节　成本分析

成本的高低决定了利润的多寡，同时，成本也是企业在市场竞争中进行决策的重要依据，因此，企业对成本极为重视。这里，不仅要分析会计成本，而且要分析机会成本。经济学讲的成本包含机会成本，总成本＝会计成本（显成本）＋ 机会成本（正常利润或隐成本）。

一、短期成本

（一）总成本

总成本（*TC*）是指生产一定数量的产品所需要的成本总额，它随产量的上升而上升。总成本等于固定成本加可变成本。见表 4－2。

表 4－2　固定成本、可变成本和总成本

产量 *Q*	固定成本 *FC*（元）	可变成本 *VC*（元）	总成本 *TC*（元）
0	55	0	55
1	55	30	85
2	55	55	110
3	55	75	130
4	55	105	160
5	55	155	210
6	55	225	280

表 4－2 说明了各种不同产量下简化了的总成本。*TC* 随着 *Q* 的上升而上升，这是很自然的，因为生产更多产量的某一商品必须使用更多的劳动和其他投入；增加的生产要素引起货币成本的增加。生产两单位商品的总成本为 110 元，生产三单位商品的总成本为 130 元，等等。

（二）固定成本

固定成本是指不随产量变动而变动的成本，是即使产量为零也必须支付的开支总额。固定成本不受任何产出量变动的影响，有时，固定成本也称“经常开支”或“沉积成本”。它由许多项目构成，如契约规定的建筑物和设备租金，债务的利息支付，长期工作人员的薪水，等等。

固定成本用 *FC* 表示。由于 *FC* 是无论产量水平如何都必须支付的成本，因此，在表 4－2 中，*FC* 的数值为 55 元，保持不变。

（三）可变成本

可变成本是指随着产出（产量）水平变化而变动的开支。它包括原材料、工资和燃料费用，也包括不属于固定成本的所有成本。可变成本用 *VC* 表示。根据定义，当 *Q* 为零时，*VC* 为零。它是 *TC* 中随着产量增加而增加的部分。实际上，在任何两种产量之间，*TC* 的增加量就是 *VC* 的增加量。因为，*FC* 的数值一直不变。

由表 4-2 可做出总成本、固定成本和可变成本曲线图，见图 4-6。

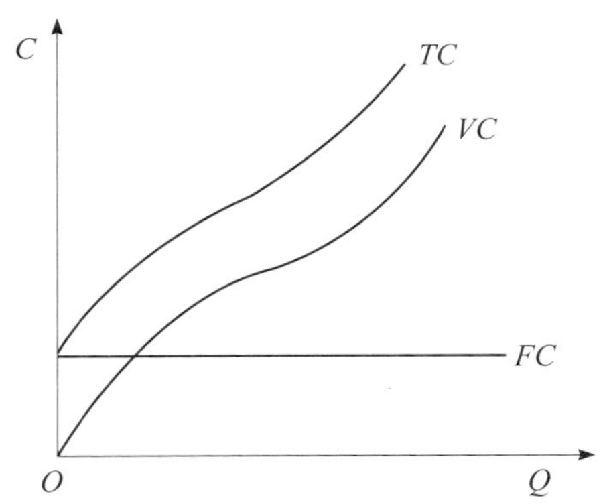

图 4-6　总成本、固定成本和可变成本曲线

在图 4-6 中，*FC* 曲线与横轴平行，这是因为短期固定成本不会随产量的变动而变化。当产量为零时，*TC* 曲线上固定成本有一定的高度，随产量变动向右上方倾斜，开始较快，而后渐缓，最后又加快。*VC* 曲线是从原点出发向右上方倾斜，其变动趋势与 *TC* 曲线一致。因为 *FC* 一定时，*TC* 的变动取决于 *VC*。

（四）边际成本

边际成本是成本概念中最重要的概念。边际成本是指增加一单位产出所增加的成本。例如，一个企业生产 1 000 张硬盘的总成本为 10 000元。如果生产 1 001 张硬盘的总成本为 10 015 元，那么，生产第 1 001 张硬盘的边际成本为 15 元。边际成本可用 *MC* 表示，见表 4-3。

表 4-3　边际成本的计算

产量 *Q*	总成本 *TC*（元）	边际成本 *MC*（元）
0	55	—
1	85	30
2	110	25
3	130	20
4	160	30
5	210	50

MC 的数值为 *TC* 减去前一单位的 *TC*。例如，在表 4-3 中，第一单位的 *MC* 是 30（85—55）元，第二单位的 *MC* 是 25（110—85）元，依此类推。

根据表 4-3 可做出图 4-7。

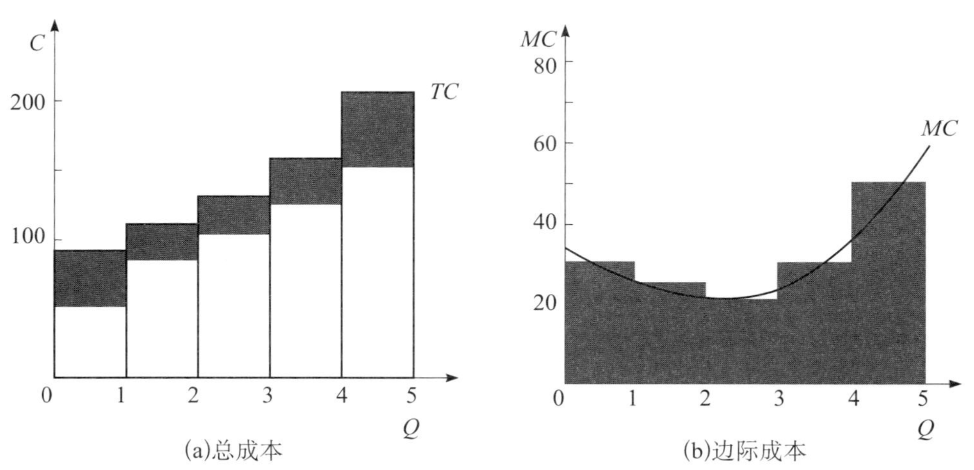

图 4-7　总成本与边际成本之间的关系

图 4－7 说明总成本与边际成本的关系。它表明 *TC* 与 *MC* 之间的关系类似于总产量与边际产量，或者总效用与边际效用之间的关系。经验告诉人们，对于大多数短期生产活动，以及对于农业和许多小企业来说，边际成本曲线为如图 4－7（b）所示的 U 形曲线。这种 U 形曲线在开始阶段下降，接着达到最低点，然后开始上升。正是 *MC* 曲线的这一特性，决定了 *TC* 曲线的运行轨迹。

（五）平均成本、平均可变成本和平均固定成本

1. 平均成本

平均成本也称单位成本，是总成本除以总产量所形成的成本。其公式为：

平均成本＝总成本/总产量 $=TC/Q=AC$

根据总成本和总产量可计算出平均成本，见表 4－4。

表 4－4　根据总成本和总产量计算的各项成本　　金额单位：元

产量 *Q*	固定成本 *FC*	可变成本 *VC*	总成本 *TC*＝*FC*＋*VC*	边际成本 *MC*	平均成本 *AC*	平均可变 成本 *AVC*	平均固定 成本 *AFC*
0	55	0	55	—	∞	0	∞
1	55	30	85	30	85	30	55
2	55	55	110	25	55	27.5	27.5
3	55	75	130	20	43.3	25	18.3
4	55	105	160	30	40	26.3	13.8
5	55	155	210	50	42	31	11
6	55	225	280	70	46.6	37.5	9.2
7	55	315	370	90	52.9	45	7.8
8	55	425	480	110	60	53.1	6.9

续表

产量 Q	固定成本 FC	可变成本 VC	总成本 $TC=FC+VC$	边际成本 MC	平均成本 AC	平均可变成本 AVC	平均固定成本 AFC
9	55	555	610	130	67.7	61.6	6.1
10	55	705	760	150	76	70.5	5.5

在表 4-4 中，当产量仅为 1 时，平均成本必然等于总成本，即 85/1=85（元）。当产量为 2 时，平均成本为 110/2=55（元）。应该注意，在开始时，平均成本越来越低，当产量为 4 时，AC 降到最低点，此后缓慢上升。

2. 平均可变成本

正如总成本可分解为固定成本和可变成本一样，平均成本也可细分为平均固定成本和平均可变成本两部分。

平均可变成本是总可变成本除以产出量所形成的成本。其公式为：

$$平均可变成本=总可变成本/产出量=VC/Q=AVC$$

在表 4-4 中，AVC 的数值随产量增加先下降，而后上升。

3. 平均固定成本

平均固定成本是总固定成本除以产出量所形成的成本。其公式为：

$$平均固定成本=总固定成本/产出量=FC/Q=AFC$$

在表 4-4 中，AFC 在开始时为无穷大，随着产量的增加，AFC 越来越小。因为，有限的固定成本为越来越多的产量所分摊。

例题讲解

短期成本与成本函数

已知总成本函数 $TC=Q^3+2Q^2+80Q+A$，其中，A 为任意一常数。求：FC、VC、AC、AVC、AFC、MC。

答：$FC=A$；$VC=Q^3+2Q^2+80Q$；$AC=TC/Q=(Q^3+2Q^2+80Q+A)/Q=Q^2+2Q+80+A/Q$；$AVC=(Q^3+2Q^2+80Q)/Q=Q^2+2Q+80$；$AFC=A/Q$；$MC=dTC/dQ=3Q^2+4Q+80$。

二、短期成本分析

盈亏平衡点和停止营业点，即平均成本最低点和平均可变成本最低点。根据表 4-4，画出平均可变成本、平均成本和边际成本曲线，见图 4-8。

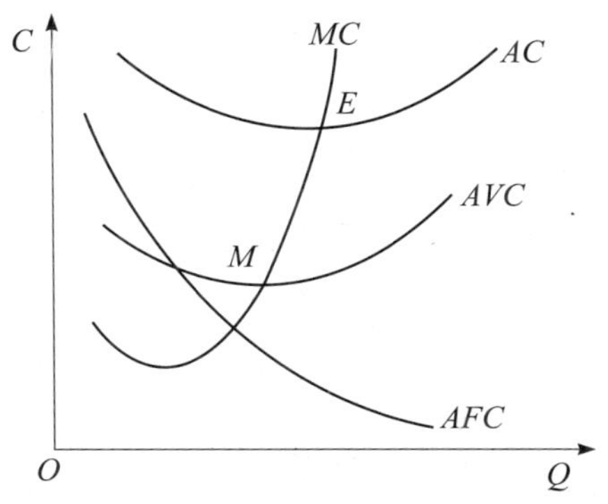

图 4-8　根据总成本曲线得出其他成本曲线

短期成本有如下特征：

(1) 曲线呈 U 形。在图 4-8 中，*MC*、*AC*、*AVC* 三条曲线呈 U 形，这一特征是由边际成本递增规律（边际成本的性质）决定的：随着可变投入的增加，边际成本在开始时递减，随着可变投入的继续增加，最终会不断上升。

(2) *MC* 与 *AC*、*AVC* 相交于最低点（*E*、*M*）。在 *MC* 曲线上升的过程中，总是通过 *AC* 曲线的最低点。因为，如果 *MC* 小于 *AC*，那么 *AC* 必然会下降。用成本曲线的术语来说，如果 *MC* 小于 *AC*，那么 *AC* 曲线必然会下降；如果 *MC* 大于 *AC*，*AC* 曲线必然会上升；如果 *AC* 等于 *MC*，那么 *AC* 曲线既不上升也不下降。

(3) 盈亏平衡点。如果产量在 *E* 点左边，增加产量可以降低平均成本，如果产量在 *E* 点右边，减少产量可以降低平均成本。产量在 *E* 点时，平均成本最低。所以，如果厂商销售商品的市场价格 *P* 或平均收益 *AR* 高于 *E* 点，就盈利；低于 *E* 点，就亏损；等于 *E* 点，则盈亏平衡。当 *P* 等于 *E* 点的 *AC* 时，增加和减少产量都会亏损，只有处于这一点，价格才等于平均成本，因此图 4-8 中的 *E* 点被称为收支相抵点（盈亏平衡点）。

(4) 停止营业点。同样道理，当 *P* 等于 *M* 点的 *AVC* 时，增加和减少产量都收不回可变成本（变动投入）。图 4-8 中的 *M* 点被称为停止营业点。因为，在亏损情况下，能收回部分固定成本，可以继续营业。如果亏损得连可变成本也不能完全收回，就必须停止营业。

案例与实践

门庭冷落的保龄球场为什么不停业？

在现实中，我们经常会看到一些保龄球场门庭冷落，但仍然在营业。这时打保龄球的价格相当低，甚至低于成本，它们为什么这样做呢？对企业短期成本进行分析有助于解释这一现象，同时可以说明短期成本分析对企业短期经营决策的意义。

在短期内，保龄球场经营的成本包括固定成本与可变成本。保龄球场的场地、设备、管理人员是短期内无法改变的固定投入，用于场地租金设备折旧和管理人员工资的支出是固定成本。固定成本已经支出，无法收回，因此也称为沉没成本。保龄球场营业所支出的各种费用是可变成本，如电费、服务员的工资等。如果不营业，这种成本就不存在，营业量增加，这种成本就会增加。由于固定成本已经支出，无法收回，所以，保龄球场在决定短期是否营业时，考虑的是可变成本。

假设打一场保龄球的平均成本为 20 元，其中固定成本为 15 元，可变成本为 5 元。当打一场保龄球的价格为 20 元以上时，收益大于平均成本，经营当然有利。当价格为 20 元时，收益等于成本，收支相抵，仍然可以经营。当价格低于 20 元时，收益低于成本，乍一看，保龄球场应该停止营业，但当我们知道短期中的成本有不可收回的固定成本和可变成本时，决策就不同了。

假设现在打一场保龄球的价格为 10 元，是否应该经营呢？可变成本为 5 元，当价格为 10 元时，在弥补可变成本 5 元之后，仍可剩下 5 元，这 5 元可用于弥补固定成本。固定成本 15 元是无论经营与否都要支出的，能弥补 5 元，当然比一点也弥补不了好。因此，这时仍然要坚持营业。这时保龄球场考虑的不是利润最大化，而是损失最小化——尽量弥补固定成本。

当价格下降到与可变成本相等的 5 元时，保龄球场经营不经营是一样的。若经营，则正好弥补可变成本；若不经营，则这笔可变成本不用支出。因此，价格等于平均可变成本时的点称为停止营业点，即在这一点时，经营与不经营是一样的。在这一点之上，只要价格高于可变成本就要经营，在这一点之下，价格低于可变成本，无论如何都不能经营。

门庭冷落的保龄球场仍在营业，说明这时价格仍高于可变成本，这就是保龄球场不停业的原因。

有许多行业是固定成本高而可变成本低，例如，旅游、饭店、游乐场所等。所以，在现实中，这些行业的价格可以降得相当低。但这种低价格实际上仍然高于平均可变成本，因此，经营仍然比不经营有利——至少可以弥补部分固定成本，实现损失最小化。

三、要素投入最优组合的确定：最小成本原则

运用边际产量概念可以说明在给定各种投入价格的条件下，厂商如何选择最小成本进行生产。假设厂商追求生产成本最小化，即厂商应该在可能的最低成本上进行生产，从而使利润达到最大。

例题讲解

最小成本的投入组合

一个企业的工程师计算出两种可能的选择都能够生产出 9 个单位的理想产量。在两种情况下，燃料（F）的成本为每单位 2 元，而每小时劳动（L）的成本为 5 元。在第一种选择下，投入组合为 A（$F=10$，$L=2$），第二种选择的投入组合为 B（$F=4$，$L=5$）。哪一种选择更好呢？

解：在两种投入的市场价格下，选择 A 的生产总成本为：$(2\times10)+(5\times2)=30$

（元），选择 B 的总成本为：$(2\times4)+(5\times5)=33$（元）。因此，A 选择优于 B，9/30 大于 9/33，是较好的最小成本的投入组合。

当存在许多种可能的投入组合时，选择最优投入组合的一般程序为：（1）计算劳动、土地、资本等每单位投入的成本。（2）计算每一种投入的边际产量。当每元投入的边际产量对于各种投入都相等时，就得到了最低成本的投入组合。也就是说，只有每元的劳动、土地、资本等对于产量的边际贡献正好相等，企业的生产总成本才会达到最低。这一结论称为最小成本原则，可用公式表示为：

$$MP_L/C_L=MP_K/C_K$$

企业的这一规则（$MP_L/C_L=MP_K/C_K$）完全相似于追求效用最大化的消费者所遵循的原则（$MU_x/P_x=MU_y/P_y$）。只要把它带入已知的产量函数或者成本函数，就能够求解两种要素的配置比例。

在分析消费者选择中，我们看到，为了效用最大化，消费者购买商品时要使花费在每一消费品上的每元的边际效用对于各种商品都相等。

难点讲解

最小成本原则的一个推论

如果一种要素价格下降，而所有其他要素的价格不变，那么，企业用现在更便宜的要素替代所有其他要素是有利可图的。

以劳动为例。劳动的价格下降会提高 MP_L/C_L 的比率，从而使 MP_L/C_L 高于所有其他投入的 MP/C。根据收益递减规律，增加劳动的雇佣量会降低 MP_L，从而降低 MP_L/C_L。在这一过程中，劳动的较低价格和较低的 MP 会使每一元的劳动边际产品重新与其他要素的比率相等，从而实现最小成本原则。

四、长期成本分析

在长期内，厂商可以根据产量的要求调整全部的生产要素投入量，甚至进入或退出一个行业。在长期内，厂商所有的成本都是可变的，没有固定与变动的区别。所以，厂商的长期成本可以分为三种：长期总成本、长期平均成本和长期边际成本，即 LTC、LAC 和 LMC。

（一）长期总成本

从长期看，厂商的每一产量水平面对不同的生产规模（投入及组合）。长期总成本 LTC 是指在长期内，厂商在各种产量水平上通过改变生产规模所能达到的最低总成本，即在各个产量水平下的最低成本。

在长期内，要生产同样多的产品，厂商的成本可大可小。为了得到 100 千克水，可雇用一个人挑，或找两个人抬，或找三个人运，不同的生产规模（投入及组合），其总成本是不一样的；若要每天销售5万个汉堡，可以开一家店，也可以开三家或十家分店，厂商选择的生产规模和生产方式必然是生产成本最低的。

（二）长期平均成本

长期平均成本（曲线）可以根据短期平均成本（曲线）求得。在图4-9中，有三条短期平均成本曲线 SAC_1、SAC_2 和 SAC_3，它们各自代表了三个不同的生产规模。在长期内，厂商可以根据产量要求，选择最优的生产规模进行生产。假定厂商生产 Q_1 的产量，则厂商会选择 SAC_1 曲线所代表的生产规模，以 OC_1 的平均成本进行生产。对于产量 Q_1 而言，平均成本 OC_1 是低于其他任何规模下的平均成本的；假定厂商生产 Q_2 的产量，则厂商会选择 SAC_2 曲线所代表的生产规模，相应的最小平均成本为 OC_2，如果选择生产规模 SAC_1，则平均成本为 OC_1，明显高于 OC_2；假定厂商生产 Q_3 的产量，则厂商会选择 SAC_3 曲线所代表的生产规模，相应的最小平均成本为 OC_3。

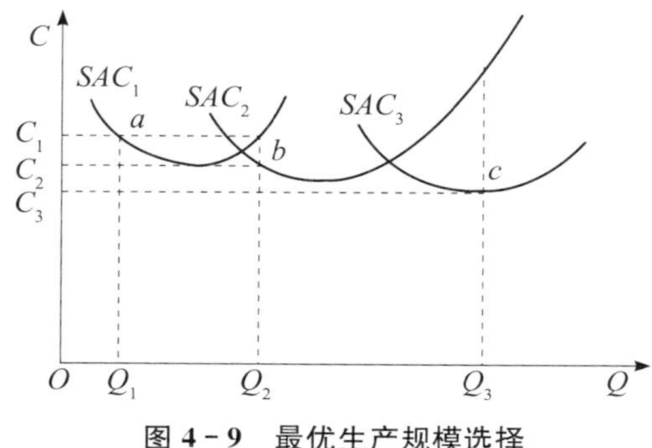

图4-9 最优生产规模选择

在长期内，厂商总是可以在每一产量上找到相应的成本较低的最优的生产规模进行生产。在短期内，厂商做不到这一点。假定厂商现有生产规模为 SAC_1 曲线，需要生产的产量为 OQ_2，那么，厂商在短期内只能以 SAC_1 曲线上的 OC_1 的平均成本来生产，而不可能是 SAC_2 曲线上以较低的平均成本 OC_2 来生产。

由于长期内可供厂商选择的生产规模是很多的，在理论分析中，可以假定生产规模可以无限细分，从而可以有无数条 SAC 曲线，于是，便可得到 LAC 曲线，见图4-10。

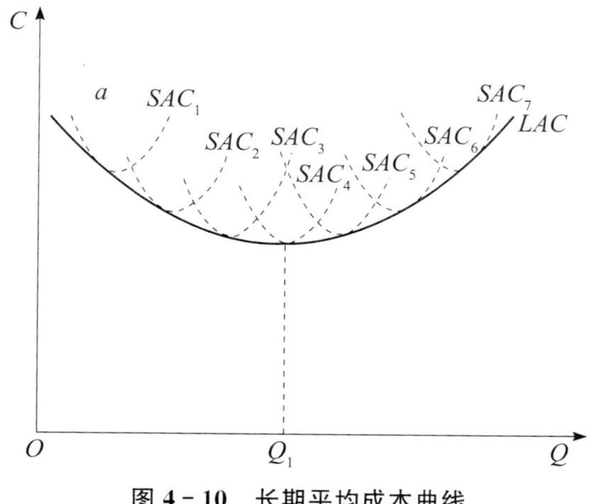

图4-10 长期平均成本曲线

在图 4-10 中，长期平均成本曲线是无数条短期平均成本曲线的包络线。在这条包络线上，连续变化的每一个产量水平都存在 *LAC* 曲线和一个与 *SAC* 曲线的相切点。该 *SAC* 曲线所代表的生产规模就是该产量下的最优生产规模，该切点所对应的平均成本就是相应的最低平均成本。*LAC* 曲线表示在长期内厂商在每一产量水平上可以实现的最小的平均成本。

（三）规模经济与长期平均成本

长期平均成本曲线呈先降后升的 U 形，这种形状和短期平均成本曲线是很相似的。但是，这两者形成 U 形的原因并不相同。如前所述，短期平均成本曲线呈 U 形的原因是短期生产函数的边际收益递减规律的作用。但在长期内，在所有生产要素投入量都可变的情况下，边际收益递减规律不对长期平均成本曲线的形状产生影响。长期平均成本曲线的 U 形特征主要是由长期生产中的规模经济和规模不经济所决定的。

（1）规模经济。在企业生产规模扩张的开始阶段，厂商的产量上升而平均成本递减。规模经济是指因产出规模扩大（产量扩大）而导致的长期平均成本降低的情况。例如，厂商把所有要素投入都增加 80%，结果产量增加 97%，生产率提高，长期（单位）平均成本下降。

（2）规模不经济。当生产扩张到一定的规模以后，继续扩大生产规模，厂商的产量上升而平均成本递增。例如，厂商把所有要素投入都增加 80%，结果产量增加 50%，生产率下降使长期（单位）平均成本增加。

这种规模经济和规模不经济都是由厂商变动自己的企业生产规模所引起的，所以，也被称为规模内在经济和规模内在不经济。规模内在经济和规模内在不经济的原因是劳动分工、专业化、技术因素、管理效率等。正是规模内在经济和规模内在不经济，决定了 *LAC* 曲线表现为先下降后上升的 U 形特征。

需要指出的是，规模收益与规模经济和规模不经济是不同的，规模收益考察投入规模与产出（产量或收益）的关系；规模经济和规模不经济研究产出或产量规模扩大与投入成本变化的关系。

（四）长期边际成本

长期边际成本（*LMC*）是指每增加一单位的产量所增加的成本，其计算公式为：

$$LMC = \mathrm{d}LTC/\mathrm{d}Q$$

请看图 4-11，长期边际成本曲线呈 U 形，它与长期平均成本曲线相交于长期平均成本曲线的最低点。其原因在于：根据边际量和平均量之间的关系，当 *LAC* 曲线处于下降阶段时，*LMC* 曲线一定处于 *LAC* 曲线的下方，也就是说，此时 $LMC < LAC$，*LMC* 将 *LAC* 拉下；相反，当 *LAC* 曲线处于上升阶段时，*LMC* 曲线一定位于 *LAC* 曲线的上方，也就是说，此时 $LMC > LAC$，*LMC* 将 *LAC* 拉上。因为 *LAC* 曲线在规模内在经济和规模内在不经济的作用下呈先降后升的 U 形，这就使得 *LMC* 曲线也必然呈先降后升的 U 形，并且，两条曲线相交于 *LAC* 曲线的最低点。

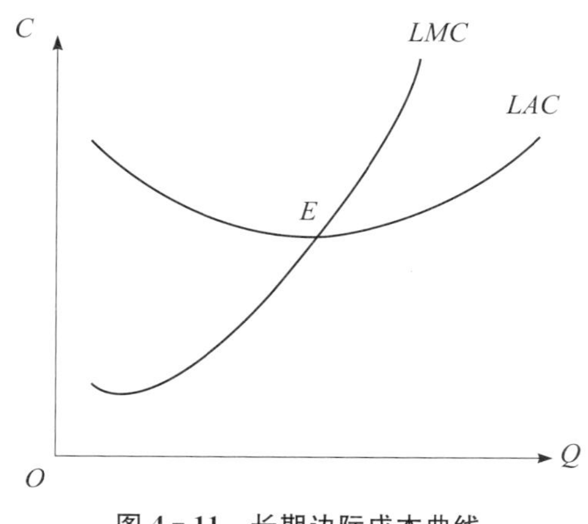

图 4-11 长期边际成本曲线

第三节 成本、收益、利润和产量

一、显成本、隐成本

企业成本包括显成本和隐成本两个部分。

显成本又称会计成本，是指厂商在生产要素市场上购买或租用所需要的生产要素的实际支出。例如，某厂商向工人支付的工资，向银行支付的利息，向土地出租者支付的地租，这些支出便构成了该厂商生产的显成本。

隐成本是指厂商本身所拥有的那些生产要素的机会成本。

为了进行生产，一个厂商除了雇用一定数量的工人、从银行取得一定数量的贷款和租用一定面积的土地之外（这些均属于显成本），还动用了自己的资金、土地和管理才能。厂商使用自有生产要素时，也应该得到报酬。所不同的是，厂商是自己向自己支付利息、地租和薪金，所以，这笔价值也应该计入成本之中。由于这笔成本支出不如显成本那么明显，故被称为隐成本。

经济学家认为，在经济上，无论生产要素为谁所有，生产要素的收益是重要的。即使所有者没有直接领取报酬，而是以利润的形式得到补偿，我们也应该把所有者的劳动作为成本来计算。由于所有者有其他工作机会，因此，我们必须把失去的机会作为所有者劳动的成本来计算。

知识点

隐成本原理

隐成本必须从机会成本的角度按照企业自有生产要素在其他最佳用途中所能得到的

收入来支付，否则，厂商会把自有生产要素转移出本企业，以获得更高的报酬。

隐成本不能反映企业账目中的货币性交易。企业的账目没有涉及其所有者自有资金的资本费用；没有计算企业里所有者的劳动；当企业把有害废弃物倒入河流时，也没有计算所发生的环境污染费用。但从经济学的观点来看，这些都是真正的成本，应该计算在内。

显成本是厂商的实际支出，是已经发生的事件，例如，固定成本或沉没成本，契约规定的建筑物和设备租金，债务或银行贷款的利息，管理者的年薪或长期工作人员的薪水，等等，它们都是典型的显成本。

隐成本是厂商的机会成本，与厂商的未来、行为、选择、决策、变动成本相关，隐成本是边际成本，被经济学家称为边际机会成本，它强调了使行为者现在境况发生变化、决策行为所要放弃机会的价值。

显成本是厂商已经发生的不可挽回的成本，隐成本是某个人或单位将要发生的成本。厂商如果动用了自己的资金、土地和管理才能，他就会自然地想到自己应该向自己支付利息、地租和薪金。所以，隐成本虽然隐蔽，但指导着厂商的决策行为。也就是说，厂商或许会在事情发生之后计算显成本（固定成本、平均成本），看看事情进行得怎么样，但涉及未来决策时，都是由边际机会成本即隐成本指引的。

案例与实践

机会成本

从一个城市到另一个城市，首席执行官（CEO）为什么不坐票价便宜的火车或长途汽车而更愿意坐票价更高的飞机？回答是，对 CEO 而言，坐火车或长途汽车成本过于昂贵。

对于时间成本高的 CEO（如每小时 200 美元），飞机是便宜的交通工具。例如，从西雅图到迈阿密，乘飞机要 2 小时，票价为 300 美元；乘汽车要 6 小时，票价为 100 美元。CEO 坐飞机的总成本＝300＋2×200＝700（美元），坐汽车的总成本＝100＋6×200＝1 300（美元）。所以，乘飞机便宜，坐汽车昂贵。

二、收益

厂商的收益就是厂商的销售收入。厂商的收益可分为总收益（TR）、平均收益（AR）和边际收益（MR）。

总收益是指厂商按一定价格出售一定量产品时所获得的全部收入。以 P 表示既定市场价格，以 Q 表示销售总量或产量，则有：

$$TR=P\cdot Q$$

平均收益是指厂商平均每一单位产品销售所获得的收入。其公式可表示为：

$$AR=TR/Q$$

边际收益是指厂商增加一单位产品销售所获得的收入增量。其公式可表示为：

$$MR=\Delta TR/\Delta Q$$

三、利润最大化原则

（一）$MR=MC$ 原则

利润是总收益与总成本之间的差额。用公式可表示为：

$$\pi(Q)=TR(Q)-TC(Q)$$

利润（π）、收益（TR）、成本（TC）都与厂商的产量（销售量）有关，都是产量的函数，随着产量的变化而变动。

增加一单位产品的生产和销售，如总收益的增加（MR）大于总成本的增加（MC），利润将会多些；反之，如果增加的单位产品使总成本的增加大于总收益的增加，利润将会减少。由此可得出最大利润规律，即 $MR>MC$，则增加产量；$MR<MC$，则减少产量；$MR=MC$，产量处于最佳水平。

最大利润规律或利润最大化原则可以概括为：

$$MR=MC$$

（二）$MR=MC$ 的应用价值

$MR=MC$ 这个公式有两方面的应用价值：

（1）它是厂商最优产量抉择的依据。$MR>MC$，则增加产量；$MR<MC$，则减少产量；$MR=MC$，产量处于最佳水平。

（2）它是厂商获得最大利润的均衡条件。当 $MR>MC$ 时，如果不增加产量，可以赚到的利润没有赚到；当 $MR<MC$ 时，如果不减少产量，总利润不会增加；只有当产量满足$MR=MC$ 时，总利润才最大。

（三）经济利润

上面提到的利润是指经济利润，企业所追求的最大利润指的就是最大经济利润。

经济利润是指企业的总收益与总成本（包括显成本和隐成本两个部分）之间的差额。在西方经济学中，需要区别经济利润和正常利润。正常利润是指厂商对自己所提供的企业家才能的报酬的支付。正常利润是成本的一个组成部分。因此，经济利润不包括正常利润。由于厂商的经济利润等于总收益减去总成本，所以，当厂商的经济利润为零时，厂商仍然可得到正常利润（会计利润或企业家才能报酬）。

例题讲解

通过边际量比较确定产量

在一个完全竞争的市场中，厂商面临着一条平行于数量轴的需求曲线，厂商每天利润最大化的总收益为 5 000 美元。此时，厂商的平均成本是 8 美元，边际成本是 10 美元，平均变动成本是 5 美元。问：厂商每天的产量是多少？固定成本是多少？

解：(1) 实现每天利润最大化要满足 $MR=MC$，在一个完全竞争的市场中，厂商的 $MR=P$，故 $MR=P=MC=10$；总收益等于单价与产量之积，即 $TR=P\cdot Q=5\ 000$，得 $Q=TR/P=5\ 000/10=500$。

(2) 固定成本＝总成本－总变动成本＝8×500－5×500＝1 500（美元）。

即问即答

为什么 *MR*＝*MC* 是确定产量的准则？

我们不能根据 *TR* 与 *TC* 的比较去确定产量，只能依靠 $MR=MC$ 得到最优产量。例如，请看表 4－5，产量表示癌症科研课题研究小组的数量，当课题研究小组为 7 个时，得到的总收益 $TR=56$，付出的总成本 $TC=37$。请问：此时应该增加还是减少小组的数量？

答：不论是增加还是减少小组的数量，收益总是大于成本的，我们难以决策。根据 $TR=56>TC=37$，可能会做出继续增加癌症研究投入的错误决定。事实上，总成本和总收益的比较不能帮助我们进行选择，总量概念是不可靠的。只有边际概念，即边际收益与边际成本的比较才能帮助我们做出明智的决策。第 7 个小组带来的收益（*MR*）是 8，而成本（*MC*）是 10，显然，我们应该减少而不是增加产量。当产量为 6，$MR=MC$ 时，产量最优，此时边际利润为零（$MR-MC=8-8=0$），总利润最大（48－27＝21）。

表 4－5 依靠 *MR*＝*MC* 得到最优产量

产量（*Q*）	0	1	2	3	4	5	6	7	8
总成本（*TC*）	8	9	10	11	13	19	27	37	48

续表

产量（Q）	0	1	2	3	4	5	6	7	8
总收益（TR）	0	8	16	24	32	40	48	56	64
边际成本（MC）	8	1	1	1	2	6	8	10	12
边际收益（MR）	0	8	8	8	8	8	8	8	8

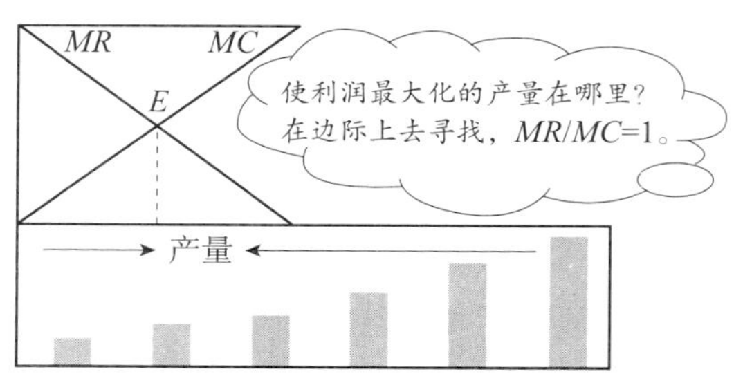

$MR=MC$ 模型与厂商最优产量抉择

本章小结

1. 生产函数是反映投入产出关系的一个概念。在长期中，企业追求利润最大化可以通过扩大规模和寻找要素的最优投入组合来实现。

（1）规模扩大且要素同比例投入会出现规模收益递增、规模收益不变、规模收益递减的现象。

（2）经济学通过等产量线和等成本线的组合模型来表现要素的最优投入组合。

（3）规模经济反映产量规模扩大与投入成本变化的关系。长期平均成本曲线反映了这一变化趋势。规模收益与规模经济（规模不经济）的关系：在规模经济的情况下，规模收益会递增；在规模不经济的情况下，规模收益会递减。

2. 经济学中讲的成本包括显成本和隐成本。机会成本是隐成本。企业长短期平均成本曲线、边际成本曲线都呈U形。

3. 利润、收益和成本都与产量有关，都是产量的函数，随着产量的变化而变动。利润最大化原则可以概括为：$MR=MC$。这个等式有两方面的应用价值：（1）它是厂商确定最优产量抉择的依据；（2）它是厂商获得最大利润的均衡条件。

思考题

1. 什么是生产函数？当只有一种可变要素投入时，为什么产出的增加少于投入增加的比例？（提示：复习边际收益递减规律；原因：随着某一种要素的不断投入，该要素可使用的其他要素越来越少）

2. 一个企业在生产中有两种可变要素投入，并且这两种要素之间存在有效替代关系。如果现在其中一种要素的价格提高了，那么企业是否会在保持产量不变的前提下减少这种要素的投入？如果是，那么企业会在多大限度内减少这种要素的投入量？（提示：根据最小成本原则，企业用现在更便宜的要素替代所有其他要素是有利可图的）

3. 什么是规模收益递减、规模收益不变和规模收益递增？你预计这些情况分别会在什么时候出现？

4. A 企业第一年规模扩大 40%后，其收益增加了 60%；第二年 A 企业的规模继续扩大 40%，其收益增加了 30%；A 企业计划在第三年继续扩大企业规模。试对 A 企业扩大规模的行为做出经济分析。（提示：一般情况下，当企业的规模变得越来越大时，尽管技术上可能会产生规模收益不变或递增，但管理和协调的问题也日益难以处理，可能最终导致企业的规模收益递减）

5. 某小零售店女店主自己做账，你将如何计算她的各项成本？（提示：总成本由显成本和隐成本构成，计算显成本和隐成本时，都必须考虑机会成本）

6. 某公司支付一名会计人员 100 000 元的年薪，这笔费用是显成本还是隐成本？

7. 某产品的边际成本递增，这是否意味着平均可变成本递增？请作图解释。（提示：当 $AVC>MC$ 时，AVC 递减；当 $AVC<MC$ 时，AVC 递增）

8. 某企业的平均成本曲线为 U 形，为什么其平均可变成本曲线比平均成本曲线低？（提示：$AC=AFC+AVC$）

9. 总成本、会计成本、显成本和隐成本之间有什么关系？（提示：总成本包括显成本和隐成本；会计成本是显成本；计算总成本时要考虑机会成本或隐成本）

10. 请证明为什么边际成本曲线相交于平均成本曲线和平均可变成本曲线的最低点。

11. 假定从甲地到乙地，飞机票价为 100 元，飞行时间为 1 小时；公共汽车票价为 50 元，需要 6 小时，考虑下列情况中最经济的旅行方法：（1）一个企业家，他每小时的时间成本是 40 元；（2）一个学生，他每小时的时间成本是 4 元；（3）若是你，应如何选择？（提示：考虑机会成本的概念）

第五章　市场理论：竞争与垄断

学习目标

知识要求：了解四种企业的类型及特点；理解四种类型的企业都根据利润最大化的均衡条件（$MR=MC$）来确定产量，但是，在短期和长期中，厂商的成本、价格、时间、收益以及盈亏存在差异；掌握寡头市场的特点、“囚徒困境”模型及其运用。

技能要求：知道完全竞争市场经济利润为零的原因；了解四种类型的企业在短期和长期中的产量、价格、利润的决定；会用 $MR=MC$ 边际分析方法、长期和短期分析方法进行产量决策。

开章案例

“钻石恒久远，一颗永流传”——宝石能代替钻石吗?

德比尔斯公司控制了全世界80%以上的钻石矿（其他不足20%的部分分散在斯里兰卡和俄罗斯，未形成规模），凭借这种资源优势，该公司成为世界钻石市场的垄断者。我们知道，市场垄断者不用通过广告来介绍和创造自己的产品特色，但德比尔斯公司每年都要花费巨资在各国做广告，它的广告词“钻石恒久远，一颗永流传”已经家喻户晓。作为垄断者的德比尔斯公司为什么还要做广告呢?

钻石的替代品是宝石，作为装饰品，钻石与宝石有相当大的替代性。如果宝石可以替代钻石，德比尔斯的垄断地位就被打破了。那么，宝石能否代替钻石呢？这就取决于消费者的偏好。如果消费者认为，钻石和宝石作为装饰品是相同的，钻石和宝石就可以互相代替，这时，德比尔斯公司的垄断地位就不存在了。如果消费者认为，钻石和宝石不能互相替代，德比尔斯公司就可以保持其垄断地位，无保障的垄断就能成为有保障的垄断。

影响消费者偏好的重要因素正是广告。消费者容易受广告的影响而形成自己的偏好。无论广告说的对还是不对，狂轰滥炸的广告还是能左右消费者的偏好的。德比尔斯公司做广告的目的正是让消费者认识到，宝石不能代替钻石——因为只有钻石才有“永恒”的含义，人们都追求婚姻的圆满，只有送钻戒才吉祥。如果消费者接受了这种宣传，宝石就不能代替钻石，德比尔斯公司的垄断就有保障了。

德比尔斯公司的这个广告策略保证了它的产品需求价格缺乏弹性以及需求曲线右移。

讨论题

形成垄断的条件有：一是进入限制；二是没有相近替代品。企业如何做到对其他企业的进入限制并使得自己的产品没有相近的替代品？

第一节　企业类型及竞争策略

一、四种市场和企业的特点

根据市场竞争程度，微观经济学将市场划分为四种类型：完全竞争市场、完全垄断市场、垄断竞争市场和寡头市场。四类市场里的企业分别称为完全竞争企业、完全垄断企业（垄断企业）、垄断竞争企业和寡头企业。

（一）完全竞争企业

完全竞争企业以农业为代表。其特点为：（1）完全竞争企业数量众多、进出无障碍。（2）产品同质无差异，存在许多相近的替代品。（3）价格的被动接受者。完全竞争企业虽能控制自己的产量，但完全影响不了市场价格。因为：产品无差别；替代品众多；进出无障碍。

在长期内，完全竞争企业无法获得经济利润。

（二）完全垄断企业

完全垄断企业（垄断企业）以水、电、气等公共事业为代表。其特点为：（1）产品无接近的替代品。（2）行业进出存在障碍。（3）产量和价格的控制者。它们能通过控制产量来控制和干预市场价格。

在长期内，完全垄断企业可以获得垄断的经济利润。

（三）垄断竞争企业

垄断竞争企业以零售业为代表。其特点为：（1）短期内接近垄断，长期中趋近完全竞争。（2）非价格竞争。为了突出产品特色（往往是幻想的差别），它们会不断创新并展开全面的广告竞争和产品质量竞争。

（四）寡头企业

寡头企业以钢铁、化学、汽车、计算机企业为代表。其特点为：（1）相互依存。它们合作时，便形成垄断；相互竞争时，便会在广告、价格、产品质量和产品功能上展开激烈的竞争。（2）寡头博弈（进出障碍、价格控制）。寡头博弈时，它们会力图避免因激烈的竞争而引起的两败俱伤。

1977年，雷克公司闯入航空市场。它的广告语：飞跃大西洋只要135美元。

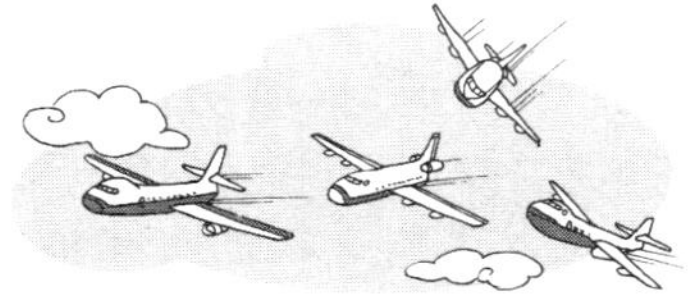

1977—1982年，三家航空公司与雷克公司进行价格大战，最后雷克公司破产。

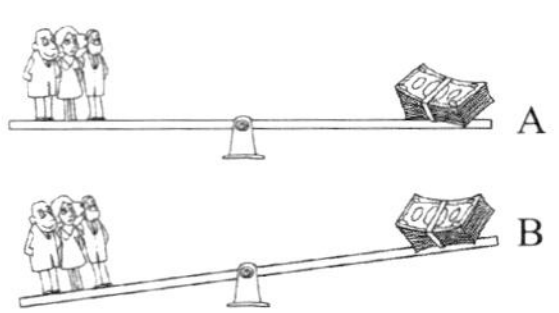

A为在雷克公司出局前从伦敦到纽约的机票价格；B为雷克公司出局后从伦敦到纽约的机票价格。

寡头企业的竞争策略

二、不同市场和企业类型形成的原因

（一）成本条件

分工和专业化基础上的规模经济，使垄断和寡头等大企业能够快速地、有效率地、低成本地生产并保持垄断，对其他企业形成进入障碍。

（二）法律限制和竞争障碍

政府的法律限制包括专利、经营许可牌照、进入特许和外贸关税与配额。

政府常常授予企业提供某种服务（主要是自来水、电力、天然气、邮政、电话通信、广播电视）的排他性权利，作为回报，这些企业同意限制自身的利润。法律限制的典型例子就是进口限制，“关税乃垄断之母”，如果世界上的许多政府都要对外国生产者实行高关税或配额限制，那么单独实行自由贸易的国家将只有国内市场。在市场经济中，减少和排除竞争障碍的需要是公共政策的主要目标之一。

（三）产品差别与垄断

案例介绍

产品差别引致的垄断

英国的汽车方向盘在右边，因此很难吸引美国的驾驶者；同样的，大型的美国汽车在街道狭窄、停车场很小的国家销售量很小。产品差别在很大程度上是人为造成的。在20世纪末21世纪初，轿车开始进入中国家庭，三厢小轿车受人青睐，而广告宣传又使人们把马力大小与男子汉气概联系起来，从而加剧了这种偏好。

在现实中，汽车、软饮料或香烟的总需求被分割成许多有差别产品的较小的市场。在这种市场上，每一种有差别的产品的需求是如此之小，不能容纳众多企业，产品差别和关税一样导致更高的集中程度和更加不完全的竞争。

三、不同企业的竞争策略

（一）完全竞争企业的竞争策略

在完全竞争市场上，有成千上万的买者和卖者，每一位厂商都无法决定和影响价格，它们只是市场价格的被动接受者。如果完全竞争企业减价促销，会发现别的厂商没有反应，仍然各行其是，就好像在人数众多的广场或全校大会上，你扮了一个鬼脸，但根本没有引起大家的注意。

完全竞争的基本状态是：统一市场价、众多厂商、产品同质、自由进出、没有门槛、没有歧视、信息通畅。

完全竞争企业的竞争策略包括：

（1）产量策略。不断地调整销售量（产量），以便符合 $MR=MC$ 法则。

（2）时间策略。看清市场、把握进货时机，低进高出。

（3）长期战略。为了在市场上站住脚，完全竞争企业必须不断地调整销售量，把握进货时机，低进高出。而从长期来看，完全竞争企业只有突出产品的特色和差别性，由市场价格的接受者变为市场价格的创造者才是取胜之道。

完全竞争企业的竞争状况：经济利润为零。

完全竞争企业左右不了价格，只能不断地努力降低成本。但是，别的厂商也会这么做。价格上涨会吸引新厂商进来，价格下降会使得厂商退出。从长期看，厂商为了盈利，都尽量调整自己的产量和生产规模并按照最低平均成本进行生产。当大家都这么做的时候，整个行业的成本降低，经济效率提高，单位产品价格（平均收益）与长期平均成本、长期边际成本趋于一致，即 $P=AR=LAC=LMC$。也就是说，完全竞争企业在长期内会不盈不亏，经济利润为零。

（二）垄断竞争企业的竞争策略

垄断竞争企业在短期内接近完全垄断，在长期内接近完全竞争。

垄断竞争企业的竞争策略包括：

（1）广告策略。因为部分地存在产品差别，竞争手段和策略常常是让人眼花缭乱的广告大战。

（2）品牌策略。注重特色、树立形象、推出品牌，最终能达到控制产量、提高价格的目的。

（3）价格竞争策略。了解市场对产品的需求及需求价格弹性极其重要。

垄断竞争企业的竞争状况：经济利润为零。

在短期内，每一个厂商的产品都有自己的特点，厂商有控制产量和价格的能力，接近完全垄断。

从长期来看，垄断竞争企业接近完全竞争。由于竞争和替代品的存在，新厂商可以加入，利润会被摊薄，直至消失。

（三）寡头企业的竞争策略

什么是寡头？“寡”就是少的意思。多少算“寡”呢？一个行业的厂商数量达到使它们相互之间相互注视、相互影响、相互依存，就是寡头行业。

寡头企业的竞争策略包括：

（1）紧盯策略。在寡头市场上，几家厂商垄断了该行业产品的生产和销售，它们的竞争策略是密切注意对手的一举一动，开发和拥有一种独具特色的产品。

（2）领导价格策略。寡头企业会在价格、市场份额上达成协议，协调议定价格和涨价幅度。一般而言，寡头企业之间会尽力避免价格竞争，防止为了人为创造需求控制价格而进行的广告大战。

（3）产品策略。开发和拥有一种独具特色的产品。

（4）广告策略。在广告宣传上，寡头企业互不相让、攻势如潮，最后产生的效益相互抵消，结果几败俱伤。美国历史上的香烟广告大战、汉堡包大战、眼花缭乱的麦片粥、各领风骚的汽车争斗、刀光剑影的航空业价格战，都曾留下惨痛的教训。

大公司之间的竞争很少在价格上展开，因为那样只会相互损害、伤其元气；而常见的是在广告、产品差别、服务质量上明争暗斗。

（四）完全垄断企业的竞争策略

在完全垄断市场上，完全垄断企业没有了竞争对手和替代品，控制了供销渠道，拥有了产品定价权。

完全垄断企业的竞争策略包括：

（1）垄断策略。维持垄断、阻止进入。完全垄断企业最有效的竞争手段是维持垄断地位、阻止其他公司进入，垄断产品原料、生产技术和发明，维持较大生产规模，以最终控制产量和价格。

（2）产量和价格策略。完全垄断企业唯一不能做到的就是控制需求，它必须在高价少卖和低价多卖之间权衡。

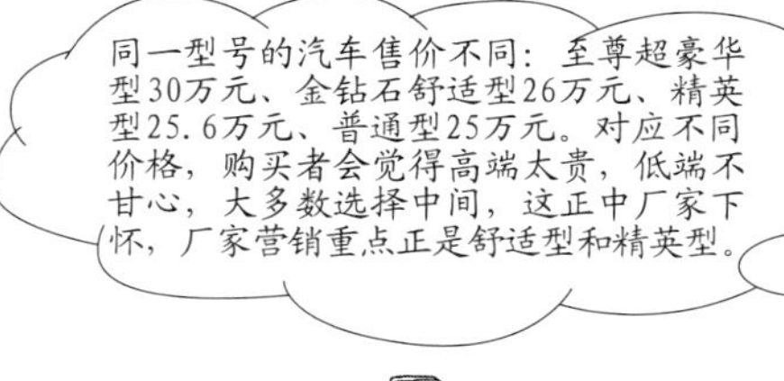

完全垄断企业的竞争策略

四、完全竞争企业的价格、最优产量和利润

（1）价格被动接受者。对于单个企业而言，它只能被动接受既有的市场价格，按照不变的价格销售产品，每单位产量的售价都相同。这样，单价等于边际收益，即 $P=MR$。

（2）产量由“$MR=MC$”决定。完全竞争企业的最优产量要满足“$MR=MC$”，即利润最大化原则。完全竞争企业一般通过调整自己的产量实现总利润最大化。由于 $P=MR=MC$，故利润最大化原则可以写成 $P=MC$。

（3）经济利润为零。在完全竞争市场上，没有行业准入门槛，进出无障碍。价格上涨会吸引新厂商进入，价格下降会使得厂商退出，当价格等于平均成本时，既没有进入也没有退出，在长期内完全竞争企业就会不盈不亏，经济利润为零。从长期来看，厂商为了盈利，都尽量调整自己的产量和生产规模使其按照最低平均成本进行生产。大家都这么做的时候，整个行业的成本降低，经济效率提高，单位产品价格与长期平均成本、长期边际成本趋于一致，即 $P=LAC=LMC$。

（4）均衡条件或状态。完全竞争企业长期均衡的条件或状态是：$P=AR=MR=LAC=LMC$。其经济学含义是：完全竞争企业销售的商品的价格不仅等于其平均成本，而且等于其边际成本。举例来说，你花 100 元从旅游鞋厂商手里买到的旅游鞋是该厂商 2015 年度卖的最后一双鞋。那么，请注意，这 100 元不仅等于厂商生产该型号旅游鞋的平均成本，而且厂商卖给你的这双鞋的成本（MC）正好也是 100 元。$P=LAC=LMC=100$ 元，长期中，厂商不能从消费者那里赚到经济利润。

难点讲解

为什么完全竞争企业的长期均衡条件或状态是 $P=AR=MR=LAC=LMC$？

（1）$MR=MC$ 是利润最大化原则，分别代表边际收益和边际成本。厂商不能根据总收益和总成本决定产量的多少，它必须通过对比 MR 与 MC，通过总利润的变化来决定最优（均衡）产量。完全竞争企业在长期内必须盈利，故必然使自己的产量满足 $MR=MC$。用 L 代表长期，即长期中，$MR=LMC$。

（2）完全竞争企业不能影响市场价格（P），它只是市场价格的被动接受者。对完全竞争企业而言，市场价格是不变的。例如，水果 4 元/千克，卖 200 千克，总收益$=4\times200=800$（元），平均收益（AR）$=$总收益/总产量$=TR/Q=800/200=4$（元），即$P=AR=4$。

（3）单位价格不变，厂商每增加、额外或最后销售的一个单位的产品的收益（MR）同单价是一样的。例如，第 200 千克水果（最后一千克水果）的收益（即边际收益）$MR=1\times4=4$（元），所以，$P=AR=MR=4$（元）。

根据（1）、（2）、（3）我们得到：$P=MR=AR=LMC=4$（元）。

（4）假定销售水果的单位平均成本 $AC=4$ 元。长期中，价格上涨有超额利润（$P>4$），会吸引新厂商进入或者原有厂商扩大规模，结果价格下降；价格下降（$P<4$）后，会产生亏损，会有厂商退出或者原有厂商缩小规模，结果价格上升。长期中，厂商的进入和退出都会使得市场价格趋近并最终等于平均成本，用 L 代表长期，即 $P=LAC$。

结论：由于在长期中，单位价格会靠近长期平均成本，所以 $P=LAC$；又因为 $P=$

$AR=MR=LMC=4$（元），所以 $P=AR=MR=LAC=LMC=4$（元）。

例题讲解

完全竞争企业如何确定其最优产量?

假定在完全竞争市场中，某水果销售商的销售量为204个单位时，总收益为816元，总成本为622元。请问，该销售商这时应该增加产量还是减少产量?（已知当产量为1，2，…，200，201，202，203，204时，MR为4，4，…，4，4，4，4，4，MC为3，3，…，3，4，5，6，7）

解：调整产量水平的根据是利润最大化原则。比较MR与MC，把产量调整到$MR=MC$，就实现了利润最大化。

产量为204个单位时，第204个单位的收益与成本之差为-3，即边际利润$=MR_{204}-MC_{204}=4-7=-3$，这时总利润$=816-622=194$，$MR_{204}<MC_{204}$，应该减少产量。

产量为203个单位时，第203个单位的收益与成本之差为-2，即边际利润$=MR_{203}-MC_{203}=4-6=-2$，这时总利润$=812-615=197$，$MR_{203}<MC_{203}$，应继续减少产量。

产量为202个单位时，第202个单位的收益与成本之差为-1，即边际利润$=MR_{202}-MC_{202}=4-5=-1$，这时总利润$=808-610=198$，$MR_{203}<MC_{203}$，应继续减少产量。

产量为201个单位时，第201个单位的收益与成本之差为零，即边际利润$=MR_{201}-MC_{201}=4-4=0$，这时总利润$=804-606=198$，$MR_{201}=MC_{201}$，如果继续减少产量，利润就会减少（$MR_{200}>MC_{200}$，总利润$=800-603=197$）。所以，最优产量$Q=201$，这时$MR_{201}=MC_{201}$，满足利润最大化条件，总利润为198且最大。

第二节　垄断企业的产量、价格和利润

一、垄断企业的价格、收益和产量

在垄断市场中，由于市场中只有一个厂商而且产品没有替代品，厂商完全可以控制产量和价格。假定商品市场的销售量等于市场的需求量，于是，垄断企业所面临的向右下方倾斜的需求曲线表示垄断企业可以通过改变销售量来控制市场价格，即以销售量的减少来抬高市场价格，以销售量的增加来压低市场价格，垄断企业的销售量和市场价格成反方向的变动。

垄断企业的价格（P）、总收益（TR）、边际收益（MR）如表5-1所示。

表 5－1 垄断企业的收益

数量（Q）	价格（$P=AR=TR/Q$）	总收益（$TR=P\cdot Q$）	边际收益（MR）
0		0	
1	180	180	180
2	160	320	140
3	140	420	100
4	120	480	60
5	100	500	20
6	80	480	－20
7	60	420	－60
8	40	320	－100
9	20	180	－140

我们可以根据表 5－1 画出垄断企业的价格（平均收益）曲线、边际收益曲线。根据表 5－1 画图时注意以下几点：(1) 横轴表示产品数量，纵轴表示收益。(2) 价格曲线与平均收益曲线重合。(3) 在每个销售量上，边际收益都小于平均收益，即 $MR<AR$。它表示在每个销售量上企业的 $MR<AR$，或 $MR<P$。当需求富有弹性时，MR 为正数；当需求缺乏弹性时，MR 为负数。垄断企业的平均收益 AR（$AR=P$）也是不断下降的。

二、垄断企业产量的决定

（一）垄断企业的短期均衡

在短期内，垄断企业无法改变固定投入量，但可通过可变投入量的变化对产量和价格进行调整。它不能仅仅根据边际收益来决定产量，而是依据边际收益与边际成本的比较来确定产量，即根据利润最大化原则（$MR=MC$）来确定产量。表 5－2 为垄断企业的短期均衡。

表 5－2 垄断企业的短期均衡

产量（Q）	价格（P）	总收益（TR）	总成本（TC）	总利润（TP）	边际收益（MR）	边际成本（MC）	MR 与 MC 的比较
0		0	145	－145		—	
1	180	180	175	5	180	30	$MR>MC$
2	160	320	200	120	140	25	$MR>MC$
3	140	420	220	200	100	20	$MR>MC$
4	110	440	240	200	20	20	$MR=MC$
5	90	450	300	150	10	60	$MR<MC$
6	80	480	370	110	30	70	$MR<MC$
7	60	420	460	－40	－60	90	$MR<MC$
8	40	320	570	－250	－100	110	$MR<MC$

在表 5－2 中，总利润的最大值为 200 元，与此相对应的产量是 3 或 4 个单位，单位价格为 140 元或 110 元，总收益减去总成本，利润最大。根据 $MR=MC$ 原则，若 $MR>$

MC，企业应增加产量；若 $MR<MC$，企业则减少产量。显然，最佳利润发生在边际收益等于边际成本这一点上，企业的产量应为 4，因此，垄断企业的短期均衡条件是：

$$MR=MC$$

垄断企业的短期均衡也可用图 5-1 加以说明。

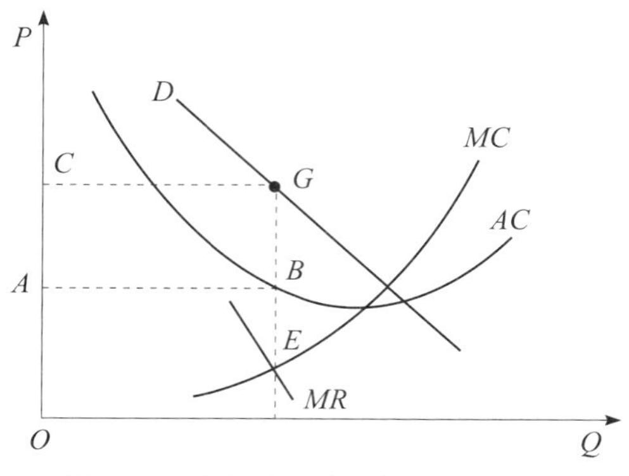

图 5-1　垄断企业的短期均衡（盈利）

（1）产量。垄断企业根据 $MR=MC$ 确定产量，即通过两条曲线交点 E 向下作垂直线，与横轴相交，这时，产量为 4 个单位。

（2）价格。从 $MR=MC$ 的交点 E 向上作垂直线，与 D 曲线相交于 G 点。此时的价格为 110 元。

（3）盈利和亏损。G 点的平均收益（$AR=P$）高于 E 点的平均成本（AC），保证了 E 点可获得利润。利润的实际数量由图中 $ABGC$ 部分表示。

垄断企业在短期内并不是总能获得利润。如果 AC 过高，在 E 点以上，即亏损。造成垄断企业短期亏损的原因，可能是既定的生产规模的成本过高（表现为 SAC 曲线的位置过高），也可能是垄断企业所面临的市场需求过小（表现为相应的 D 曲线的位置过低）。

（二）垄断企业的长期均衡

垄断企业不仅能在长期内排除其他厂商进入市场，而且可以调整全部生产要素的投入量即生产规模，从而实现最大的利润。垄断企业在长期内对生产的调整一般有以下三种可能的结果：

（1）垄断企业在短期内是亏损的，长期中继续亏损，于是，该厂商退出该行业。

（2）垄断企业在短期内是亏损的，在长期内，它通过对最优生产规模或产量的选择，摆脱了亏损的状况。

（3）垄断企业在短期内利用既定的生产规模获得了利润，在长期中，它通过对生产规模的调整，使自己获得更大的利润。

由此可见，垄断企业之所以能在长期内获得更大的利润，是因为在长期内企业的生产规模是可变的、市场对新进入的厂商是完全关闭的。

垄断企业的长期均衡条件是：$MR=LMC=SMC$。

在垄断市场上，$P>LAC>LMC$，消费者为每单位商品支付的价格不仅高于长期边际成本，而且高于长期平均成本，因而，厂商有经济利润。垄断企业也是遵循利润最大化原则来确定最优产量的。

例题讲解

利润最大化时的产量为最优产量

已知某垄断厂商总成本函数为：$TC=4Q^2+20Q+10$，产品的需求函数为：$Q=140-P$。试求该厂商利润最大化的产量。

解：由 $Q=140-P$，即 $P=140-Q$ 得到 $TR=P\cdot Q=(140-Q)\cdot Q$，对总收益函数 TR 求导得 $MR=140-2Q$，对总成本函数 TC 求导得 $MC=8Q+20$。

由 $MR=MC$，得 $140-2Q=8Q+20$，故 $Q=12$。

第三节 垄断竞争企业

垄断与竞争是并存的。短期中，产品具有差别性，很难找到相似的替代品。一般来说，产品差别越大，厂商的垄断程度就越高。长期中，有许多买者和卖者、自由进入或退出某一行业的厂商，每一企业都将其他企业的价格作为既定的。在这些相似之处的作用下，有差别产品之间又是很相似的替代品，使每一种产品都会遇到大量的其他相似品的竞争，因此，市场中又具有竞争因素。垄断竞争市场是以竞争为主要特征的市场结构。

一、垄断竞争企业的短期均衡

（1）产量。垄断竞争企业根据 $MR=MC$ 选择产量。

（2）价格或收益。给定产量，垄断竞争企业的产品价格由需求曲线的位置决定。按照利润最大化原则，最优产量是在边际收益曲线与边际成本曲线相交点上，该产量垂直向上与需求曲线相交得到单位价格。

（3）利润。如果 $P=AR>AC$，则企业盈利；如果 $P=AR<AC$，则企业亏损；如果 $P=AR=AC$，则经济利润为零，获得正常利润。垄断竞争企业的短期均衡曲线与垄断企业短期均衡曲线一致，如图 5-1 所示，盈亏取决于 AC 的高低位置。垄断竞争企业的短期均衡的条件是：

$$MR=MC$$

二、垄断竞争企业的长期均衡

垄断竞争企业可能在短期内获得相当可观的利润，但这不能长久持续下去。因为，利润会吸引新的生产者进入该行业。同样，亏损的情况在短期内存在，但在长期中会有企业退出。

假设所有现存的和新加入的企业都有完全相同的成本，即相同的成本曲线。随着新企业的加入，新的有差别的相似产品会瓜分该行业市场。垄断竞争者的产品需求曲线会向左方移动。最终的经济结果是，随着企业的不断进入，利润逐渐变少直到为零。亏损退出会使留驻该行业的企业的需求曲线向右移动，亏损逐渐减少直到消失。进入和退出的过程会持续到经济利润为零。

请看图 5－2，该图说明了典型的垄断竞争企业的长期均衡。需求曲线随进入者的增加向左方移动，直到与该企业的 LAC 曲线相切。G'点是长期均衡点，这时，没有人企图进入或被迫退出该行业。垄断竞争企业长期均衡的条件是：

$$MR=LMC,\ AR=LAC$$

其中，$AR=P>MR$。由于垄断竞争企业面临的需求曲线是向右下方倾斜的，所以，长期均衡时的需求曲线只能与长期平均成本曲线相切于最低点的左边。这意味着，垄断竞争所提供的产量小于完全竞争的产量但高于完全垄断竞争的产量。

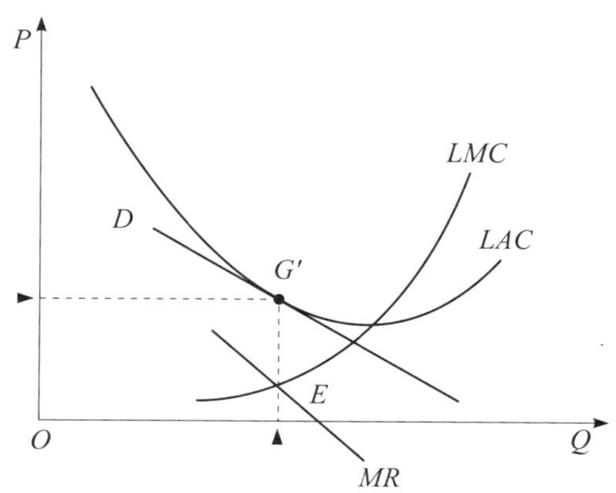

图 5－2　垄断竞争企业的长期均衡

在垄断竞争市场上，$P=LAC$，$P>LMC$，消费者为每单位商品支付的价格高于长期边际成本但等于长期平均成本，因而，厂商没有经济利润，与完全竞争相比，价格高而产量低。

第四节　寡头企业的合作与竞争

一、寡头企业的三个特点

（一）相互依存（相互注视、相互影响）

在寡头垄断市场上，每个厂商的收益和利润不仅取决于自己的产量或定价、广告、新产品研发，而且要受到其他厂商（利益相关者）选择的影响（博弈论专门研究厂商之间的博弈并取得了伟大的成果，有五位经济学家因此获得诺贝尔经济学奖）。因此，每个厂商总是首先推测其他厂商的产量，然后根据利润最大化原则来决定自己的产量，每个厂商既不是价格和产量的创造者，也非价格和产量的被动接受者，而是价格和产量的寻求者。面对其他厂商，寡头企业的选择是：密切关注对手，合作或者竞争。

（二）进出障碍（投入巨大、退出困难）

由于规模、资金、信誉、市场、专利、法律等原因使其他厂商很难进入，同时寡头企业投入巨大，因此其退出困难，一旦退出，损失巨大。

(三) 操纵价格(或价格领导)

(1) 默契价格。与完全竞争和完全垄断不同，在寡头垄断条件下，价格不是由市场供求或一家厂商决定的，而是由少数寡头通过有形或无形的勾结、不同形式的协议或默契等方式决定的。这种价格被称为操纵价格或价格领导。寡头价格一般低于完全垄断价格。

(2) 价格刚性。寡头价格一经确立，不易改变。

(3) 产量调整。如果生产条件没有发生较大变化，寡头厂商一般不会随着需求的变动而调整价格，而只是通过调整产量来应付需求的变化。在经济衰退或商品滞销时，寡头企业通常会采取减少产量的办法；而在经济好转时，则通过扩大产量来增加收益。

为了最大利润，有时寡头勾结在一起共同行动，有时寡头也会采取独立的行动。我们首先分析勾结或串谋的寡头。

二、合作的寡头模型

影响市场结构的一个重要因素就是企业之间的合作程度。当企业采取完全合作的方式行动时，它们就相互勾结起来。勾结或串谋这一术语表示这样一种情况：两个或更多的企业共同确定它们的价格、产量、广告，避免竞争性减价或过度的广告投入，或者共同制定其他生产决策。

(一) 公开的串谋：卡特尔

当企业认识到它们的利润取决于它们的共同行动时，它们就试图相互勾结起来。为了避免灾难性的竞争，企业公开相互勾结以提高产品的价格。在美国资本主义的早期阶段，寡头往往合并或形成一个托拉斯或卡特尔。卡特尔是生产相似产品的独立企业联合起来以提高价格和限制产量的一种组织，借助于午餐或宴会的形式相聚。1910 年前后，美国钢铁公司的加里先生经常组织这种聚会，从事公开的勾结。

所有寡头一致行动，卡特尔就像一个垄断厂商。例如，设想一个行业，该行业有四个企业(把它们称为 A、B、C 和 D)，它们具有完全相同的成本曲线，每一个企业都出售完全相同的产品，如石油或工业用化学药品。每一个企业现在都拥有 1/4 的市场份额。

请看图 5-3，A 的需求曲线 D 是通过假设所有其他企业都会跟随 A 企业的价格上升或下降来描绘的。这样，企业的需求曲线与行业的需求曲线具有完全相同的弹性。只要所有其他企业都制定相同的价格，A 企业就会得到 1/4 的市场份额。在这种情况下，四个企业可能相互勾结，以寻求勾结的寡头的均衡，从而使它们的共同利润达到最大。这种情况常称为联合利润最大化。

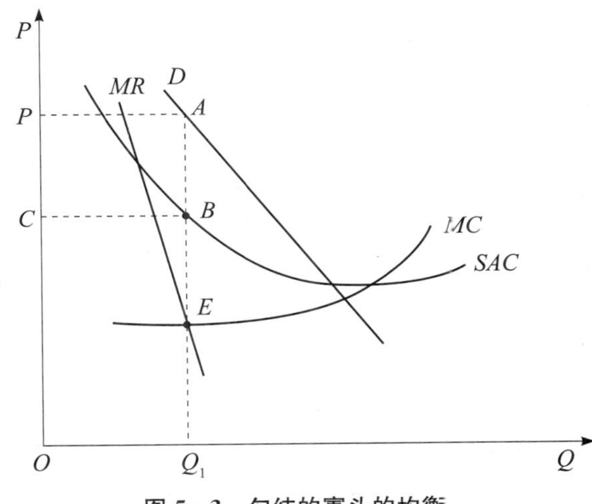

图 5-3　勾结的寡头的均衡

对于勾结的寡头来说，最大利润的均衡就是图 5-3 中所示的 E 点，即企业的 MC 曲线与 MR 曲线的相交点。这里，需求曲线为 D，它考虑到了其他企业也会制定与 A 企业相同的价格。勾结的寡头的最优价格为 D 曲线的 A 点，它在 E 点的正上方。

当寡头可相互勾结，使它们的共同利润达到最大时，考虑到它们之间的相互依赖性，其价格和产量类似于单个垄断者的价格和产量。

（二）不公开的串谋：价格领导

当今，在大多数市场经济国家，公司相互勾结起来共同制定价格或瓜分市场是非法的。然而，如果在某一行业里只有少数几个大企业，那么，它们就可能进行暗中勾结，在没有明确或公开协商的条件下，寡头们会心照不宣地与行业中最大的厂商保持一致。通过这种无形的协议或默契把价格确定在较高水平，从而抑制竞争、瓜分市场。

三、竞争的寡头模型

（一）折射需求曲线（斯威齐模型）

折射需求曲线由美国经济学家斯威齐于 1939 年提出，被称为斯威齐模型。这一模型分析的是独立行动的寡头之间竞争的情形，用于说明价格刚性的现象。在这里，“价格刚性”是指寡头变动价格的后果具有不确定性，它们都尽可能减少价格变动。见图 5-4。

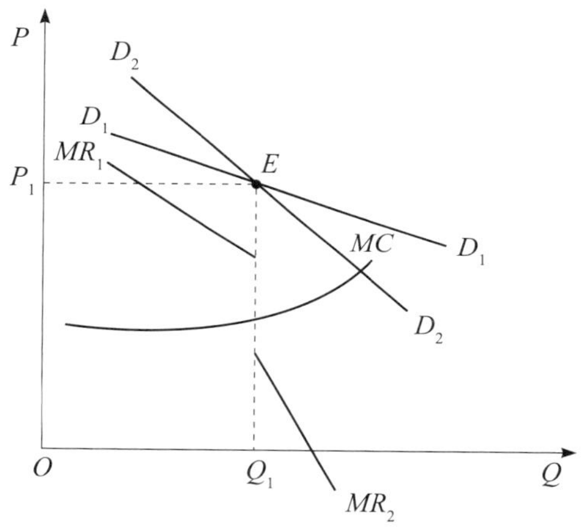

图 5-4 寡头厂商折射需求曲线

知识点讲解

折射需求曲线的经济学含义

(1) 如果一个厂商提价，其他厂商不会跟进，并乘机占领市场，提价者的销售量会大幅度下降。在图 5-4 中，现有价格水平为 P_1，假定 A 企业提高它的价格，但其他企业并不跟着加价。这意味着，现行价格水平已很高，它们反对任何加价。

(2) 如果 A 企业单方面减价，从 D_1 可见其在销售上大得好处，而其他企业损失很大。所以，其他企业不会善罢甘休，也会采取减价措施。于是，A 企业的需求曲线不再沿着 D_1 继续向右运动，而是顺着 D_2 向下运动。这是因为受到其他企业一起减价的影响。

(3) A 企业的实际需求曲线先是沿着 D_1 向上，而后沿着 D_2 向下，即 D_1ED_2 曲线。该曲线在现行价格水平上有一个拐点。需求曲线上的拐点意味着边际收益曲线（MR）上也会出现一个断裂，其间断部分为垂直虚线所示。断裂的边际收益曲线，可以解释为寡头市场上的价格刚性现象。只要边际成本曲线（MC）的位置变动不超出边际收益曲线的垂直间断的范围，寡头企业的均衡价格和均衡数量都不会发生变化。

虽然折射需求曲线模型为寡头市场较为普遍的价格刚性现象提供了一种解释，但是该模型并没有说明具有刚性的价格本身，如图 5－4 中的价格水平是如何形成的，这是该模型的一个缺陷。

(二) 博弈矩阵模型

重要提示

经济学上的三次革命

第一次，1870 年，边际分析方法或微分学方法在经济学中的运用引发了经济学的“边际革命”。

第二次，1936 年，凯恩斯的《就业利息与货币通论》引发的“凯恩斯革命”。

第三次，20 世纪下半叶，信息经济学面对信息不完全和不确定性的现象，用博弈方法分析大企业的相互关系，引起经济学的又一次新的革命——“博弈论革命”。

1994 年，三位经济学家因在非合作寡头的博弈分析中做出了开创性贡献，同时获得了诺贝尔经济学奖；1996 年，两位经济学家因在博弈论应用方面做出了贡献而同时获得了诺贝尔经济学奖。同一领域五位学者三年内获得诺贝尔奖，这可是史无前例的。

即问即答

博弈论为什么非常重要？

答：(1) 注重相互关系分析的博弈论把对局策略思维引入经济学，博弈论正在重构经济学的基础并成为经济学的主流。

(2) 在全球化和经济一体化进程中，大公司和企业集体举足轻重，影响其经济行为的因素极其复杂，传统经济学分析略显简单。在寡头市场上，厂商既相互勾结又相互欺瞒，它们经常考虑的是采取什么策略打败对手。经济学用博弈论来分析在价格、产量、广告、研发等方面竞争寡头的对局策略。

(3) 经济学家萨缪尔森说过：系统学习经济学，是一个人有教养的标志，是使其有足够的能力管理国家事务的需要。他在谈到博弈论时说，要想在现代社会做一个有文化的人，你必须对博弈论有一个大致了解。所以，了解博弈论对学习经济学很重要，同时可提高自身文化修养。

博弈论分析的原始模型是“囚徒困境”。用同一个矩阵表示两个参与者得失的表达方法，来自博弈论的先驱者托马斯·谢林，他发明的矩阵使博弈论走进数学以外的更广泛的领域。

1. 囚徒困境——串谋的困难

囚徒困境是指虽然合作对双方都有利，但理性和不相信对方使他们选择打击对手而使自己利益最大化的最优策略。有两个犯罪嫌疑人 A 和 B，因非法藏匿枪支（证据确凿）被抓并且被怀疑犯有杀人罪（证据不足）。被抓之前他们建立了攻守同盟，从博弈矩阵模型看，都抵赖是最有利的，但经济理性导致没有人遵守协定。见表 5－3。

表 5－3　囚徒困境

	A 坦白	A 抵赖
B 坦白	A：－8，B：－8	A：0，B：－10
B 抵赖	A：－10，B：0	A：－1，B：－1

“囚徒困境”的解释见表 5－4。

表 5－4　囚徒困境的解释

A（B）选择坦白	结果（支付）为：－8 或 0
A（B）选择抵赖	结果（支付）为：－10 或－1

所以，对于 A（B）而言，无论对方做出何种选择，他的最优选择都是坦白，坦白符合个人理性需求，结果，都坦白构成均衡解（－8，－8）。这种无论对手选择何种战略，自己都选择唯一的、以不变应万变的、对自己最有利的最优策略被称为占优策略。

“囚徒困境”模型的要点为：（1）利益相关者。对局的参与者是利益相关者，即任何一方的利益都受对方决策的影响。（2）信息不对称。参与者知道有几种选择并且知道选择的结果，但不知道对手的选择。（3）占优策略。一定规则下的博弈就像游戏需要规则一样，各方都希望做出对自己有利的决策。（4）纳什均衡。虽然合作对双方都有利，但规则下的博弈结果却是不合作、对双方都不利。寡头之间的竞争对厂商并非最优，个人理性选择不一定是集体理性选择。（5）有效惩罚。有效惩罚、重复博弈是化解囚徒困境的钥匙，只有了解“不合作的损失更大”后，才能实现合作。（6）运用广泛。“囚徒困境”模型用在寡头之间在产量、广告、价格等方面的竞争关系。

例题讲解

寡头厂商产量博弈

考虑两个寡头厂商，每一厂商都在高产量和低产量之间进行选择。根据每一厂商的不同选择，它们相应的获利情况如表 5－5 所示。

表 5－5　寡头厂商的产量选择

	高产量（A）	低产量（A）
高产量（B）	A 获利 200 万元	A 获利 100 万元
	B 获利 200 万元	B 获利 500 万元
低产量（B）	A 获利 500 万元	A 获利 400 万元
	B 获利 100 万元	B 获利 400 万元

不论厂商 A 做出什么样的选择，厂商 B 都会认为选择高产量是合理的：选择高产量，B 厂商获利 200 万元或 500 万元，而选择低产量，B 厂商获利 100 万元或 400 万元。同样，不论厂商 B 做出什么样的选择，厂商 A 都认为选择高产量是合理的。每个厂商都认为高产量策略是最优的，这种状况被称为纳什均衡（A 厂商获利 200 万元，B 厂商获利 200 万元）。

2. 斗鸡博弈

两人过独木桥，双方都进则两败俱伤，双方都退则一无所获。见表 5－6。

表 5－6　"斗鸡博弈"模型

	B 进	B 退
A 进	A：－3，B：－3	A：2，B：0
A 退	A：0，B：2	A：0，B：0

A 和 B 都会避免两败俱伤（－3，－3）或一无所获（0，0），过独木桥的两个寡头厂商会有两个纳什均衡——（2，0）和（0，2），敌进我退，敌退我进。究竟哪个纳什均衡会发生，取决于谁先采取行动（先动优势）。

"斗鸡博弈"模型的要点为：（1）避免冲突。对局各方不会选择两败俱伤，"杀敌一千，自伤八百"乃不理性选择。（2）威慑战略。博弈首先表现为威慑对方，千方百计地让对方相信自己传递的信息，使对方不采取行动，从而争取有利结果。威慑是无代价、无成本的，所以威慑往往是“不可置信的”。(3) 先动优势。首先采取行动的一方具有优势。(4) 化解冲突。对局双方会充分估计自己的实力，看能否打败对手。更多的情况是通过谈判、沟通、协调化解针锋相对的冲突。(5) 妥协和让步。虽然会形成对先动方有利的格局，但谈判中劣势方往往有优势——冲突发生损失更小。所以，强势方要学会谈判，学会聪明地做出更多妥协、让步，补偿弱势方对强势方也有好处。(6) 第三方协调。化解冲突的谈判需要强有力的、有权威和实力的第三方来仲裁和强制执行。

例题讲解

性别大战模型——合作下的竞争

考虑两个寡头厂商（生产相关联产品或者上下游厂商，用男、女表示），每一厂商都在足球与芭蕾之间进行选择。根据每一厂商的不同选择，它们相应的获利情况为：两个寡头厂商都会避免不合作：男性独自去看足球（0，0）或女性独自去看芭蕾（0，0），两个寡头厂商会有两个纳什均衡：一起看足球（5，3）或一起看芭蕾（3，5）。见表 5-7。究竟哪个纳什均衡会发生，取决于谁先采取行动（先动优势）。

表 5-7　性别大战模型

	足球（女）	芭蕾（女）
足球（男）	A：5，B：3	A：0，B：0
芭蕾（男）	A：0，B：0	A：3，B：5

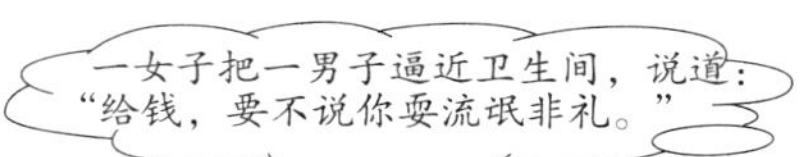

博弈与互动

3. 智猪博弈

猪圈里有一大一小两头猪，食槽和开关分别在两边，按一下会有 10 个单位的猪食，不管是谁按，成本为 2，即－2，同时去按，成本为－4（－2－2）。如表 5-8 所示。

表 5-8 智猪博弈

	小猪按	小猪等待
大猪按	(1) A：5，B：1	(2) A：4，B：4
大猪等待	(3) A：9，B：－1	(4) A：0，B：0

大猪、小猪同时选择按，大猪、小猪的净收益为 5（7－2）、1（3－2）。

大猪选择按，小猪等待，大猪、小猪的净收益为 4（6－2）、4。

小猪选择按，大猪等待，大猪、小猪的净收益为 9、－1（1－2）。

大猪、小猪同时都等待，大猪、小猪的净收益为 0、0。

小猪会按吗？“按”的净收益为 1 或－1，“等待”的净收益为 4 或 0。不管大猪选择“按”还是“等待”，聪明的小猪的最优选择都是“等待”。

大猪如何选择？“按”的净收益为 5 或 4，“等待”的净收益为 9 或 0，它面临收益性和安全性之间的两难选择：“按”的收益为 5 或 4，较安全，但收益不太高；“等待”的收益为 9 或 0，收益高（9），但风险大（0）。开始时，由于信息不充分，不知道小猪的选择，大猪会犹豫。如果小猪按，大猪会等待，如果小猪不按，大猪会按，大猪没有使用占优策略。但是，一旦大猪知道小猪选择等待，排除掉小猪按控制钮后，它会无奈地、责无旁贷地选择“按”（简化后的或者剔除小猪按钮以后的占优策略）。所以，智猪博弈的均衡是大猪按、小猪等待（4，4）。

“智猪博弈”模型的要点为：（1）主动行动。任何情况下，“大的寡头”的最优决策都是主动行动，“小的寡头”的最优决策都是等待。（2）产业领袖。一个行业需要负责任的行业领袖，有行业领袖，才有利于技术进步、产品创新。负责任的行业领袖的出现是一个行业成熟的标志。（3）市场竞争。行业领袖不是行政指定或者由上级捏合而成的，而是在激烈的市场竞争成长起来的。

经济学应用：对于小厂商而言，经常存在多劳不多得的情况，选择被动等待不失为聪明的策略。大股东监督经理，小股东“搭便车”；大企业搞研发、做广告，小企业模仿；有钱人出资修路建桥，老百姓得到方便……

厂商之间的博弈对整个社会和消费者而言，都是一件好事。

第五节 经济效率与微观经济政策

一、经济效率比较

经济效率是指利用经济资源的有效性。不同类型市场的经济效率（包括产品价格、产量成本、收益、盈亏、生产资源利用程度和有效性、消费者得到多少福利等）是不一样的。

西方经济学认为，某个行业在长期均衡时是否实现了“价格等于长期边际成本”（$P=LMC$），是判断该行业是否实现了有效资源配置的一个条件。商品的市场价格 P 通常被看成是商品的边际社会价值，商品的长期边际成本 LMC 通常被看成是商品的边际社会成本。当 $P=LMC$ 时，商品的边际社会价值等于商品的边际社会成本，它表示资源在该行业得到了最有效的配置。倘若不是这样，当 $P>LMC$ 时，商品的边际社会价值大于商品的边际社会成本，它表示相对于该商品的需求而言，该商品的供给是不足的，应该有更多的资源投入该商品的生产中来，以使这种商品的供给增加，价格下降，最后使该商品的边际社会价值等于商品的边际社会成本，这样，社会的境况就会变得好一些。

在完全竞争市场，在厂商的长期均衡点上有 $P=LAC=LMC$，说明资源在该行业得到了有效的配置，还表明了产品均衡价格最低和产品的均衡产量最高，并且生产的平均成本最低。

在垄断市场，在厂商的长期均衡点上有 $P>LAC>LMC$，说明资源在行业生产中的配置严重不足，还表明了产品的均衡价格最高和产品的均衡数量最低，并且生产的平均成本最高。

垄断竞争市场和寡头市场则介于完全竞争市场与垄断市场之间。

西方经济学通过对不同市场条件下的厂商长期均衡的分析得出结论：完全竞争市场的经济效率最高，垄断竞争市场的经济效率较高，寡头市场的经济效率较低，垄断市场的经济效率最低。

结论：市场竞争的程度越高，则经济效率越高；市场垄断程度越高，则经济效率越低。

竞争与垄断

二、垄断的弊端和垄断的优点

（一）垄断的弊端

垄断的主要弊端是：侵害消费者利益，创新和技术进步缓慢，商品价格高但产量低；市场不能自由进出，导致不公平竞争；过于庞大的广告支出会造成资源的浪费和抬高产品销售价格，过于夸张的广告内容会误导消费者；破坏价格机制的资源配置功能，导致经济效率低下等。

（二）垄断的优点

（1）技术创新。垄断厂商利用高额利润所形成的雄厚经济实力，有条件进行各种科学研究和重大的技术创新。

（2）规模经济。对不少行业的生产来说，只有大规模的生产，才能收到规模经济的好处，而这往往只有在寡头市场和垄断市场条件下才能做到。

（3）产品的差别。在完全竞争市场条件下，所有厂商的产品是完全相同的，这些产品无法满足消费者的各种偏好。在垄断竞争市场条件下，众多厂商之间的产品是有差别的，多样化的产品使消费者有更多的选择自由，可满足不同的需要。但是，产品的一些虚假的、非真实的差别也会给消费者带来损失。真正的产品差别来源于独创性或垄断性。

（4）广告信息。垄断竞争市场和寡头市场的大量广告，有的是有用的，它为消费者提供了信息。

恶魔还是天使？

三、保护消费者的政策

政府制定和实施的消费政策本质上是政府提供的公共产品或公共服务，这也是私人或厂商无法提供的。政府的消费政策包括：第一，商品质量标准以及对商品进行检验；第二，制定消费宣传的有关规定以及对某些产品广告宣传的限制（如烟和烈性酒）；第三，消费禁止（如枪支、毒品、刺激性药物、不利于儿童健康的玩具和书刊）；第四，特殊服务的资格认定，如医生、律师、会计师、教师、评估师等的资格认定；第五，限制价格政策（如生活必需品、公用事业服务、房租等商品价格限制政策）；第六，消费外部化干预政策，如禁止或限制人们对珍稀动物的消费，用最低限价来抑制人们对水资源的浪费，用征收小轿车增容购置费限制人们对小轿车的需求，减缓城市环境污染、交通拥挤。

另外，公共产品和公共服务也不一定完全由政府提供。例如，建立“消费者协会”“行业协会”等非官方的组织，也可以接受消费者对产品与劳务质量、价格等方面的申诉，帮助消费者向商家索赔，保护消费者利益。

本章小结

1. 不同市场类型的经济效率是不一样的。完全竞争市场的经济效率最高，垄断竞争市场经济效率较高，寡头市场经济效率较低，垄断市场的经济效率最低。市场竞争的程度越高，则经济效率越高；市场垄断程度越高，则经济效率越低。

2. 由于完全竞争市场、垄断竞争市场、寡头市场、垄断市场的形成条件、特点不同，因此在竞争策略上就存在巨大差异。虽然不同类型的厂商都根据利润最大化的均衡条件（$MR=MC$）来确定产量，但是在短期和长期中，厂商的成本、价格、时间、收益以及盈亏存在差异。

3. 在短期和长期中，不同类型的厂商在产量和利润的决定上都要遵循 $MR=MC$，所以，边际分析方法、长期和短期分析方法是产量决策的基本方法。

4. 20 世纪下半叶，信息经济学面对信息不完全和不确定性的情况，用博弈方法分析大型企业的相互关系，引起经济学的一次新的革命——“博弈论革命”。注重相互关系分析的博弈论把对局策略思维引入经济学，博弈论（“囚徒困境”模型）正在重构经济学的基础并成为经济学的主流。

思考题

1. 不同类型市场的特点和经济效率的差异是什么？
2. 在长期中，四种类型的厂商利润最大化的均衡条件是什么？如何选择产量？
3. 在完全竞争市场中，为什么 $P=MR$？
4. “垄断厂商可以任意定价，所以不会亏损”，这种说法对吗？为什么？
5. 寡头、垄断厂商之间为什么会极力避免价格战？
6. 请解释“囚徒困境”模型和纳什均衡。

第六章　外部性和公共物品

学习目标

知识要求：了解外部性、公共物品、交易成本等基本概念；理解外部性对资源配置效率的影响；掌握解决外部性问题的方法；熟悉科斯定理及产权的重要性。

技能要求：知道外部性、公共物品、交易成本、科斯定理等基本概念；了解外部性问题的解决办法；会用公共物品的特性（非排他性和非竞争性）说明“搭便车”现象。

开章案例

污染许可证买卖及交易成本

1. 大多数政府用强制管制来限制企业或个人排放污染物，这种方法并不是很有效，因为没有考虑到排放量和治污成本之间的关系，没有考虑到激励因素，会产生低效率。

1990年，美国政府颁布了修订的《空气洁净修正法案》，政府发行了一定数量的许可证以控制全国每年二氧化硫的排放量，计划用10年时间把每年二氧化硫的排放量减少到1990年的50%。

排污许可证的买卖产生了非常良好的效果。最初，政府计划在开始几年许可证的价格应在每吨二氧化硫300美元左右，然而到了1997年，市场价格下降到每吨仅60美元～80美元。成功的原因之一是这一计划给了厂商足够的创新激励，厂商发现使用低硫煤比早先预想的要容易，而且更便宜。

2. 产权理论强调产权界定、市场交易、合约谈判在解决外部性问题中的作用。在现实中，单纯靠自愿交易或竞争的市场常常无法解决与环境有关的外部性问题，其主要原因就在于交易成本太高。交易成本是指在直接生产过程之外的费用支出，如信息费、谈判费、策划费、实施契约费等。这里的交易成本产生于外部性受害者与制造者之间交易的费用。要将这些外部性的受害者组织起来，形成一个有效的交易实体常常是非常困难的，而且这些外部性给受害者造成的损失很难用货币单位量化。例如，空气和水是共有财产而非私人所有。每个企业和个人都有权利向空气和水中排放污染物。由于在共有产权条件下，交易成本过高，难以将这种外部成本内部化到个人的决策之中。

经济当事人通过谈判交易解决外部性问题、实现资源有效配置的两个重要条件是：

(1) 极低的交易成本；(2) 产权初始界定清晰。

当市场协商和谈判非常困难时，政府在解决外部性问题中的作用就变得举足轻重了。

讨论题

根据科斯定理，通过市场交易解决外部性问题的两个条件是什么？

第一节 外部性

一、外部性、外部成本和外部收益

外部性也称外部影响、外部关系、外在性、溢出效应和毗邻影响，是指生产或消费行为给他人带来成本或收益，但不用支付由此带来的成本或不能从这些收益中得到补偿。外部性不能通过市场价格反映，施加这种成本或利益的人也没有为此付出代价或得到收益。

按照外部性的性质，可将其分为正的外部性和负的外部性。前者是有益的，后者则是有害的。有害的外部性带来外部成本，有益的外部性带来外部收益。

案例分析

外部成本

两个相邻企业，一个生产眼镜，另一个生产焦炭，生产焦炭的企业处于上风位置，生产眼镜的企业处于下风位置。由于空气的污染程度会影响眼镜精密磨轮的运行，而污染程度决定于焦炭的产量，因此，眼镜的生产水平不仅取决于眼镜生产企业的投入要素多少，还受焦炭生产水平的影响，增加焦炭产量会使高质量的眼镜产量减少，焦炭生产带来的污染或外部成本无须焦炭生产者承担而是被转嫁给了眼镜生产企业。外部成本也会发生在消费者身上。例如，一个人吸烟有害于另一个人的健康，但吸烟者不必为其他受害者提供任何补偿。在这种情况下，消费者个人为其本人的消费所支付的成本只是这种消费活动的全部社会成本的一部分，从而产生外部成本。

案例与实践

外部利益

外部利益的著名案例是养蜂人与苹果生产者。蜜蜂需要通过吸取苹果花粉生产蜂蜜，苹果产量增加可以增加蜂蜜的产量，即苹果生产者给养蜂人带来外部性；反之，蜜蜂在采蜜的同时可以为苹果传授花粉，增加苹果产量，因此养蜂人给苹果生产者也带来外部性。可见，带来外部收益的主体并不能获得这一收益。

二、外部性对资源配置的影响

由于存在未在市场中反映出来的外部性，外部性的存在会造成私人成本和利益与社会成本和利益之间的差别，从而影响市场资源配置的效率。

（1）外部利益使资源配置不足。如果一个人的某种活动可以增进社会福利但自己得不到报酬，那么他的这种活动必然低于社会最适量的水平，企业也是如此。因而，如果某种产品的生产可以产生外部利益，则其产量将可能少于社会最适产量。经济学家说："创办一所学校可以少盖一所监狱。"但投资者的私人收益少于社会收益，市场均衡量低于社会最适量（产出量）。

（2）外部成本使资源配置过量。如果一个人的某种行为会增加社会成本，但这种成本不必由其本人承担，那么他的这种活动在数量上将会超过社会所希望达到的水平，企业也是如此。如果某种产品的生产会产生外部成本，则其产量将可能超过社会最优的产量。换言之，当存在外部性时，市场不能保证追求个人利益的行为使社会福利趋于最大化。

经济学运用

MR＝*MC* 模型与污染最佳控制水平

企业或家庭向空气和水中排放废弃物对其他企业或家庭造成负的外部性，这意味着其他企业或家庭为使环境恢复到可用的水平需要付出一定费用。例如，水的污染会造成下游居民不得不花费更多的钱来净化水；位于下游的企业可能不得不多花些钱提高水的质量以使之适合使用需要；污染可能使鱼死亡；划船和游泳可能被禁止；废物和臭气可能减少娱乐休息区的吸引力。污染的程度可以用物理方法测出，各种物质污染程度的费用也能够计算出来。污染增加社会成本，减少污染将获得社会利益。

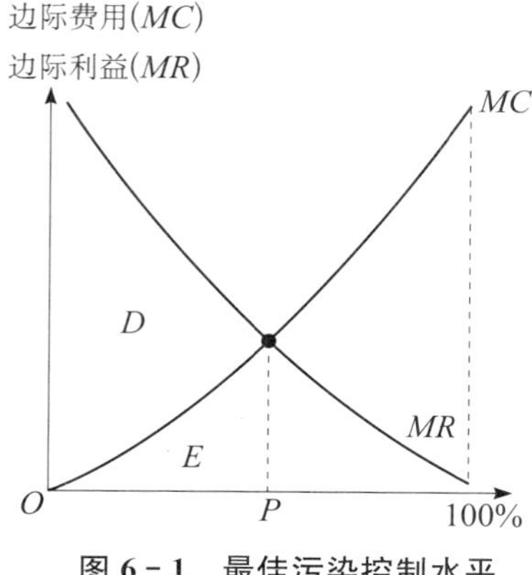

图 6-1 最佳污染控制水平

假定，水在出口处全部被污染，其质量为零。那么水质需要净化到什么水平为好呢？请看图 6-1。

在图 6-1 中，水平坐标轴表示清洁度的增加，用纯净水百分数表示；垂直坐标轴表示成本和收益。图 6-1 中，改进净化度 1%的边际收益随净化度的增加而下降。净化度由 20%提高到 21%，所得利益由 85%提高到 86%。这样，边际收益曲线就具有图 6-1 中的 MR 形状。

减轻污染需要利用经济资源，或者需要改变生产过程，或者需要净化系统进行处理。这都需要劳动和资本。不论是谁付钱，这都是社会成本。可以预期，净化度每增加一个单位，成本随着清洁度的日益提高而上涨，这是一个普遍的法则。水质改善的边际成本曲线如图 6-1 中的 MC。

水净化度增加 1 度，就会提高边际成本和降低边际收益。当边际成本等于边际收益时，就达到了污染控制的最佳水平，即图 6-1 中 P 点。它表示当控制污染的边际成本与其获得的社会边际收益一致时，污染控制达到最佳水平（利润最大化原则：$MR=MC$）。

这一结论告诉我们：将任何程度的污染都看作绝对的坏，而把完全净化看作绝对的好，却不管其费用如何，这是没有道理的。水净化到什么程度合算呢？通常经济的回答是看边际情形，只要进一步改进水质的边际收益超过改进水质的边际成本，水质的水平就应提高。也就是说，它应该提高到图 6-1 中的 P 水平，而不是到 100%。

经济学运用

$MR=MC$ 模型与损失赔偿（污染者承担费用的情况）

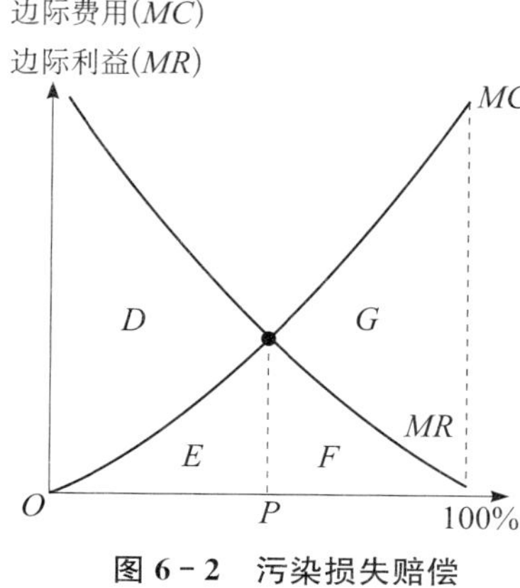

图 6-2 污染损失赔偿

污染受害者获得损失赔偿是一种权利，这等于创立了一种环境财产权，如同其他财产权那样应当予以保护。请看图 6-2。

在图 6-2 中，在一个特定的污染环境下，MC 曲线表示净化度连续增加的边际成本。达到这一净化度的总费用是 MC 曲线以下直到该点的面积。污染者被控诉造成的污染损失，等于 MR 曲线所示的消除污染的好处。污染者有责任赔偿的，表示为 MR 曲线下该点右边的面积（D、E、F）。

如果污染者什么也不干，他的赔偿责任将是 MR 曲线下整个面积，即 $D+E+F$。从他的立场看，这不是最好的办法。对他来说，把污染减低到 P 点最合算。因为此点以前，污染控制每增加一单位的费用，少于他应该支付的损失费用。超过 P 点，情形则相反，污染控制费用大于损失赔偿费用。所以他愿意停止在 P 点，付给等于他没有清除污染所造成的损失（F 面积）赔偿费。他的总费用是 $E+F$，这是对他来说最低的费用，而这也正是我们在前面说过的减轻污染的最佳程度。

损失赔偿方法的显著优点是，不需要一个大的制定规章的机构。但是，如果执行机关的担子减轻，法院的担子就要加重；个人可能胆怯、缺乏知识、不愿控诉等；更大的困难是污染空气和水的来源很多，每一个来源的损害责任都很难评价。

经济学运用

MR＝*MC* 模型与贿赂及补助（被污染者承担费用的情况）

被污染者可能聚集到一起，出钱给污染者，即贿赂污染者进行污染控制。这看来可能很不公道。但是，在一定条件下对被污染者有利。请再看图 6－1，被污染者同意支付全部费用把污染降低到 P 水平，全部费用为面积 E，他们从此得到的利益是 $D+E$。他们还有所得，而污染者像过去一样。这里，减轻污染的费用由受害者负担，而公司（及其消费者）不支付任何费用。

另外，如果政府同意支付安装污染控制设备费用，那么，政府就要给企业补助。控制污染的补助来自政府税收。因此，这种补助增加了政府税收负担，并且有可能刺激企业增加或夸大它的污染程度，以便取得更多的补助。

经济学运用

MR＝*MC* 模型与征税（消费者承担费用的情况）

征税是对每个污染源根据排放废物的容量和毒性收税，通常称为浓度费。对污染者征收的税费最终会被转移到购买者身上。控制污染征税的方法见图 6－3。

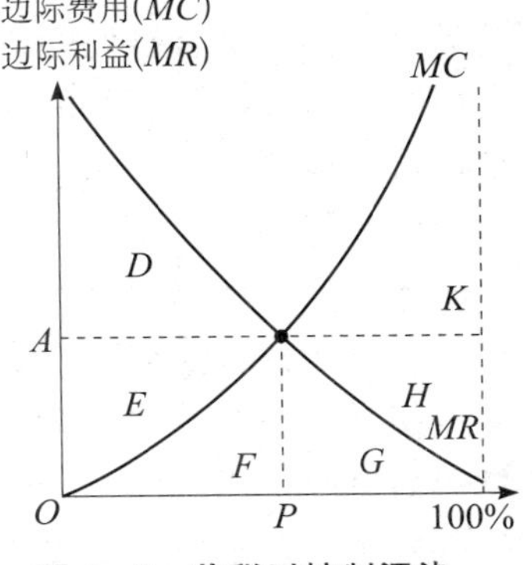

图 6－3　收税以控制污染

在图 6－3 中，费用定为每单位 OA，即等于污染减轻到最佳程度 P 时的边际费用。污染者把他的排放减到 P 是合算的，因为直到此点边际费用少于他要支付的税费。他愿意付出等于 F 面积的清除污染费用而不愿付出 $E+F$ 的税费。

超过 P 点的污染，污染者将支付等于 $G+H$ 的税费。他愿意这样做，而不愿付出 $G+H+K$ 的费用去清除污染。如果政府愿意，能够给残存的污染的受害者补偿，他们的

损失是 G。还留下 H 的收益，这可用作其他目的或者降低税率。从私人工厂收取的污染浓度费，有助于解决公共废物处理设施的费用。

公司的整个费用转移到它的产品的购买者头上，共为 $F+G+H$。认为产品消费者应该付出与产品有关的污染费用，这种思想很可能符合大多数人的公平观念。通过征税方式来控制污染的优点有很多：

其一，具有自我督促作用。征税形成了控制污染的一种经济机制。污染者行动起来控制污染，与其说是害怕进法院，倒不如说是出于自身利益。

其二，征税可不断鼓励企业发现新的和低成本的减少污染的办法。一个产业，常常通过改变它的生产方法来大大改变它的污染物的产生。例如，造纸业将亚硫酸法改为硫酸法，每吨产品的废物减少 90%。钢材酸洗，由硫酸改为盐酸，可以使废物减少甚至为零。废物有时能回收用作原料，或用于生产主要产品和新的副产品。那些不能再用的，在排放出去之前，可以降低它的毒性。如果对污染不花费任何代价，企业就会忽视污染问题。一旦收费，它们就会积极采取各种措施。

其三，征税这种制度不大需要政府机关了解污染控制的一切技术可能性，不大需要了解每一种可能性的费用如何，以及把浓度费定在何种水平上。例如，在生产者经过一段时间做出反应后，政府的收费标准仍在 P 点左边，这说明收费太低。把它提高 10%，再看情况如何。或者相反，如果需要，可把它降低些。

三、解决经济外部性问题的政策

经济活动的外部性分为外部收益（新发明、接种疫苗、教育投资、国防建设等）和外部成本（生态失衡、环境污染、噪音释放、公共场合吸烟、汽车排放废气等）。解决经济活动的外部性问题可以采取以下政策：

第一，税收和津贴。对于外部成本，政府可以制定法律、法规，或罚款、或征税，其数额应等于该外部行为所造成的损害，使私人成本和社会成本相等。对于外部收益，政府应给予奖励、实施专利保护法，同时，政府提供公共工程、公共设施和公共产品。

这种方法遇到的最大问题是如何准确地以货币的形式衡量外部影响的成本或利益。在实践中，政府或有关部门往往是近似地估计这些成本。

第二，产权重新界定和谈判。关于外部成本问题，只要政府明确界定产权（厂商是否具有排污、噪音扰民的权利，居民的阳光享用权、洁净空气呼吸权），当不考虑交易费用时，市场机制就可能导致均衡产生并使其达到高效率，即通过当事人之间理智地讨价还价的谈判，使资源配置优化。例如，在产生污染与受污染之害的两个企业之间，无论使用空气的产权归哪一方所有，从资源配置的角度来看，其最终结果都一样，双方对于产量达到实现资源最优配置水平的兴趣是相同的。

西方产权理论把科斯定理作为解决外部经济影响问题的思路。科斯定理可以概括为：如果财产权是明确的并且可以无成本（交易成本很小）地进行协商和交易，则无论最初的财产权属于谁，市场总会有效地配置资源并解决外部性问题。科斯定理是美国芝加哥大学教授科斯提出的，后被西方学者作为用于解决外部经济影响问题的市场化思路。

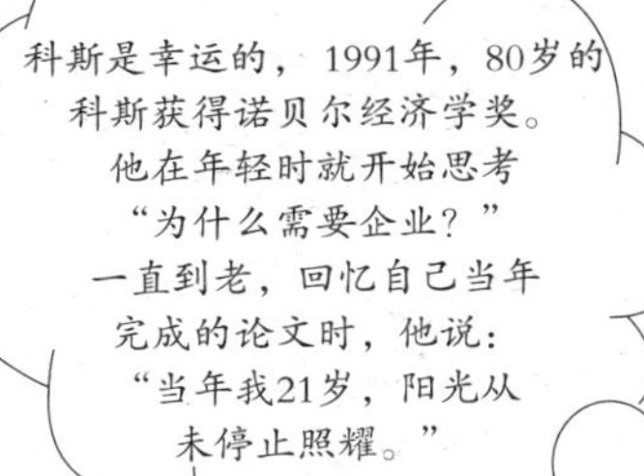

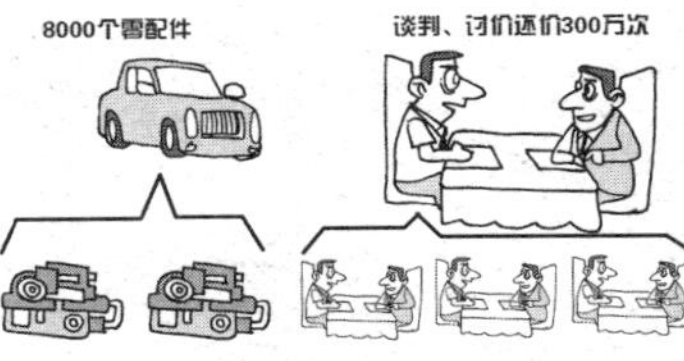

科斯、科斯定理、交易成本

知识点解答

什么是交易成本？

交易成本是为克服交易障碍的成本支出，包括克服人为障碍的支出和克服自然障碍的支出。需要克服的人为障碍是指限制交易的法律、规章和政策，自然障碍是指交通、通信、谈判、协商等。例如，《西游记》中的唐僧到西天取经，交易成本无穷大，需要克服巨大的自然障碍。没有航海技术和指南针、没有交通和通信工具，没有翻译，要面对天上地下的妖魔鬼怪，要花一生的时间完成西行。

重点解答

科斯定理为什么既让经济学家着迷又深感遗憾？

科斯定理的结论是非常诱人的：只要明确财产权，就可以通过市场谈判解决外部性问题而无须政府对外部经济影响进行直接的调节。但是，科斯定理隐含的条件限制了科斯定理在实践中的应用。这个条件是谈判无成本。在很多情况下，不仅谈判成本高，而且涉及当事人众多，“搭便车”问题还会出现。因此，由于交易成本高，经济学家对科斯定理不能完全解决外部经济影响问题深感遗憾。

第三，企业合并——外部效应内部化。将施加和接受外部成本或利益的经济单位合并，通过合并，厂商能获取有益的外部效应，或者可以消除有害的外部效应。如果外部经济影响是小范围的，那么就可以采取这种方法。例如，将上游造纸厂与下游养鱼场合并，合并的企业会把纸产量推进到使上游造纸厂的边际收益等于下游养鱼场的边际损失时为止；一个占地面积较大的度假村，兼并周围的服务企业后，服务企业可因此得到较多的顾客，而度假村则因服务企业的加盟而改善其整个经营环境，这是有益外部效应的内部化；大城市辖区范围的扩大也可以使某些外部效应内部化：一个大城市所产生的空气污染并不局限于该市区内，对邻近地区也有影响，大城市作为商业、文化中心，也会给邻近地区带来好处——大城市辐射，如果建立辖区较大的跨区域性的政府，该城市可以对其辐射区征税以用于支持市区的发展，这就可将大城市的溢出效应内部化。

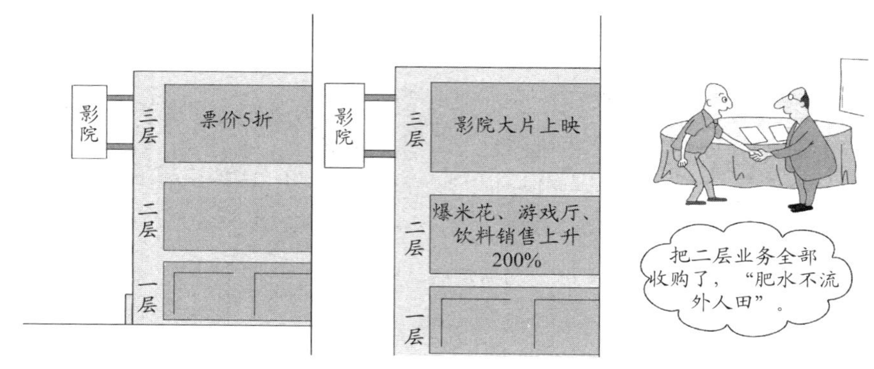

外部效应的内部化

第二节　公共物品

一、私人物品与公共物品

（一）私人物品

私人物品即市场上的普通商品和劳务。它有两个特点：第一，竞争性。如果某人已经消费了某种商品，则其他人就不能再消费这种商品了。第二，排他性。对商品或劳务支付费用的人才能消费，未支付费用的人则不能如此做。

（二）公共物品

公用物品是指由集体消费并且在消费和使用上具有非排他性或（和）非竞争性特征的物品。例如国防、道路、广播、电视、公路、桥梁、秩序和公正（法律）、航空控制、气象预报、灯塔、环境保护、警察、蚊蝇控制、低犯罪率和预防传染病的工作等。

1. 纯粹公共物品

纯粹公共物品是指由集体消费并且在消费和使用上同时具有非排他性和非竞争性两个特征的物品。例如，国防、秩序和公正（法律）、航空控制、气象预报、灯塔、环境保护、警察、蚊蝇控制、低犯罪率和预防传染病的工作等。

（1）非排他性。非排他性是指某个消费者在购买并得到一种商品的消费权之后，并不能把其他的消费者排斥在获得该商品的利益之外，或者说任何人都可以无偿享用，消费者可以不支付成本获得消费的权利，生产者不能把那些不付费的人排除在外。公共物品的非排他性使得通过市场交换获得公共物品的消费权利的机制出现失灵。由于公共物品的非排他性，公共物品一旦被生产出来，每一个消费者可以不支付费用就获得消费权利。生产公共物品的厂商很有可能得不到抵补生产成本的收益，从长期来看，这些厂商不会继续提供这种物品。

知识点讲解

非排他性

一般物品，一个人能否享用通常取决于他是否为此支付了费用。支付费用者可以享用，不支付费用者不得享用。而公共物品则是一个例外。比如，在海上建立一座灯塔，很难不让不交费的人利用灯塔，因为在海上要对每一艘利用这座灯塔的船收费在技术上难以办到，即使能办到，在经济上也不合算，因为收取费用的成本很高。这样，消费者为了取得公共物品，不需要显示自己对公共物品的偏好，而是采取隐藏偏好不付钱的方式，大家都这样做，公共物品就无法避免“搭便车”现象，每一个消费者都希望做“免费乘车者”。“搭便车”又称“免费搭车”，是指不支付费用而参与消费，不交费而利用灯塔、不纳税而享受国防安全就属于这种情况。

（2）非竞争性。非竞争性是指某人对物品的消费或享用并不影响其他人的消费或享用，也不会对生产成本产生影响，即产品的边际成本为零。无论增加多少消费者，都不会减少其他人的消费。消费者和消费数量的增加不会引起商品生产成本的增加。

知识点讲解

非竞争性

公共物品的边际成本为零，如果由私人来生产公共物品，那么依照有效率的条件，厂商的定价原则应该是价格等于边际成本。公共物品的价格应该等于零，其结果是私人不可能供给这些产品。新生人口享受国防提供的安全服务，并不能降低原有人口对国防的“消费”水平；海上的灯塔，十艘船利用与二十艘船利用都一样，得到的便利也相同。正由于这个特点，公共物品的消费就不必通过交易，即不用花钱去购买，因此私人提供公共产品就无利可图，只能由政府提供。

2. 自然垄断公共物品

自然垄断公共物品是指具有非竞争性和排他性的物品。例如，从桥上通过，可能不具有竞争性，满足非竞争性条件，但可以通过收取过桥费实现排他性使用。收费的道路、有线电视广播、付费桥梁、计费游泳池、政府提供的养老金、收费的不拥挤的公园等，只要它们不具有竞争性，都属于自然垄断公共物品。自然垄断公共物品在生产上的特点是产品在其规模不断扩大的过程中平均成本始终下降。

3. 共有公共物品

共有公共物品是指具有非排他性和竞争性的物品。例如，可能无法通过收费的方式禁止某些渔船出海捕鱼，这样做的成本过于高昂，但捕鱼船的增加会使鱼类资源趋于枯竭（竞争性）从而增加社会成本。例如公共草坪、清洁的空气、失业补助、野生动物、公共厕所、公共过道、不收费的拥挤的公园和公路等。

共有地悲剧——产权与制度

即问即答

高速公路是什么产品？

高速公路的四种状态：拥挤的不收费的高速公路；拥挤的收费的高速公路；不拥挤的不收费的高速公路；不拥挤的收费的高速公路。

以上四种状态使得高速公路成为不同的产品，请说明原因。

答：（1）"拥挤的不收费的高速公路"是共有公共物品，因为拥挤意味着竞争性、相互影响并产生外部性；而不收费会激励人们竞争拥挤的、稀缺的东西。大家都去竞争稀缺的、免费的、没有产权的“无主资产”，最后会产生“共有悲剧”，表现为资源浪费、资源消耗、共有产品短缺。如果商店里售卖的珠宝、钻石等也不收费，人们一定会竞相争夺，变得拥挤不堪。

(2)“拥挤的收费的高速公路”是私人物品，具有竞争性和排他性。随着收费水平的不断变化，价格机制会调节汽车流量，最终解决拥挤问题。

(3)“不拥挤的不收费的高速公路”是纯粹公共物品，具有非竞争性和非排他性。蔚蓝的天空、明媚的阳光、寂静的黑夜、维系生命的空气、青山绿水和山川河流等，这些极其珍贵而我们还能免费享用的东西，既具有非竞争性（丰富、充裕）又具有非排他性（免费获取），是最接近全民共同所有和使用的物品。

(4)“不拥挤的收费的高速公路”是自然垄断公共物品，具有非竞争性和排他性。

三种公共物品

二、市场失灵的原因

(一) 非排他性导致的市场失灵

免费争用的悲剧

任何购买公共物品的人都不可能因付费而独占该物品所带来的全部效用或收益。例如，美国某公司曾生产一种对汽车尾气进行过滤的装置，这种装置对净化城市空气大有益处，但因增加了汽车销售成本而遭到汽车制造商的拒绝，消费者同样拒绝购买这种对每个人都能产生好处的东西。因为，清新空气不能阻止其他人享用，即使没有付费购买和使用该产品的人，也能获得该物品所提供的效用和收益。但是，每一个购买者仅仅考虑自己购买的成本收益，而不将其他人可能得到的好处作为一种收益考虑，尽管他们在增加他人福利时，不必增加自己付出的成本。所以，市场机制既不能促使私人厂商去生产这种物品，也不能让潜在的购买者做出支付或购买决策。只有当购买者能独占收益时，他才愿意负担公共物品生产中投入的成本。

知识点解答

非排他性效应

外部性、共有公共物品、纯粹公共产品都有一个共同点：非排他性效应。非排他性会产生什么后果呢？

答：在一个资源稀缺的世界里，非排他性的后果是资源枯竭、秩序混乱、出现“公地悲剧”、资源错配。非排他性使得行为人不承担行为的后果，不负责任、没有担当、“搭便车”、好逸恶劳等行为盛行，正外部性行为得不到张扬，负外部性不能被有效遏止，共有公共物品越来越枯竭，纯粹公共物品受到污染，生命多样性面临威胁，交通拥挤，生态恶化，效率损失，等等，这些都是“免费使用”惹的祸。

（二）非竞争性导致的市场失灵

有些物品是非竞争性的，如不拥挤的桥梁和公路、宽敞的游泳池、甲肝疫苗、有线电视等，这些物品的使用和消费必须付费，以便收回生产成本。但是，如果不支付费用就不允许消费或使用，就意味着这些产品的浪费、闲置，使得资源配置效率降低，即市场机制不能促进资源的最优配置。

知识点解答

非竞争性效应

非竞争性会带来什么后果？

答：例如，对不交费的家庭禁止观看有线电视节目，这种做法会损害效率；不太拥挤的桥禁止未付费者通过，这样会减少社会总福利和社会满足感。

三、公共物品的供给与需求

（一）公共物品的供给由投票决定

有西方学者认为，公共物品不能完全由市场提供，需要政府参与公共物品市场。公共物品的需求者或消费者是选民、纳税人，供给者或生产者是政治家、官员，政府提供的不全是公共物品，但公共物品通常由政府提供。因此，有的西方经济学教科书把公共物品定义为私人不愿意生产或无法生产而由政府提供给群体享用的产品或劳务，包括国防、空间技术、公务人员劳务、法官、邮政、气象预报、社会公正、公共教育、卫生保健、社会保障、城市建设等，政府被定义为公共物品的生产者，公共物品有时也被定义为政府所生产的物品。

要使消费者的欲望得到满足，公共物品是必不可少的，但市场本身缺乏提供充足的公共物品的机制。政府提供公共物品需要各种生产要素，也需要成本支出。政府为提供或生产公共物品而进行筹资的渠道是多种多样的：（1）强制税收；（2）发行政府债券；

（3）资本市场筹资，如组建股份制公司。

（二）公共物品的需求由投票决定

生产什么公共物品、生产多少公共物品，通过投票来表决。

投票是按一定规则进行的，不同的决策规则对选择的结果和个人偏好的满足程度会产生不同的影响。“投票经济学”主要有一致同意规则和多数规则。

（1）一致同意规则。凡是按一致同意规则通过的方案都是最优的。这一方案的通过不会使任何一个人的福利受到损失，也就不会使社会福利受到损失。一致同意规则可以满足全体投票者的偏好，不存在任何把一些人的偏好强加于另一些人的因素。但是，一致同意规则也有明显的缺点。缺点之一是决策成本太高。一项提案要取得一致同意，必然要耗费大量的时间和人力。另一个缺点是招致威胁、恫吓。一些人为了通过方案，不惜威胁、恫吓反对者，迫使他们投赞成票。

（2）多数规则。多数规则可以分为简单多数规则和比例多数规则。按照简单多数规则，只要赞成票过半数，提案就可以通过。例如，美国国会、州和地方的立法经常采用这种简单多数规则。比例多数规则规定赞成票必须占应投票数的一个相当大的比例，如必须占 2/3 才算有效。美国弹劾和罢免总统、修改宪法等一般采用这一规则。

多数规则的问题

知识库

多数规则的利弊

西方经济学家认为，多数规则能增进多数派的福利，但会使少数派的福利受到损失。在一定的限制条件下，例如在受益者补偿受损者的条件下，多数规则可能会达到帕累托最优状态。多数规则可以满足多数人偏好，但未必能满足全体成员的偏好，因而存在把一些人的偏好强加于另一些人的因素。西方学者认为，在多数规则下做出的决策是投赞成票的多数给投反对票的少数加上的一笔负担。即使所有投票人都能从一项法案的实施中获得利益，并为法案的实施付出代价（即纳税），但由于收益超过代价（赞成者），增加了净福利，反对者获得的利益小于付出的代价，因而也会减少净福利。

知识库

投票正态分布与中间投票集团

投票规则之所以重要，是因为公共物品的生产不仅取决于个人偏好，而且取决于所采用的投票规则。由于公共物品必须集体购买、集体消费，中间投票集团的偏好对公共物品的生产会起决定作用。

如图 6－4 所示，当两党的候选人对倾向自由和倾向保守的选民采取中间立场时，获得的选票最多。因为，不同观点的投票人的分布呈正态分布，如果采取偏向保守或自由的立场，获得的选票就会大大下降。任何政党的候选人要想当选，都必须代表位于中间的多数选民的利益，这样，一小部分人的利益就会受损。当少数人对公共物品的决策不满时，除了忍受之外，还有两种方法：第一，离开国境，其成本是迁移成本和机会成本；第二，从持不同的政见到反叛，这时付出的成本可能无限大（坐牢甚至丢了性命）。

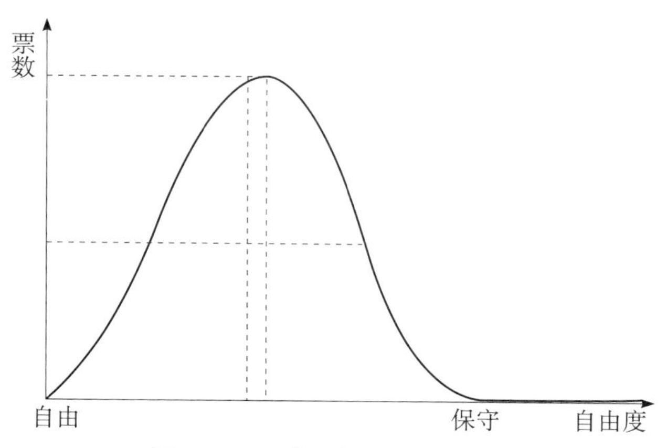

图 6－4　两党制与中间投票集团

（三）政府失灵及其对策

公共选择理论认为，政府并不能完全解决公共物品的有效供给问题。政府失灵的原因如下：第一，垄断性。政府各部门提供公共物品，没有竞争者，无法判断其成本的高低和产出的多寡。第二，规模最大化目标。政府官员不能把利润据为己有，不会追求利润最大化，但大规模化可以强化其预算支出、改善工作条件、减轻工作负担，从而提高其劳务成本，提升机会，增大其掌握的权利和地位，办公条件也得以改善。第三，为获得更多选票和中间投票集团的资助，实施不利于大多数人的预算方案，从而导致公共物品生产中的低效率。第四，在投票规则下，少数人的利益得不到保护。

（四）竞争机制的导入

对于政府低效率的问题，公共选择理论认为，可以采取以下措施进行改革：第一，公共部门权利的分散化。一个国家可以有两个以上的电信部门，一个城市应有几个给排水公司。公共权利集中带来垄断和规模不经济，而公共部门权利的分散有利于降低垄断程度，增加竞争成分，提高效率。第二，私人公司参与。例如，美国的高速公路由政府投资，但由私人建筑公司生产。又如，处理城市垃圾、消防、清扫街道、医疗、教育、体格检查等公共劳务的提供都可以实行私人公司参与的方式，从而提高效率。第三，地方政府之间的竞争。如果资源和要素尤其是劳动力可以自由流动，则会促使地方政府间的竞争，防止职权被滥用并提高效率。因为，某地税收太高或者垄断程度较高，投资环境差，政府提供的公共服务差、价格高，居民会迁出此地从而会减少当地政府的税收。

本章小结

1. 市场并非完美，不仅表现为不同市场类型的经济效率的差异，还表现为产品的性质、交易成本、外部性给市场机制全面发挥作用带来的困难。当存在外部性时，市场不能保证追求个人利益的行为使社会福利趋于最大化。市场本身缺乏提供充足的公共物品的机制。

2. 解决外部性问题的政策包括税收和津贴、产权重新界定和谈判、企业合并——外部效应内部化；解决非排他性和非竞争性导致的市场失灵除了政府“看得见的手”以外，还要引入竞争机制。

3. 市场失灵在一定程度上可以通过政府来解决，但并不总是能够通过政府来解决，因为存在政府失灵，当出现垄断、不公平、外部性以及生产公共物品时既需要政府出面解决，又要引入市场竞争机制。

思考题

1. 什么是外部性？市场能解决外部性问题吗？假设你与一位吸烟者同住，并且你们有充足的时间协商，根据科斯定理，不吸烟的你与你的室友如何解决吸烟的外部性问题？

2. 如何判定外部收益或外部成本？

3. 如何确定污染控制的最佳水平？（提示：根据 $MR=MC$ 原则）

4. 烟花、灭火器、易拉罐、烟酒在消费中存在外部性问题吗？如果存在，会给社会带来外部收益还是外部成本？

5. 污染控制的目标是消除污染吗？如何达到污染控制的最佳水平？（提示：根据 $MR=MC$ 原则）

6. 举例说明非排他性和非竞争性如何导致市场失灵。

7. 举例说明什么是纯粹公共物品、自然垄断公共物品、共有公共物品。

8. 怎样解决政府在公共物品生产中的低效率问题？

第七章　国内生产总值、总需求和总供给

学习目标

知识要求：了解国内生产总值、就业总量、价格水平、总消费、总储蓄、总投资、总需求、总供给等重要的宏观经济变量；理解总供求决定国内生产总值、就业、价格水平；掌握总供求模型并能用该模型说明国内生产总值、价格总水平的决定。

技能要求：知道总支出包括消费支出、投资支出、政府支出、净出口，总收入包括工资、租金、利息、利润、税收、资本折旧，总收入最终分成消费、储蓄和税收；了解均衡国民收入的概念；会用总供求模型分析 GDP、失业和通货膨胀。

开章案例

GDP——20 世纪最伟大的发明之一

GDP（国内生产总值）已成为宏观经济管理部门了解经济运行状况以及制定经济发展战略、中长期规划、年度计划和各种宏观经济政策的重要依据。

GDP 的重要性是毋庸置疑的，美国经济学家萨缪尔森认为，GDP 是 20 世纪最伟大的发明之一。他将 GDP 比作描述天气的卫星云图，能够提供经济状况的完整图像，能够帮助领导者判断经济是在萎缩还是在膨胀，是需要刺激还是需要控制，是严重衰退还是处于通胀威胁之中。没有像 GDP 这样的总量指标，政策制定者就会陷入杂乱无章的数字海洋而不知所措。

判断宏观经济运行状况有三个主要指标：经济增长率、通货膨胀率和失业率。这些指标都与 GDP 有十分密切的联系。经济增长率就是 GDP 增长率，通货膨胀率一般是用国内生产总值平减指数或居民消费价格指数来衡量的。著名的奥肯定律告诉我们，失业率与经济增长率之间具有密切的联系，通过经济增长率可以对失业率进行大致的判断。

在国际社会中，一个国家的 GDP 与该国承担的国际义务、享受的优惠待遇等密切相关。例如，联合国会费是根据各国的 GDP 与人均 GDP 等数据计算的。

近年来，人们对 GDP 的局限性开始有越来越多的认识。经济学家举出了以下例子来加以说明：

一位先生请了一个保姆，负责洗衣做饭、打扫房间，先生付给她报酬。这种报酬在

统计上被计入 GDP。日久生情，先生娶保姆为妻。妻子照样做那些家务活，先生却不用给她报酬，她的劳动成果也不会反映在 GDP 里。

一辆汽车在马路上正常地行驶，这时的汽车对 GDP 的增长没有什么贡献。突然，汽车撞上了路边的大树，司机受伤，汽车损坏。救护车来了，把司机送到医院，医院立即抢救；抢险车来了，把汽车拖到修理厂，修理厂修好了汽车。这一系列的服务费用统统被计入 GDP，GDP 因事故而增加。

在这两个例子中，保姆的例子说的是 GDP 不包括家务劳动的价值，不能完全反映社会的劳动成果；汽车的例子说的是 GDP 只反映结果，而不管原因，本来是坏事，在统计上却变成了好事。

除了这些局限性，GDP 也不能反映经济增长所付出的环境污染、资源消耗、资源环境负面影响等代价，不能准确反映社会成员个人福利状况，人均 GDP 会掩盖收入差距的扩大。正是看到了 GDP 的缺陷，一些经济学家提出了一些新的指标，如净经济福利指标和绿色 GDP 指标，但是，这些指标目前还缺乏可操作性。

讨论题

失业、通货膨胀、经济增长与 GDP 有什么联系？

第一节 宏观经济变量

宏观经济学关注三大经济问题或三大经济变量：失业、通货膨胀和经济增长。这三大问题都跟国内生产总值这一宏观经济变量有关。

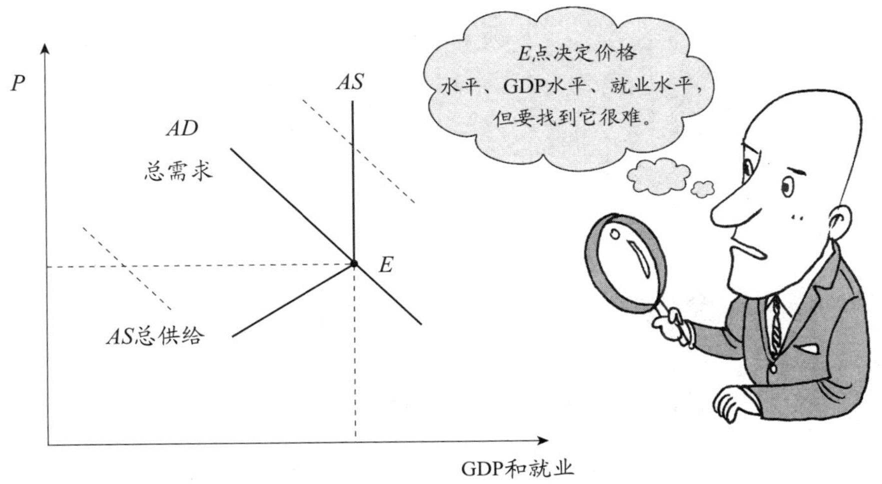

宏观经济学三大经济变量

一、国内生产总值

（一）国内生产总值的内涵

国内生产总值是指一个国家在一定时期内在其领土范围内，本国居民和外国居民生产的全部最终物品和劳务的市场价值总额。衡量一国的生产总水平或总产出的经济变量有多个，如国内生产总值、国内生产净值（NDP）、国民收入（NI），其中 GDP 最常用。经济学常常用 GDP 来表示一国总产出或一国财富量，并且把 GDP 与 NI 混用。

理解 GDP 需要注意以下几点：

（1）“一个国家”——包含了外国公民在本国生产的商品和劳务价值。

（2）“一定时期内”——一定时期内发生的流量。

（3）“生产的”——是指现期新生产的，不包括二手的。

（4）“最终”——中间物品价值不被计入。但是生产出来没被使用的中间物品作为“存货”计入最终产品，这是一个例外。

（5）“全部最终物品和劳务”——全部的、物质的和非物质的物品和劳务，如音乐、相声、理发、看病、电影、思想产品等都一律计入，但不包括违法的毒品交易、不包括家庭生产和消费没有进入市场的物品和劳务；买菜计入，自家花园种菜不计入。所有要素，包括自有存量住房、资本、劳动提供的地租、利息、工资、利润。这似乎很奇怪，自己住的房子没有出租，自住也为 GDP 的增加做了贡献。是的，这是机会成本的概念——所有者向自己支付自有房产的应付租金。

（6）“市场价值”——用价格衡量不同效用，用货币衡量不同的商品和劳务；只计算参与交换的、地上的、阳光下的、纳税的物品和劳务，而地下的、隐形的、违法的、自给自足的、阳光交易之外的不能被计入。

重要提示

GDP 的缺陷

GDP 虽然作为衡量一国经济总产出的指标而被广泛使用，但是，它并不完美，它在衡量社会福利方面存在着一定的问题，并不能完全反映出一个国家的真实福利水平。其缺点主要有以下几个方面：

第一，GDP 衡量的许多内容并不能增加人们的福利，譬如政府用于购买炸弹、导弹等武器的开支，付给监狱看守的工资，犯罪的增加导致的报警系统销售额的增加值，所有这些全都计入了 GDP，但它们并不能增加社会的福利水平。

第二，产出并不完全等同于消费。GDP 所衡量的实质上是一个国家的产出，产出只是在某种程度上促使人们去消费更多的东西，但是，由于投资增加而导致的 GDP 的增长，未必能反映人们当前生活水平的提高，它只是刺激了将来的消费。

第三，闲暇和良好的工作条件以及人们的家务劳动，是人们生活水平的重要组成部分，但 GDP 不能反映这方面的情况。由于 GDP 只度量经过市场交易表现出来的产出和劳务，所以诸如闲暇、工作条件、地下经济等重要内容并没有计入 GDP。

第四，GDP 忽略了外部影响。现代工业所产生的污染等外部经济影响没有通过市场交易反映出来，却给人们带来了福利的损失。然而，GDP 中并没有这些项目。

第五，GDP 无法说明收入如何分配。由于 GDP 是总量指标，因而并未包含收入分配方面的信息，因而也就不能说明因收入分配不公平所带来的福利降低。

GDP 的缺陷

（二）潜在的国内生产总值

潜在的国内生产总值是指当资源得到充分利用时一国经济能够生产的总产值，它反映了长期内劳动、资本、土地等生产资源的最大生产潜力。潜在的国内生产总值又叫充分就业国内生产总值。现实的国内生产总值可能大于、小于、等于潜在的国内生产总值。

（三）国内生产总值的三种核算方法

我们利用市场运行模型（收入循环图，见图 7-1）来说明 GDP 的计算。

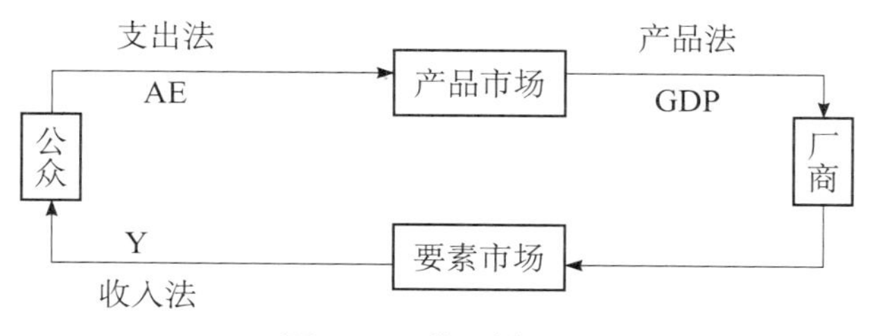

图 7-1 收入循环图

1. 支出法

支出法是根据购买最终产品的支出来计算国内生产总值的方法。

重点提示

总支出

总支出（AE）是指在一定时期内一国经济在购买最终产品上的支出总额。一国总支出包括消费支出（C）、投资支出（I）、政府的购买支出（G）和净出口（$X-M$）。一定时期内生产的最终产品或被当期售出，或未被售出，未被售出的最终产品总额作为存货计入投资支出，所以，总支出等于国内生产总值，即 $AE=GDP=C+I+G+(X-M)$。

通过购买物品和劳务的支出法核算 GDP 的方法和内容如表 7-1 所示。

表 7-1 国内生产总值——支出法

国内生产总值（GDP）
消费支出（C）：
耐用品
非耐用品
劳务
投资支出（I）：
固定资本投资
居民住宅投资
企业存货投资
政府的购买支出（G）：
中央政府
地方政府
净出口（$X-M$）：出口－进口

2. 收入法

收入法是根据居民或公众向要素市场提供要素并取得国民收入来计量国内生产总值的方法。

重点提示

总收入

一国收入包括工资、租金、利息、利润以及间接税、资本折旧。总收入等于国内生产总值，即 $Y=GDP$。要素所有者纳税（T）后余下的收入用于消费（C）和储蓄（S），即 $Y=GDP=C+S+T$。

3. 产品法

产品法是根据生产过程各个阶段上产品的增值或企业向市场提供的最终产品计算国内生产总值的方法。产品法包括增值法和最终产品法两种。国内生产总值不同的计算方法是从国民经济运行的不同角度加以观察和计量的结果。从生产角度来看，GDP 是社会生产出来的最终产品的总产值（总产出或总增值）；从收入角度来看，生产出来的最终产品的总产值等于销售出去的总收入，它是生产部门中劳动者收入、税金、利润、净利息、固定资产折旧、非公司及企业收入等价值之和（总收入）；从支出角度来看，总产出或总收入等于购买时的总支出，总支出是最终使用于消费、投资、增加库存、净出口、政府购买的商品和服务的总和。但是，不管采用哪种方法，经过误差调整后所计算出来的国内生产总值都应是相等的。所以，总产出＝总收入＝总支出。

（四）国内生产总值恒等关系

支出法、收入法、产品法所具有的一致性，可以说明国民经济中的一个基本平衡关系，即实现了的总收入恒等于实现了的总支出，即

$$总支出\equiv总收入$$

式中“≡”代表恒等关系，总支出由消费支出（C）、总投资支出（I）、政府购买物品和劳务的支出（G）、净出口（$X-M$）四部分组成。总收入是由用于消费（C）和余下的储蓄（S）以及税收（T）三部分组成。用公式表示为：

$$C+I+G+(X-M)\equiv C+S+T$$

以上等式，左边总支出即总需求，右边总收入即总供给（总产出），实际的或实现的总需求与总供给都可以代表国内生产总值，也就是说，$Y\equiv AE\equiv AD\equiv C+I+G+(X-M)$，$Y\equiv AS\equiv C+S+T$，$Y\equiv AD\equiv AS$，或 $C+I+G+(X-M)\equiv Y\equiv C+S+T$。

如果政府不参与市场，也不讨论进出口，采用一种简化的模型分析，则在两部门经济（企业和居民）中，国内生产总值恒等式可简化为：

$$C+I\equiv Y\equiv C+S$$

这个恒等式表明，在产品流量方面，一定时期内生产的全部最终产品，除了用于消费之外，剩余的都用于投资；在收入流量方面，国内生产总值中除了用于消费的部分，就是储蓄。

在恒等式两边消去消费 C，我们得到：

$I \equiv S$

这就是投资与储蓄的恒等式。

重点讲解

国内生产总值恒等与不恒等

1. 恒等（实际发生的）。$I \equiv S$，投资与储蓄恒等式表示在任何时期内，实际发生的投资和储蓄必然相等，这种恒等关系不仅是由于国民收入核算的复式记账法，而且在定义上也是成立的。

2. 不恒等（未实现的、预期的）。如果我们关心的是未实现的（预期的）投资和储蓄，那么，二者就不一定恒等了。未实现的总供给与总需求有三种情况：大于、小于、等于。简化成投资和储蓄以后，可表示为：如果 $S>I$，GDP 下降；如果 $S<I$，GDP 上升；如果 $S=I$，GDP 保持不变。

（五）个人可支配收入

个人可支配收入是指一个国家一年内个人可以支配的全部收入，它是对国内生产总值做了一系列扣减之后，加上政府对个人的转移性支付而得到的。通过个人可支配收入，我们可以了解其他反映国民经济运行的总量，如表 7 - 2 所示。

表 7 - 2　收入核算中的五个基本总量

1. 国内生产总值 GDP
2. 国内生产净值（NDP）$=GDP-$资本折旧
3. 国民收入（NI）$=NDP-$间接税
4. 个人收入（PI）$=NI-$企业所得税和社会保险税$-$企业未分配利润$+$转移支付
5. 个人可支配收入（DPI）$=PI-$个人所得税

表 7 - 2 中所列的国内生产总值与可支配收入的关系可以概括为：从国内生产总值中减去实际上不付给家庭的部分，再减去家庭缴纳的个人所得税，加上家庭得到的转移支付就是个人可支配收入。也可以表述为：从国内生产总值中减去折旧和一切税收（直接税和间接税），再减去企业的未分配利润，加上转移支付就是个人可支配收入。还可以表述为：从国内生产总值中减去企业总储蓄（包括折旧和企业未分配利润），再减去政府的净税收（等于总税收扣除转移支付）就是个人可支配收入。

案例与实践

住房需求是投资？

在 GDP 核算中，住房是一种投资。但是，在我们中国人的观念中，购买住房是一种消费，与购买冰箱、彩电、汽车一样。在经济学家看来，购买住房实际上是一种投资行为，即投资于不动产。

为什么购买住房不是消费而是投资呢？我们先从这种购买行为的目的来看。消费是为了获得效用，例如，购买冰箱、彩电、汽车等都是为了使满足程度更大。但投资是为了获得利润，或称投资收益。在发达的市场经济中，人们购买房子不是为了住或得到享受（如果仅仅为了住，可以租房子），而是作为一种投资得到收益。住房的收益有两个来源：一是租金收入（自己住时所少交的房租也是自己的租金收入）；二是房产本身的增值。土地总是有限的，因此，从总趋势来看，房产是升值的。正因为这样，许多人把购买住房作为一种收益大而风险小的不动产投资。

将住房作为消费还是投资在经济学家看来是十分重要的。因为决定消费与投资的因素不同。在各种决定消费的因素中最重要的是收入，消费是收入的函数。但在决定投资的各种因素中最重要的是利率，因为利率影响净收益率（投资是净收益率的函数）。只有利率下降，收益率提高，人们才会投资，而且只要净收益率高，人们就愿意借钱投资。因此，要刺激投资就要降低利率。如果经济政策的目标是刺激人们购买住房，关键不是增加收入，而是降低利率。

住房需求是投资

例题讲解

国民收入核算

1. 已知下列资料（单位：亿元）：

（1）个人消费支出 500；（2）总投资 175；（3）净出口＝出口－进口＝45－30＝15；（4）政府购买 200；（5）储蓄 160；（6）资本折旧 50；（7）公司未分配利润 100；（8）企

业间接税 75；（9）社会保险金 150；（10）政府转移支付 100，公司所得税 50，个人所得税 80。

请计算：*GDP*、*NDP*、*NI*、*PI* 和 *PDI*。

解：由支出法得：*GDP*＝（1）＋（2）＋（3）＋（4）＝500＋175＋15＋200＝890（亿元）；*NDP*＝*GDP*－（6）＝890－50＝840（亿元）；*NI*＝*NDP*－（8）＝840－75＝765（亿元）；*PI*＝*NI*—公司所得税和保险税－公司未分配利润＋政府转移支付和政府支付的利息净额＝565（亿元）；*PDI*＝*PI*－个人收入所得税－其他非税收入＝485（亿元）。

2. 已知某一经济社会的如下数据：工资 100 亿元，利息 10 亿元，租金 30 亿元；消费支出 90 亿元，利润 30 亿元，投资支出 60 亿元；出口额 60 亿元，进口额 70 亿元，政府用于商品的支出 30 亿元。

要求：（1）按收入法计算 *GDP*；（2）按支出法计算 *GDP*；（3）计算净出口。

解：（1）按收入法计算，*GDP*＝100＋10＋30＋30＝170（亿元）；

（2）按支出法计算，*GDP*＝90＋30＋60＋（60－70）＝170（亿元）；

（3）净出口＝*X*－*M*＝－10（亿元）。

二、劳动力和失业

（一）劳动力

就业者与失业者之和为劳动力。劳动力不包括未成年人、全日制在校学生、退休和丧失劳动能力的成年人。

（二）失业

失业是指符合条件的人没有找到工作的状况。处于这种状况的劳动力被称为失业者。失业者应具备四个条件：（1）法定年龄，即在法定成年到退休年龄区间（如 16～65 周岁）；（2）有劳动能力，不包括丧失劳动能力的成年人；（3）没有工作但愿意工作、正在积极寻找工作的人；（4）接受现行工作条件和通行的实际工资水平的人。在失业者中，有的是第一次加入劳动力队伍的新失业者；有的是为寻找新工作，离开旧职但没找到新工作，已登记注册的失业者；有的是被辞退而无法返回岗位的失业者。由于某种原因不愿工作的人、不积极去寻找工作的人、未领取失业救济的未登记注册的人，没有被统计。

知识库

奥肯定律

奥肯定律是美国经济学家阿瑟·奥肯对国内生产总值变化与失业率变化关系的描述。根据奥肯定律，相对于潜在国内生产总值，实际国内生产总值每增加 3%，将引起失业率降低 1%。这一关系表明，增加就业和增加国内生产总值实际是一回事。要解决失业问题，只要增加国内生产总值或国民产出就可以了。其公式如下：

失业率变动＝－0.5×(实际 *GDP* 变动百分比－3%)

根据上述公式，实际 *GDP* 平均增长率为 3%时，失业率不变；实际 *GDP* 平均增长率大于3%时，失业率下降幅度等于“实际GDP变动百分比－3%”的二分之一；实际GDP平均增长率小于3%时，失业率就要上升。

例如，某国2018年实际GDP增长率为8.5%，根据奥肯定律，失业率变动＝－0.5×(8.5%－3%)＝－2.75%，即相对于潜在GDP，实际GDP增长率为8.5%时，失业率下降2.75%。

三、价格水平和通货膨胀

（一）价格水平

价格水平是指在经济中各种商品价格的平均数。衡量价格水平的价格指数主要有消费者价格指数（CPI）、生产者价格指数（PPI）和国内生产总值价格指数（GDP指数）。

（二）通货膨胀

通货膨胀即物价普遍而持续的上涨，是指某种价格指数从一个时期到另一个时期增长的百分比。通常，大部分商品价格持续两个季度以上的上涨就称为通货膨胀。当通货膨胀率为负时，就是通货紧缩。

案例与实践

胡佛总统与克林顿总统谁赚得多?

1931年，当时的美国总统胡佛的年薪是7.5万美元。1995年，当时的美国总统克林顿年薪是20万美元。他们谁赚得多呢?

根据实际资料，以1992年为基年，这一年的消费物价指数为100，则1931年的消费物价指数为8.7，1995年的消费物价指数为107.6。换言之，在这一时期内，物价水平上升了12.4倍（107.6/8.7）。我们可以根据物价指数来分别计算以1992年为基年的胡佛与克林顿的工资。

1995年胡佛的实际工资＝1931年的名义工资×（1995年消费物价指数÷1931年消费物价指数）＝7.5×（107.6÷8.7）＝92.758 6（万美元）。

同样可以按1931年美元购买力计算1995年克林顿的工资。1931年克林顿的实际工资＝1995年的名义工资×（1931年消费物价指数÷1995年消费物价指数）＝20×(8.7÷107.6)＝1.617（万美元）。

这就是说，胡佛的实际工资是克林顿的4.6倍，克林顿的工资仅仅是胡佛的21%。尽管小布什任美国总统时的工资增加到40万美元，但按实际工资计算也仍然不敌胡佛的工资。

第二节 总需求与总供给

前面我们简要地讨论了宏观经济的三个基本变量：国内生产总值、就业、价格水平。这三个变量是如何影响宏观经济的呢？现在，我们通过总供给与总需求来回答这个问题。

一、总需求及总需求曲线

（一）总需求

总需求是指给定价格、收入和其他经济变量，消费者、企业和政府想要支出的总额。因此，总需求反映的是经济中不同经济实体的总支出，包括消费者购买食品、政府购买坦克、企业购买汽车的支出，等等。影响总需求的因素有价格水平、居民收入、对未来的预期，以及税收、政府支出、货币供给等政策变量。

总需求按照需求主体划分，可分解为居民的需求、企业（单位）的需求、政府的需求、国外部门的需求等。总需求可以看作是这些方面的需求总和。

总需求按照需求对象划分，可分解为对投资品的需求和对消费品的需求，或者对最终产品的需求和对中间产品的需求，因此，总需求又可以看作是对这些商品的需求总和。

（二）总需求曲线

总需求曲线表示总需求（Y）和价格水平之间的关系。在图形上，总需求是一条斜率为负值、向右下方倾斜的曲线。总需求曲线是总需求函数的几何形式，总需求函数反映人们对所有产品的需求量（$Y\equiv$总支出量$\equiv$总需求量，即以总收入水平 Y 表示的总需求水平）和总价格水平之间的反方向变动关系。总需求曲线的这种形状表明，在其他因素不变的条件下，价格水平越高，总需求就越小；反之，价格水平越低，总需求就越大（见图 7－2）。

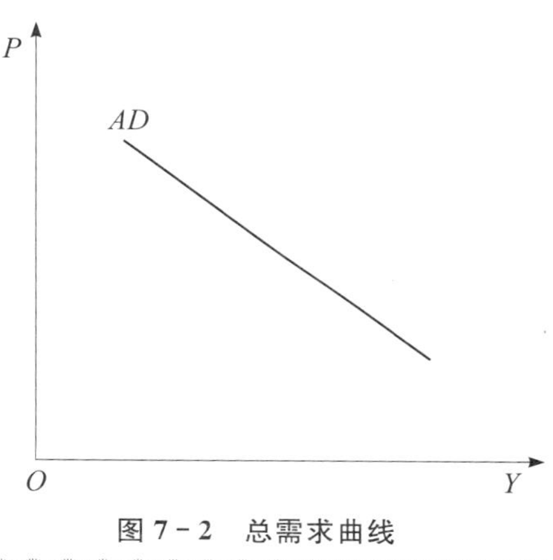

图 7－2　总需求曲线

知识库

总需求曲线

总需求曲线之所以向右下方倾斜，是因为物价水平的变化改变了货币的实际价值和利率水平，从而引起总需求量呈相反方向的变动。比如，价格水平上升，降低了同一货币单位的购买力，导致总需求量下降，最终使得国民收入下降。

二、总供给及总供给曲线

（一）总供给

总供给是指给定现行价格、生产能力和成本，所有企业想要生产并出售的总产品量。当不考虑自给性产品时，总产出等于总供给，总产出恒等于总收入。萨缪尔森在其以前出版的《经济学》各版本中，均使用“总产出”这一概念，而在第 12 版中，改用了“总供给”这一概念分析同一问题，并认为“宏观经济学中所有重大问题，现在都用这些新的工具加以分析”。

企业一般打算在潜在产出水平上进行生产。但是，如果价格较低，需求不足，企业可能在低于潜在产出的水平上进行生产；而在价格较高，需求旺盛的条件下，企业可能偶尔在高于潜在产出的水平上进行生产。

显然，按照这个定义，总供给与潜在产出水平有密切联系。影响总供给的因素是生产资源（主要是劳动力、资本、技术）的数量。劳动力的增加、资本的积累和技术的进步将推动潜在产出水平的提高。

（二）总供给与潜在总供给

在宏观经济运行分析中通常使用的总供给概念，是指实践总供给，它是国民经济各部门已经生产和进口的、已经向市场提供的商品总量。与总供给（实际总供给）相对而言的另一个概念是潜在总供给。

潜在总供给是指在现有的经济资源得到充分有效利用（不能仅仅理解为充分就业）的情况下，国民经济各部门可能向社会提供的商品总量。

在这里，经济资源得到充分有效利用，包含两层意思：

一是指现有的全部经济资源在可能的条件下均被动员起来投入经济运行中，不存在能够被运用而未被运用的闲置经济资源。

二是指在现有的技术水平可能达到的程度上，被动员起来并已投入经济运行中的经济资源处于合理的配置和最佳的组合状态，单位经济资源的利用效率达到最大限度。

潜在总供给是实际总供给规模可能达到的极限。在通常的情况下，由于各种因素的影响，实际总供给与潜在总供给之间或多或少总会存在一定差距。二者之间的差距越大，表明现存的经济系统效率越低；反之，则表明现有的经济系统效率越高。因此，如何缩小实际总供给与潜在总供给之间的差距，使实际总供给最大限度地趋近潜在总供给，是宏观经济运行分析所要解决的主要问题之一。

分析潜在总供给的意义在于，它表明了国民经济可能的产出能力，为实际总供给状况的判断提供了一个客观的参照系，同时为实际总供给的短期扩张提供了范围限定。

（三）总供给曲线

总供给曲线是总供给函数的几何形式（见图 7-3），它表示所有企业想要生产的总供给量，即以总收入水平表示的总供给水平和对应的价格水平之间的关系。总供给水平是价格水平的函数：当价格水平 P 上升（下降）时，人们的实际工资水平 W 下降（上升），引起劳动的供给下降而需求 L_D 上升，实际就业量 N 可能增加（减少），总供给量 Y 就增加（减少），即 $P\nearrow$，$W\searrow$，$L_D\nearrow$，$N\nearrow$，$AS=Y\nearrow$。总之，实际就业量和总供给量随着价格水平的上升而增加，随着价格水平的下降而减少。

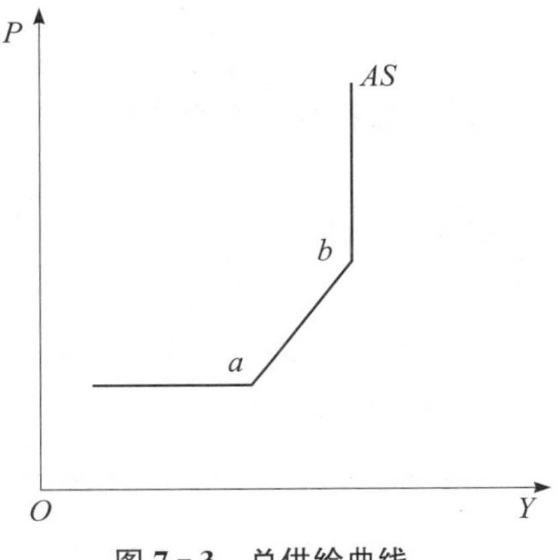

图 7-3 总供给曲线

知识库

总供给曲线

总供给曲线之所以向右上方倾斜，是因为根据工资黏性理论，物价水平上升时，工资黏性（长期合约导致工资不能及时调整）导致名义工资不变而实际工资下降。随着企业产品价格上升、盈利增加，激励企业增加产量、扩大规模，总供给上升。

1. 长期总供给曲线

长期总供给曲线是一条垂直线（图 7－3 中 b 点以上的部分），不论价格水平如何，总产出水平即总供给水平总是等于潜在总供给水平。因为，在长期中，所有投入品和产出品的价格都是可变动的。投入品的价格（如工资率等）随产出品价格的上升而上升，成本增长率等于价格增长率，这种价格的变动对企业没有影响。所以，总供给不受价格水平变动的影响，它取决于技术、生产资源的供给和生产资源的正常利用率，这样，长期总供给曲线就是在潜在总供给水平上的一条垂直线。长期总供给曲线的经济含义是：这时的总供给已经趋近于潜在的总供给，继续动员社会闲置资源和提高社会平均的单位资源利用效率的余地已经没有，因此，无论这时社会的总需求如何增加，物价总水平怎样上涨，都难以使总供给的规模继续扩大。资源被充分利用，经济中实现了充分就业，总供给无法增加，这种情况在长期中存在，故垂直的总供给曲线被称为长期总供给曲线。

2. 凯恩斯总供给曲线

在图 7－3 中，总供给曲线在 a 点以左时，大体上是一条水平线。它的经济含义是：这时社会上存在着一部分闲置资源，企业可以在要素价格不变的条件下得到更多劳动、土地、资本，企业愿意在现有价格水平下提供产量。总供给数量会随总需求的增加而增加，即可以在不提高价格水平的情况下增加总供给。这个结论是由凯恩斯提出来的，所以，呈水平状的总供给曲线又称为凯恩斯总供给曲线。

3. 短期总供给曲线

总供给曲线在 ab 之间，呈向右上方延伸之势。它的经济含义是：这时社会上已不存在便宜的闲置资源，总供给的增加伴随产品边际成本的上升，物价总水平的变动与总供给规模的变动之间呈明显的正相关关系。这种情况在短期中存在，这种向右上方倾斜的总供给曲线称为短期总供给曲线。

背景资料

战争与经济

“大炮一响，黄金万两。”震惊世界的“9・11”事件发生之后，美、英两国对阿富汗发动了军事打击。战争对经济产生了一些积极影响：不少人希望美国军火商能得到大量的坦克和飞机订单，通过军事支出的增加，引起总需求的增加，就业情况也会因许多人应征上前线而得到缓解，美国股市乃至经济可借此重振。

专家分析认为，此次战争对美国经济的影响与越南战争和海湾战争不同。20 世纪 60 年代末期，美国联邦政府的巨额国防开支和非国防开支，使本来已很强劲的私营部门总需求进一步增强，并积聚了很大的通货膨胀压力，这种压力在整个 70 年代也未能得到充分缓解。此后一直到 80 年代末期，大部分经济决策的主要任务就是抑制通货膨胀。相反，海湾战争却引发了一次经济衰退，这是“沙漠盾牌行动”初期消费者信心急剧下降所导致的结果。但由于当时军队所需的大部分物资并不是依靠投资在未来实现的，所以并没有产生通货膨胀。

但阿富汗战争同以往迥异。首先，美国政府不可能像海湾战争那样动用大规模的地面部队。更重要的是，这场对抗隐蔽敌人的战争将主要通过非常规手段进行，与此相关的国防资源大多是军备库存中所没有的，需要新的开支计划，这对经济中的总需求会产生积极的影响。

第三节 总供求均衡与国内生产总值的决定

一国经济中的实际国内生产总值、就业水平和价格水平是由总需求与总供给的相互关系或相互作用决定的。经济中的均衡状态取决于总需求与总供给之间的关系，无论总需求曲线移动还是总供给曲线移动都会改变均衡点，从而改变经济中的实际国民收入和价格水平。下面我们介绍总供求、国内生产总值、就业、价格水平的相互关系。

一、总需求-总供给模型（AD－AS 模型）

把总需求曲线与总供给曲线结合在一起，如图 7－4 所示，我们会看到，总需求曲线与总供给曲线在 E 点相交（E 为均衡点），总供求均衡所决定的国内生产总值或国民收入（Y）为 Y_0，从而也决定了相对应的总就业量，此时的价格水平在 P_0 点。我们把由总供给和总需求相互作用（均衡）决定的国民收入和价格水平称为均衡国民收入和均衡价格水平。

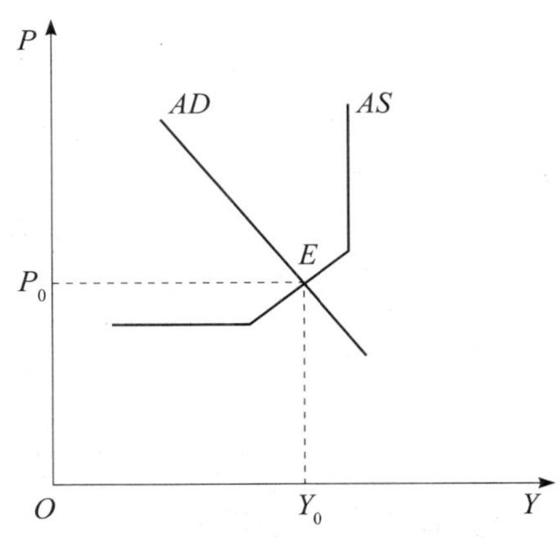

图 7－4 总供求均衡与国民收入决定

在均衡点的上方，总供给大于总需求，过多的供给会迫使价格水平下降；在均衡点以下，总供给小于总需求，过多的需求迫使价格水平上升。所以，只有总供求均衡时，国民收入和价格水平才相对不变或稳定。一定时期内，实际的国民收入始终是总供给与总需求相等时的均衡国民收入，即

总供给＝总需求＝Y

总供求与 GDP 和就业、CPI 和 PPI

二、总需求变动对国民收入与价格水平的影响

总供给曲线（凯恩斯总供给曲线、短期总供给曲线、长期总供给曲线）的形状不同，总需求变动对国民收入与价格水平的影响是不一样的。总供给曲线的三种情况产生三种类型。

（一）凯恩斯总供求模型

图 7-5 说明了总需求曲线移动在未实现充分就业前，价格与国民收入变动的情况，即总需求变动只引起国民收入的增减，不会引起价格变化。由于存在资源闲置，总需求增加不会使工资、租金、利息上升，产量和就业量增加不会使边际成本明显增加，所以，价格水平不会有变化。

（二）短期总供求模型

图 7-6 说明了总需求曲线移动在资源利用接近充分就业时的状况，价格水平与国民收入变动的情况，即总需求变动引起国民收入和价格水平呈同方向变动。

（三）长期总供求模型

图 7-7 说明了总需求曲线移动在资源被充分利用、达到充分就业时的状况以后，价格水平与国民收入变动的情况，即总需求增减引起价格水平上升或下降，但国民收入水平不变，因为，资源运用达到极限后，不可能再增加。凯恩斯认为，达到充分就业后，总需求再增加，此时总需求为过度需求，过度需求只会引起通货膨胀，而总供给不变。

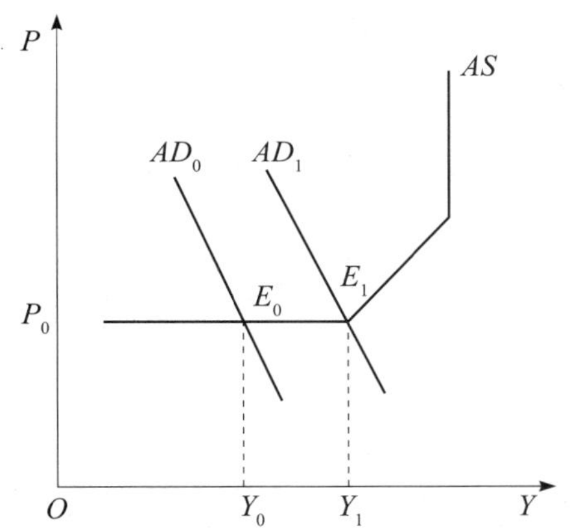

图 7-5　总需求曲线变动与凯恩斯总供给曲线

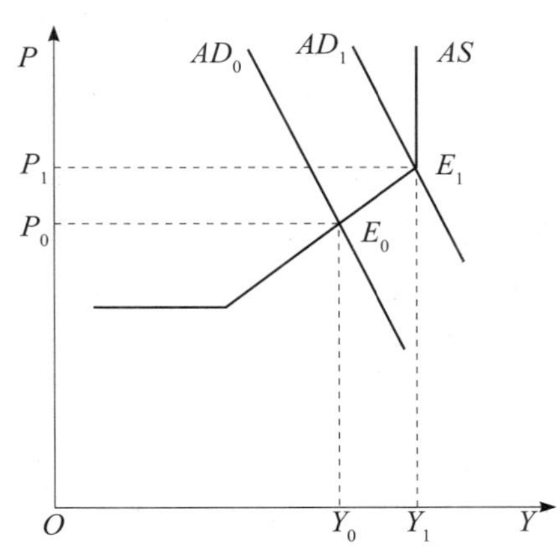

图 7-6　总需求曲线变动与短期总供给曲线

充分就业时的总需求（AD_f）是指全社会资源达到充分利用、没有失业时的总需求，又叫潜在总需求。充分就业时的国民收入是指充分就业时的总需求（AD_f）与潜在总供给曲线（长期总供给曲线）均衡时决定的国民收入水平（Y_f）。

请看图 7-8，当实际总需求曲线为 AD_1 时，价格水平和国民收入处在较低水平（P_1，Y_1）；当实际总需求曲线为 AD_2 时，价格水平和国民收入增加（P_2，Y_2）；当实际总需求曲线为 AD_3 时，与 AD_f 相比，价格上升了（P_3），但国民收入没增加，仍为 Y_f。只有当实际总需求曲线等于充分就业时的总需求曲线或潜在的总需求曲线时，才实现了资源的充分利用，是既无通货膨胀又无失业的国民收入均衡，即

当 $AD=AD_f$，$Y=Y_f$ 时，充分就业；

当 $AD=AD_1$，$Y=Y_1$ 时，存在失业；

当 $AD=AD_2$，$Y=Y_2$ 时，价格水平、国民收入和就业逐渐上升；

当 $AD=AD_3$，$Y=Y_f$ 时，通货膨胀。

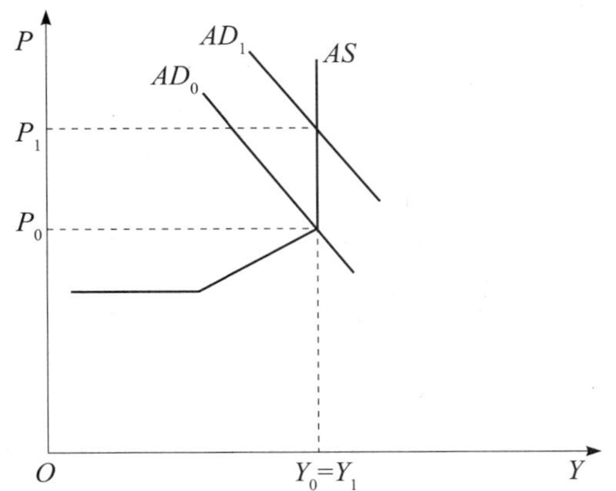

图 7-7　总需求曲线变动与短期总供给曲线

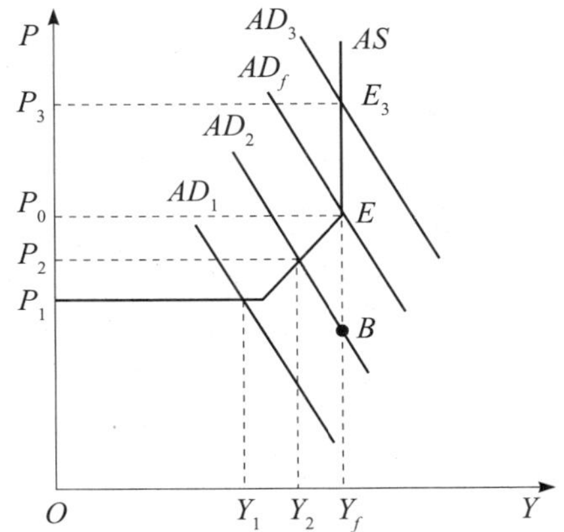

图 7-8　充分就业时的总需求和国民收入

充分就业的国民收入与均衡国民收入水平之差，即 Y_f-Y_1 或 Y_f-Y_2，是国内生产总值缺口，此时存在失业。国内生产总值缺口的存在是由于实际总需求曲线低于充分就业时的总需求曲线，即 $AD_2<AD_f$。AD_f 到 AD_2（即 BE）可称为通货紧缩缺口（紧缩

缺口），在这之上 AD_f 到 AD_3（即 EE_3）可称为通货膨胀缺口（膨胀缺口）。

三、总供给变动对国民收入与价格水平的影响

假定总需求曲线不变，总供给曲线有三种情况（水平线、斜线、垂直线），反映了短期总供给曲线对价格水平和国民收入的影响。

短期总供求模型如图 7－9 所示。短期总供给曲线的变动与实际国民收入呈同方向变动，而与价格水平呈反方向变动。

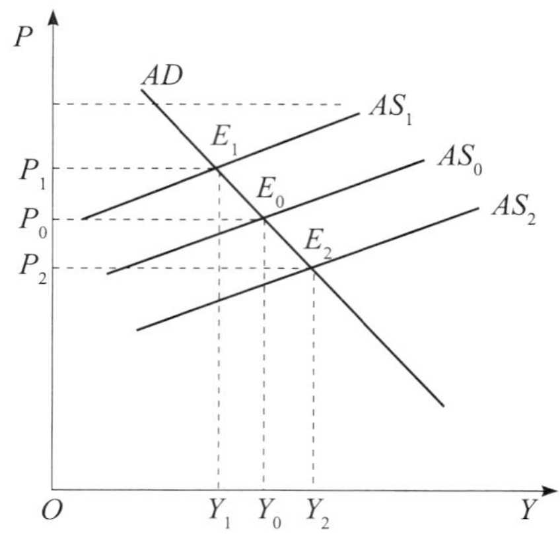

图 7－9　短期总供给曲线的变动对实际国民收入和价格水平的影响

案例与实践

石油供给的减少与石油价格的上升

原油是生产许多物品和劳务的关键投入，它已经成为一国经济发展中不可缺少的因素，所以石油价格的变化对许多国家的经济产生了很大的影响。在欧洲存在一个主要利用石油生产许多产品的国家，该国经济中一些大的波动就主要源于石油价格的变化。

20 世纪 70 年代中期，为了阻止石油价格的不断降低，中东地区的主要产油国组成了一个卡特尔组织——欧佩克。欧佩克成功地提高了石油价格：从 1973 年到 1975 年，石油价格几乎翻了一倍；从 1978 年到 1981 年，石油价格翻了一倍还多。石油输入国情况就不同了，由于石油供给的减少和石油价格的上升，这些国家生产汽油、轮胎和其他产品的企业成本迅速上升，而产品的价格不能同步迅速做出反应，所以这些企业都大量减少产量，或者干脆停业或破产。

通过我们对总供给的分析，你应该了解了石油价格上升对总供给的影响机制了。

四、总供求模型的运用

总供求模型是分析宏观经济问题的有用工具。总供求曲线左右移动会对价格水平、国民收入和就业产生不同的影响。

（一）总需求曲线变动对国民收入和就业的影响

1. 总需求增加减少失业（总需求曲线在凯恩斯区域右移）

刺激总需求的政策效果是“凯恩斯效应”。在总供给曲线水平线区域，凯恩斯认为，如果国民收入均衡处于未实现充分就业前，由于生产能力过剩、需求不足，采取刺激需求、赤字政策、“破窗挖坑”政策不会引起通货膨胀，总需求变动只引起国民收入和就业的增减，扩张性财政和货币政策有利于国民收入和就业的增加。

图 7－5 说明了刺激需求政策使总需求曲线向右移动的效果，即总需求变动只引起国民收入增加，不会引起价格上升。总需求曲线由 AD_0 移到 AD_1，国民收入和就业增加了（$Y_0 \rightarrow Y_1$），价格仍然是 P_0。

2. 刺激总需求政策效果（总需求曲线右移）

刺激总需求的政策效果是“高涨”。在短期总供给曲线斜线区域，运用凯恩斯需求工具——赤字财政政策会刺激总需求曲线右移，国民收入、就业、价格增加。在图 7－6 中，赤字财政政策使总需求曲线右移，总需求曲线由 AD_0 移到 AD_1，国民收入和就业增加了（$Y_0 \rightarrow Y_1$），价格也从 P_0 上升到 P_1。

3. 过度需求引发通货膨胀（总需求曲线在总供给曲线垂直区域右移）

在长期总供给曲线垂直线区域，图 7－7 说明了总需求曲线变动在资源被充分利用以后，总需求增加引起过度需求，过度需求只引起通货膨胀，而总供给、国民收入水平和就业不变。相反，如果总需求曲线在总供给曲线三个区域左移，必然会引起国民收入和就业不同程度的下降（就业严重萎缩、同时衰退、通胀下降）。

（二）总供给曲线变动对国民收入和就业的影响

1. 限制总供给政策效果（短期总供给曲线左移）

限制总供给的政策效果是滞胀。限制总供给导致总供给曲线左移造成滞胀。滞胀是指国民收入和就业下降、失业上升与通货膨胀并存的经济状况。

在图 7－9 中，短期总供给曲线从 AS_0 向左移到 AS_1 的位置，均衡点从 E_0 移到 E_1，实际国民收入从 Y_0 降至 Y_1，价格水平从 P_0 上升到 P_1。总供给曲线向上移动是西方国家经济发生滞胀的重要原因。20 世纪 70 年代中期，美国经济的第一次滞胀，主要原因就是遭到强烈的“供给冲击”。当时谷物严重歉收，加之向苏联出口大量小麦，使粮食供给不足，粮价猛升。与此同时，石油输出国组织大幅度控制石油产量，提高石油价格，这不仅使能源价格上升，而且使石油制品价格上升，从而使许多产品成本增加。因此，总供给曲线向右移动，从而造成严重的滞胀，国民收入下降（生产停滞）和物价上涨（通货膨胀）两种情况同时发生。

2. 刺激总供给政策效果（短期总供给曲线右移）

刺激总供给的政策效果是繁荣。应对通货膨胀和滞胀，相对于需求政策（通货膨胀与就业同时衰退），如果采取刺激总供给政策，效果就会大不一样（通货膨胀下降、国民收入和就业上升）。刺激总供给（财政税收优惠政策、财政补贴政策、放松管制政策、产业政策），总供给曲线下移，价格下降，国民收入增加，滞胀得以克服。这就是“供给经济学”的主旨所在。供给经济学者建议采用减税、放松管制等措施来增加供给，以达到增加产出和降低物价的目的。这种理论引起了西方经济学界的争论。

3. 长期总供给曲线右移与生产能力的提高（垂直线总供给曲线右移）

提升生产能力的长期发展战略——潜在总供给曲线右移。充分就业时的总供给曲线或潜在总供给曲线（AS 线的垂直部分）的突破，社会生产能力的提高，可以依靠组织创新、结构调整、技术发明、科技运用以及新材料、新能源的使用实现。

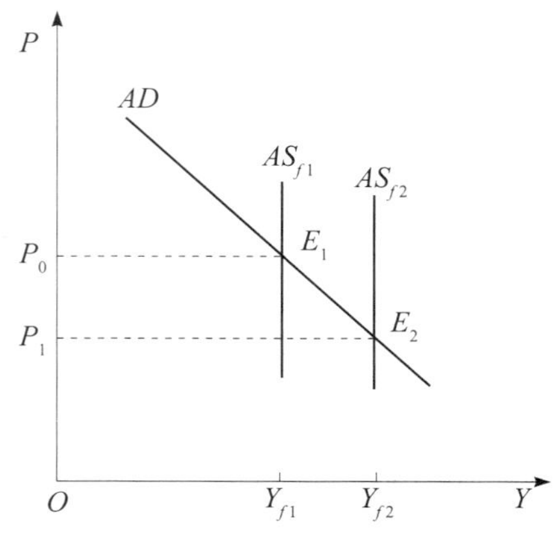

图 7－10　生产能力提高与潜在国民收入

请看图 7－10，假设原来充分就业时的国民收入为 Y_{f1}，价格水平为 P_0。如果由于生产能力上升，总供给曲线发生位移，即从 AS_{f1} 移到 AS_{f2}，则充分就业时的国民收入增加到 Y_{f2}，价格水平下降到 P_1。所以，从动态考察，一国经济竞争力和国力的增加、社会生产能力的提高，实际上就是潜在总供给的增加和充分就业时的总供给曲线的右移。

即问即答

总供求模型的运用

运用总供求模型，一方面可以分析总供给曲线或者总需求曲线变动引起的均衡、价格、国民收入、就业变动及相应的政策后果（滞胀、繁荣、衰退、高涨）；另一方面，运用总供求模型，可以通过“价量变动方向组合”（P 与 Y 变动方向的不同组合）判断价格变化、经济波动以及分析繁荣、滞胀、衰退、高涨的原因。

请问：如何根据“价量变动方向组合”判断房价变动的大致原因？

答：房价涨跌归纳起来有两方面的原因：

（1）供给方面：“价跌量升”（P↘，Q↗），“繁荣”乃减税、放松管制、科技进步、结构调整、组织创新等“总供给管理政策”（曲线右移）所致；“价升量跌”（P↗，Q↘），“滞胀”乃征税、管制、企业成本上升等“总供给冲击”（曲线左移）所致。

（2）需求方面：“价量齐跌”（P↘，Q↘），“衰退”乃紧缩性“总需求抑制政策”（曲线左移）的结果；“价量齐升”（P↗，Q↗），“高涨”乃扩张性“总需求刺激政策”（曲线右移）的结果。

背景资料

宏观经济学的产生

宏观经济学是微观经济学的对称，它是以整个国民经济为考察对象，研究经济中的收入、就业、价格等有关总量的决定及变动，因其解释经济中的失业、通货膨胀、经济波动与经济增长以及国际收支和汇率等经济现象，故又称总量经济学。

在20世纪30年代以前，传统的西方经济理论主要研究市场中个体经济单位的行为。正如本书所论证的那样，新古典的西方经济学认为完全竞争的市场经济可以实现帕累托最优，实现有效的资源配置，即使出现市场失灵，也可以借助政府的微观调节，最终使得经济达到有效状态。然而，30年代发生的经济持续萧条宣告了传统理论的失败，同时孕育了西方经济学的一场变革。在这场变革中，凯恩斯在总结西方国家干预政策实践的基础上于1936年出版了具有划时代意义的《就业、利息和货币通论》（以下简称为《通论》），从理论上阐明了经济处于低于充分就业均衡的原因及可能的对策，从而奠定了宏观经济学的基础。

随后，特别是在第二次世界大战以后，西方各国政府加强了对经济生活的全面干预。适应于这种需要，西方经济学家以凯恩斯的《通论》为基础，对凯恩斯建立的宏观经济学加以研究，其中主要是美国的新古典综合派经济学家，如汉森、萨缪尔森、莫迪尼亚尼、托宾、索洛等人。

但是，进入20世纪60年代末期以后，西方国家"滞胀"的出现使凯恩斯主义宏观经济学的地位大不如前。一些新的非凯恩斯主义的宏观经济学相继出现，形成了对凯恩斯理论的夹攻，其中尤以货币主义和新古典宏观经济学最为突出。90年代以后，凯恩斯主义在吸收各派观点的基础上，逐渐形成新凯恩斯主义宏观经济学，试图以新的综合重新回到主流。

本章小结

1. 从支出角度计算GDP，它包括消费支出、投资支出、政府支出、净出口，即总支出；从收入角度计算GDP，它包括工资、租金、利息、利润、税收、资本折旧，即收入，总收入最终分成消费、储蓄、税收。

2. 总供求决定GDP。GDP的变化将引起失业率和价格水平的变化，所以GDP、失业率、通货膨胀率是三个最重要的宏观经济变量，而GDP、失业率、通货膨胀率是由总需求与总供给决定的。潜在的GDP反映了长期内既定资源和技术条件下的最大生产潜力。现实的GDP可能大于、小于、等于潜在的GDP。

3. 总供求模型是指用总供给曲线与总需求曲线模型来说明国内生产总值、价格水平乃至整个经济的波动。

思考题

1. 短期总供给曲线为什么向右上方倾斜？（提示：资源接近充分利用，国民收入和资源价格随着总需求上升而增加）

2. 什么因素会引起总需求曲线向右移动？用总供求模型说明这种移动对价格水平和国内生产总值及就业量的影响。（提示：财政和货币政策、消费、投资、出口、预期等都会影响总需求；注意资源未被充分利用、短期、长期三种不同情况下的不同影响）

3. 在任何时期内，实际发生的消费和储蓄（$C+S$）一定等于消费和投资（$C+I$）。但是，假设我们在 2018 年 1 月 1 日，考虑这一年的经济运动，即计划的、预期的消费和储蓄就不一定等于计划的、预期的消费和投资。出现这种不均衡时，国内生产总值的变化情况是怎样的？（提示：如果 $S>I$，GDP 减少；如果 $S<I$，GDP 增加；如果 $S=I$，GDP 不变）

第八章　凯恩斯的国民收入决定理论

学习目标

知识要求：了解总需求的构成；理解引起国民收入变动的因素，即消费函数、储蓄函数、投资函数、乘数理论；掌握简单凯恩斯模型。

技能要求：知道消费与储蓄对国民收入的不同影响；了解乘数原理及其作用；会用凯恩斯模型说明国民收入的决定。

开章案例

破窗经济和乘数效应

某商店的一块玻璃被打破了，店主花 1 000 元买了一块新玻璃换上。玻璃店老板得到 1 000 元收入，假设他支出其中的 80%，即 800 元用于买衣服，服装店老板得到 800 元收入。再假设服装店老板用这笔收入的 80%，即 640 元用于买食物，食品店老板得到 640 元收入。食品店老板又把这 640 元中的 80%用于支出……如此一直循环下去，你会发现，最初是商店老板支出了 1 000 元，但经过不同行业的收入与支出行为之后，总收入增加了 5 000 元。其原因何在？乘数效应回答了这一问题。

投资乘数是指最初投资增加所引起的国民收入增加的倍数。在该案例中，最初的投资就是玻璃店老板购买玻璃的 1 000 元。这种投资的增加引起的服装店、食品店等部门收入增加之和为 5 000 元，所以乘数就是 5（5 000 元除以 1 000 元）。一笔投资增加所引起的国民收入成倍增加就是宏观经济学中的乘数效应。

经济中为什么会有乘数效应呢？国民经济中各部门之间是相互关联的，一个部门的支出就是另一个部门的收入。循环下去，一个部门支出的增加就会引起国民经济各部门收入与支出的增加，最终使收入的增加是最初支出增加的倍数。

在“破窗经济”中，乘数是 5。为什么乘数是 5 而不是其他数呢？乘数效应的大小取决于边际支出倾向（边际消费倾向）的大小。在该案例中，当边际支出倾向为 0.8 时，乘数是 5，如果将边际支出倾向改为 0.5，乘数就变为 2。可以看出，边际支出倾向越大，乘数越大。

“破窗经济”只是个例子，如果把这个例子换为财政支出增加，你就可以看出乘数效应有多么重要了。假定政府支出 100 亿元用于基础设施建设，支出会带动建筑、原材料等各部门收入与支出的增加。近年来，我国政府加大基础设施投资支出，带动整个经济好转，这正是乘数效应在发挥作用。

讨论题

一方面，消费和投资可以引起国民收入和就业增加（按乘数增加）；另一方面，消费和投资增加又可能导致总需求和物价上升，在什么情况下总需求增加会导致通货膨胀？

第一节　总需求的构成

第七章分析了总需求与总供给以及由二者相互作用决定的均衡国民收入。但是，凯恩斯认为，在短期内，决定国民收入的基本力量是总需求，导致失业、经济萧条的根本原因是总需求不足。所以，国民收入决定理论把重点放在对总需求的分析上，分析总需求的构成、变动及对国民收入的影响。

一、“凯恩斯革命”

20 世纪 30 年代初的经济大萧条使 3 000 多万人失业，1/3 的工厂停产，金融秩序一片混乱，整个经济倒退到第一次世界大战前的水平。经济大危机中，产品积压，工人失业，生活困难，绝大多数人感到前途渺茫，一位工人曾说：“我唯一感到安慰的是，再也没有什么可失去的了，情况再也不会比这更糟了。”

持续的经济衰退和普遍的失业，使传统的经济学遇到了严峻挑战。一直关注美国罗斯福新政的英国经济学家凯恩斯从一则古老的寓言中得了启示。这则寓言是这样说的：从前，有一群蜜蜂过着挥霍、奢华的生活，整个蜂群兴旺发达，百业昌盛。后来，它们改变了原有的生活习惯，崇尚节俭、朴素，结果社会凋敝，经济衰落，终于被敌手打败而逃散。

凯恩斯从这则寓言中悟出了需求的重要性，建立了以需求为中心的国民收入决定理论，并在此基础上引发了经济学上著名的“凯恩斯革命”。这场革命的结果就是建立了现代宏观经济学。

凯恩斯在进行需求分析时，有三个重要的假设：

第一，总供给不变。假定各种资源没有得到充分利用，总供给曲线处于水平线区域，总需求的增加可以引起均衡国民收入上升，即总供给随着总需求的增加而增加，总供给不发生线移动，也就是不考虑总供给对国民收入决定的影响。

第二，潜在国民收入即充分就业时的国民收入水平不变。

第三，价格水平既定。

凯恩斯勋爵

二、总需求的四个部分

我们知道，总需求表示在一定的收入水平、价格水平等条件下，消费者、企业、政府和外国想要购买的本国生产的物品和劳务的总量。所以，它由消费、投资、政府支出和净出口四部分构成。总需求是一定时期内整个经济中的计划总支出。计划支出与实际支出有时并不一致。例如，某时期某企业计划不增加存货投资，但由于消费者对其产品的需求意外下降，销量减少，存货增加，存货投资实际大于计划。

（一）消费

消费是指居民对产品与劳务的需求或支出，包括耐用消费品支出、非耐用消费品支出、住房租金以及对其他劳务的支出。根据对西方经济学家对长期消费统计资料的分析，在总需求中，消费需求是相当稳定的。

（二）投资

投资是指厂商对投资品的需求或支出，包括企业固定投资（用于厂房、设备等固定资产的投资）、存货投资（用于原材料、半成品及未销售的产成品的投资）以及居民住房投资。投资在经济中的波动相当大。

（三）政府支出

这里的政府支出是指政府对各种产品与劳务的需求，或者说是政府购买产品与劳务的支出。随着国家对经济生活干预的加强，总需求中政府支出的比例一直在提高。

（四）净出口

在分析国民收入的决定时，出口是指净出口，即出口与进口之差。

总需求的构成

三、消费函数

假设消费者的所有可支配收入都用于消费和储蓄，储蓄就是没有用于消费的那部分收入，那么，是什么因素决定着消费和储蓄？这是消费函数和储蓄函数要讨论的问题。

消费函数是消费与收入之间的依存关系。在其他条件不变的情况下，消费支出随收入的变动而呈同方向变动，即收入增加，消费增加；收入减少，消费减少。消费由收入决定。如果以 C 代表消费，Y 代表收入，则 $C=bY$，其含义是：（1）消费是收入的函数，消费由收入决定；（2）收入中用于消费的比例由 b 决定，Y 决定消费的绝对量，b 的大小决定消费的相对量；（3）b 被称为边际消费倾向，凯恩斯认为边际消费倾向存在递减的趋势，即随着收入的增加，增加的收入中用于消费的部分越来越少。

此外，还有一种消费叫自主消费，它不受收入约束，是一个确定的数量（常数），即使收入为零，也要消费，自主消费用 a 表示。这样，消费函数就是：

$$C=a+bY$$

由于 $Y=C+S$，可得 $S=Y-C$，这样，储蓄函数就是：

$$S=-a+bY$$

由于储蓄就是没有用于消费的那部分收入，若增加的收入中有 80%用于消费，则余下的 20%就用于储蓄。所以，边际消费倾向＋边际储蓄倾向＝1 或者边际储蓄倾向＝1－b。

即问即答

消费函数

已知消费函数：$C=400+0.8Y$，其中，C 是变量消费，400 是自主消费，Y 是变量收入，0.8 是边际消费倾向。

要求：（1）请解释该消费函数。

（2）写出储蓄函数并计算边际储蓄倾向。

(3) 计算边际消费倾向与边际储蓄倾向之和。

答：(1) 消费函数表示消费是收入的函数，消费由收入决定。自主消费不受收入约束，是一个确定的数量，即使收入为零，也要消费，即自主消费 $a=400$。收入中用于消费的比例由 b 决定，Y 决定消费的绝对量，b 的大小决定消费的相对量，$b=0.8$ 被称为边际消费倾向，凯恩斯认为边际消费倾向存在递减的趋势，即随着收入的增加，增加的收入中用于消费的部分越来越少。例如，已知：$a=400$，b 由 0.8 变为 0.5，则消费函数就由 $C=400+0.8Y$ 变为 $C=400+0.5Y$，其经济学含义是：增加任何单位的收入，消费的增量占收入增量的比重从 80%降低到 50%。

(2) 由 $Y=C+S$，得 $S=Y-C=Y-(400+0.8Y)=-400+0.2Y$，故储蓄函数 $S=-400+0.2Y$，边际储蓄倾向为 0.2。

(3) 边际消费倾向与边际储蓄倾向之和 $=0.8+0.2=1$。

知识库

消费与收入的关系——三种有影响的理论

1. 凯恩斯的收入理论

凯恩斯在《就业、利息和货币通论》一书中提出，如果其他情况保持不变，随着家庭收入的提高，平均消费倾向趋于下降，家庭的收入水平越高，平均来看，其消费所占的比例则可能越小，即 C/Y↘，而平均储蓄倾向趋于上升，即 S/Y↗。推论是：低收入的家庭可能把其收入的绝大部分用于消费；高收入家庭的消费可能仅占其收入的较小比例。

2. 弗里德曼的持久收入理论

美国经济学家米尔顿·弗里德曼于 1957 年提出持久收入理论，把研究的重点放在一个家庭着眼于未来若干年内的持久收入上，而不是它的现期收入上。弗里德曼认为，家庭的消费主要取决于它的持久收入（长期的平均预期收入），而不是它的现期收入（暂时收入），多数家庭希望在长期内保持消费水平的相对稳定。

持久消费是指家庭在长期计划中确定的正常消费。暂时消费是指不在家庭计划中的暂时性消费，它可能是正值，也可能是负值，取决于家庭在正常消费基础上是增加了消费还是减少了消费。任何时期内，家庭的消费等于持久消费加上暂时消费。

持久收入理论强调的正是持久收入和持久消费之间的这种固定比例，并借此来说明经济中的总收入与消费或储蓄之间的比例关系。

3. 杜森贝的相对收入理论

相对收入理论是由美国经济学家 J. S. 杜森贝于 1947 年提出来的。这种理论的基本观点体现在两个相对收入假设中。

第一个假设认为，一个家庭在决定其消费时，主要参考的是其他具有同等收入水平的家庭的消费，即家庭的消费在收入中所占的比例取决于它在收入分配中的相对地位。

如果一个家庭收入的增加与在同一收入水平上其他家庭收入的增加保持相同速率，这个家庭与其他家庭之间在收入方面的相对地位没有改变，那么在它的收入中，消费和储蓄所占的比例将保持不变。如果一个家庭的收入增长慢于其他家庭的收入增长，这个家庭对于其他家庭的收入地位下降了，可是它仍将维持其他家庭的平均消费标准，因而消费在其收入中占的比例将上升。相反，如果一个家庭的收入增长快于其他家庭的收入增长，这个家庭相对于其他家庭的收入地位上升了，它仿效其他家庭的消费行为将使消费在其收入中所占的比例下降。这种模仿或攀比别人的消费行为，杜森贝认为是示范作用的结果。由于在家庭消费中存在示范作用，所以当收入提高时，平均消费倾向并不一定下降。

第二个假设认为，家庭在本期的消费不仅受本期收入的绝对水平和相对地位的影响，而且受它在以前时期已经达到的消费水平的影响。杜森贝认为，对于一个家庭来说，降低它曾达到的消费水平要比缩小储蓄在收入中所占的比例更为困难。因此，当收入发生变动时，家庭宁可改变储蓄来维持消费的稳定。

相对收入理论从短期消费行为和长期消费行为两个方面考察消费在家庭收入中所占比例的变化。从短期看，消费在收入中所占比例与收入呈反方向变化，即收入减少时，平均消费倾向上升；收入增加时，平均消费倾向下降。从长期看，消费在收入中所占的比例保持不变。

知识库

恩格尔定律

在西方经济学中，描述消费这种构成变化的一个著名定律是恩格尔定律，它是由19世纪德国统计学家厄恩斯特·恩格尔提出来的。这个定律的要点是：（1）一个国家中，家庭的平均收入越少，平均用在购买食物上的费用在消费中所占的比例越大；随着收入的上升，用于食物的开支所占的比例下降。（2）随着收入的上升，用于住房的开支所占的比例基本上保持不变。（3）随着收入的上升，用于奢侈品的开支所占的比例上升。

四、投资函数

（一）投资对象

在国民收入核算中，投资包括生产性固定资产投资（包括厂房的建造和机器设备的购置与安装）、住宅投资和存货投资。在美国历年的投资总额中，平均来说，厂房和机器设备上的固定资产投资约占70%，住宅投资约占25%，存货投资略高于5%。不同投资对投资波动具有不同影响。

（二）投资分类

重置投资又称更新投资，是指用来补偿损耗掉的资本设备的投资，在价值上以提取折旧的方式进行，重置投资取决于原有的资本存量。净投资是指扩大资本存量进行的固定资产和存货投资。净投资是为了弥补实际资本存量与理想资本存量之间的缺口而进行的投资，它可以为正值、负值和零。净投资、重置投资与总投资的关系如下：

总投资＝净投资＋重置投资

（三）投资函数

1. 投资函数 $I=I(i, r)$

投资首先取决于市场利率，并且随着利率的降低而逐渐增加，即投资是利率的减函数。以 I 表示经济中的投资，r 表示利率，则投资函数可以一般地表示为：$I=I(r)$。受利率影响的投资称为引致投资。

其次，投资还取决于预期投资收益率（i），当利率不变时，预期投资收益率与投资呈同方向变动。受预期投资收益率影响的投资不随利率的变动而变动，因而称其为自主投资。

投资函数以线性的形式表示出来为：$I=I_0-dr$。其中，d 是一个常数；I_0 不随利率的变动而变动，称为自主投资；$-dr$ 则是由利率变动引发的投资，称为引致投资。

投资需求取决于预期投资收益率（i）和市场利率（r），用函数公式表示为：$I=I(i, r)$。

2. 资本边际效率

凯恩斯用资本边际效率说明投资需求的决定。

资本边际效率是使资本资产在未来各年预期收益的现值之和等于资本资产的购买价格的贴现率。

设 R_1，R_2，R_3，…，R_n 为年预期投资净收益流量；R_0 为本年资本资产的购买价格，即当年费用（$-R_0$）；i 为将来收益流量折成现值的贴现率。

这样，未来 n 年收入流量的现值之和是：

$$\frac{R_1}{(1+i)}+\frac{R_2}{(1+i)^2}+\frac{R_3}{(1+i)^3}+\cdots+\frac{R_n}{(1+i)^n}$$

而投资项目的净现值是：

$$\text{净现值}=-R_0+\frac{R_1}{(1+i)}+\frac{R_2}{(1+i)^2}+\frac{R_3}{(1+i)^3}+\cdots+\frac{R_n}{(1+i)^n}$$

如果净现值等于零，则投资项目既不盈利也不亏本，那么由公式：

$$R_0=\frac{R_1}{(1+i)}+\frac{R_2}{(1+i)^2}+\frac{R_3}{(1+i)^3}+\cdots+\frac{R_n}{(1+i)^n}$$

解出的 i 值就是资本边际效率。因此，资本边际效率实际上是使资本资产的购买价格等于它的预期收入流量的现值时的预期收益率。当资本边际效率高于利率时，投资才有利可图，所以，投资取决于资本边际效率与利率之差。

投资与利率的关系是：利率提高会导致投资需求减少；反之，利率降低会使投资需求增加。利率决定着投资成本，利率上升使得投资成本提高，投资与利率之间存在着负相关关系。当企业投资使用的是自有资金时，投资也受利率影响，因为企业要考虑不同用途的机会成本，如果投资的收益率低于利率，企业会选择其他途径为资金找出路，如购买政府债券、基金等。

根据投资需求与利率的关系，我们可画出一条曲线，即投资需求曲线，见图 8-1。图 8-1 表示投资需求与利率之间的关系，当利率发生变动时，投资需求沿着这条曲线移动。当利率（r）以外的因素（企业所得税、对未来经济的预期、投资收益、通货膨胀等）发生变化时，将引起投资曲线向左或向右移动。

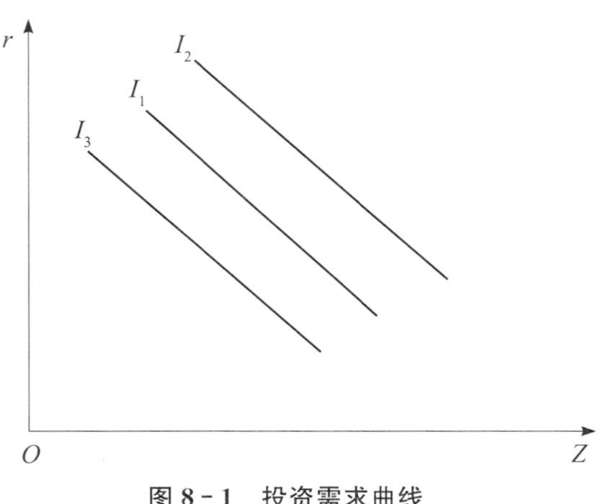

图 8-1 投资需求曲线

第二节 总需求与国民收入的决定与变动

一、总需求与国民收入的决定

总需求由消费支出和投资支出构成（暂不考虑政府和进出口）。现在假定价格不变，在图 8-2 中，纵轴是总需求或总支出，$AD=AE$；横轴是总供给、国民收入或收入，$AS=GDP=Y$；45°线上的任何一点表示总收入（总供给）与总支出（总需求）相等，即收支线。

在图 8-2 中，曲线 C 是实际的消费曲线，它表示在不同的收入水平上居民想要或计划用于消费的支出。如果消费函数是线性的，则 $C=a+bY$，其中，a 是自主消费，$a>0$；b 是边际消费倾向，$0<b<1$。

在各个产出水平上，投资支出保持不变（自发投资），总支出曲线 $C+I$ 平行于消费曲线 C，它等于消费曲线 C 和投资曲线 I 垂直相加之和，即 $Y=C+I=a+bY+I$。

这样，凯恩斯国民收入决定模型可以表示为：

$$Y=C+I$$

或者

$$Y=(a+I)/(1-b)$$

请看图 8-3，实际总需求曲线（AD_0）与 45°线相交于 E 点，在 E 点右边，居民计划的消费和厂商计划的投资小于总供给，这会促使企业缩小生产规模，企业存货下降，总供给下降，直到降至均衡点；在 E 点左边，居民计划的消费和厂商计划的投资大于总供给，这会促使企业扩大生产规模，供给趋于上升，直到等于均衡水平 E 及 Y_0。在 E 点，居民计划消费加上企业投资恰好等于总供给，即总供给等于总需求，均衡状态的国

民收入是 Y_0。

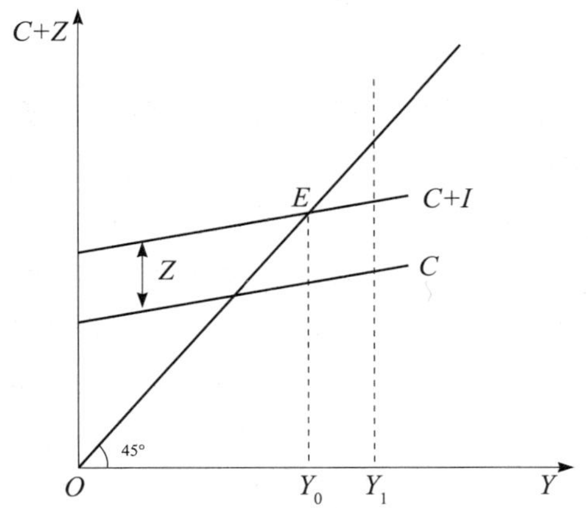

图 8-2 消费和投资如何决定国民收入

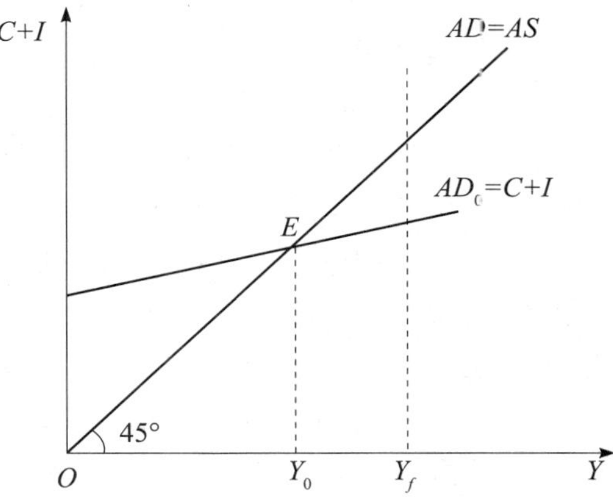

图 8-3 总需求与国民收入的决定

所以，总需求小于或大于总供给，都会促成总供给的调整，当总需求等于总供给时，国民收入（总产出量）既不增加也不下降，处于均衡状态，由此决定了均衡的国民收入 Y_0，即 $Y_0=C+I$，国民收入是均衡时的国民收入（总需求曲线 AD_0 与 45°线相交，E 点决定的国民收入）。

即问即答

什么是简单凯恩斯模型？怎样用方程表示简单凯恩斯模型？简单凯恩斯模型的含义是什么？

答：简单凯恩斯模型是当仅仅考虑厂商和家庭而不考虑外贸和政府两个部门时，国民收入决定的简单模型。当总需求等于总供给时，均衡状态下总收入等于总支出，表示为 $Y=C+I$，其中 Y 为总收入或者国民收入，$C+I$ 为总支出，由消费支出和投资支出构成；在 $Y=C+I$ 中，消费由收入决定，当 $C=a+bY$ 时，国民收入均衡条件或者简单凯恩斯模型表示为：$Y=(a+I)/(1-b)$，其经济学含义是：国民收入与自主消费 a、自主投资 I、边际消费倾向 b 成正比。

二、总需求与国民收入的变动

既然国民收入是均衡的国民收入，那么，若总需求变动、均衡点移动，由此决定的均衡国民收入也会发生变化。导致总需求发生变化的原因是投资、消费、政府支出、净出口的变动。如果只考虑消费和投资，那么，影响消费和投资的收入、边际消费倾向、利率、预期、资本边际效率等因素的变动，都会引起总需求的变动。

总需求的变动有两种情况：第一，总需求曲线的斜率发生变化；第二，总需求曲线平行上移或下移。

边际消费倾向直接影响消费支出，进而影响总需求曲线的斜率。

当边际消费倾向增大时，总支出曲线的斜率增大，从而使总支出曲线向上转移。如图 8－4 所示，总支出曲线从 $C+I_0$ 向上转移到 $C+I_1$。新的总支出曲线 $C+I_1$ 与 45°线的交点 E_1 表示新的均衡点，国民产出的均衡水平从 Y_0 增加到 Y_1。

当边际消费倾向减少时，总支出曲线向下移动，总需求减少，国民产出的均衡水平降低。

总需求曲线的平行移动是由于消费曲线和投资曲线的平行移动。消费曲线的平行移动是由于人们的平均消费倾向的变动，投资曲线的平行移动是由于私人投资的增减。在图 8－5 中，总需求曲线向上方移动，即从 AD_0 移动到 AD_1，表示总需求增加；总需求曲线向下方移动，即从 AD_0 移动到 AD_2，表示总需求减少。当总需求为 AD_0 时，决定了国民收入为 Y_0；当总需求为 AD_1 时，决定了国民收入为 Y_1。$Y_1>Y_0$，这就说明由于总需求水平由 AD_0 增加到 AD_1，而使均衡的国民收入水平由 Y_0 增加到 Y_1。当总需求为 AD_2 时，决定了国民收入为 Y_2。$Y_2<Y_0$，这就说明由于总需求水平由 AD_0 减少到 AD_2，而使均衡的国民收入水平由 Y_0 减少到 Y_2。

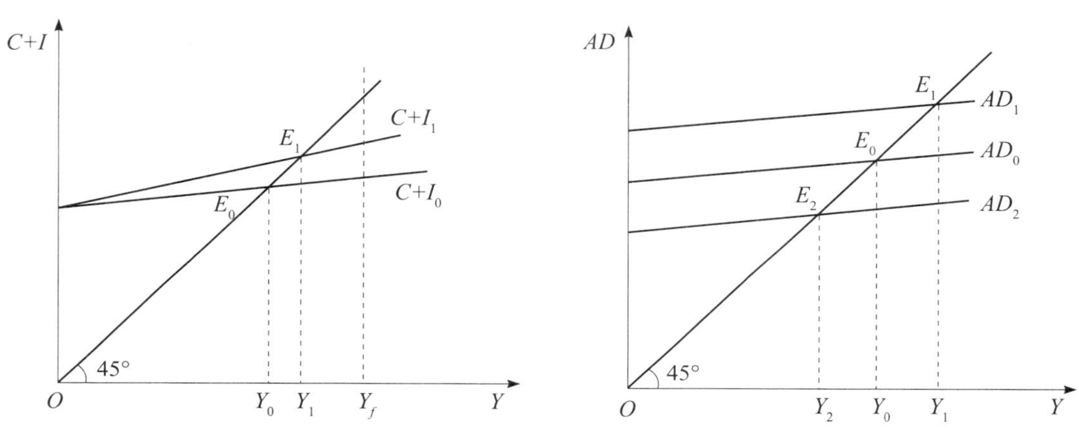

图 8－4　边际消费倾向的变化对国民收入的影响　**图 8－5　消费与投资的平行移动对国民收入的影响**

总需求的变动对国民收入的影响也可用总供给-总需求模型来直观地表示。如图 8－6所示，总需求变动在凯恩斯总供给曲线区域内，即总需求的变动只引起国民收入的增减，而不会引起价格水平的波动。

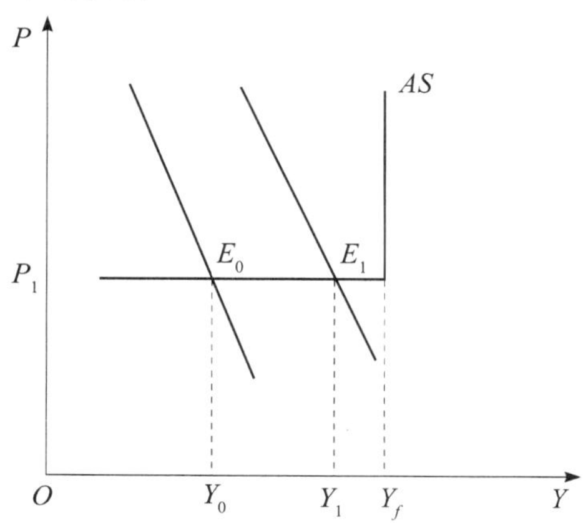

图 8－6　由总供给-总需求模型来说明总需求的变动

知识库

国民收入的注入与漏出

图 8-6 表明，投资和消费的增减引起总需求变化，进而影响国民收入的增减变化，也就是说，可将投资和消费看成国民收入的注入。同理，政府支出、净出口也都是对国民收入的注入，公式 $Y=C+I+G+(X-M)$ 右边每个变量的改变都会引起国民收入呈同方向的变动。

从收入法角度来看，国民收入由全体居民的收入组成，所有的工资、利润、利息、地租形成的总收入或总供给最终会用于消费或储蓄。当总收入或国民收入既定时，消费与储蓄呈反方向变动，即当国民收入等于 Y_0 时，总供给为 $C+S$，即消费与储蓄之和，则：

$$C+S=Y_0=C+I$$

当国民收入 Y_0 不变时，C 与 S 之间此消彼长，即消费增加，储蓄减少；消费减少，储蓄增加。当储蓄增加时，消费减少，总需求下降，进而国民收入下降；反之，当储蓄减少时，消费增加，总需求上升，进而国民收入增加。所以，储蓄的变动作为漏出引起国民收入呈反方向变动。如果考虑政府，那么，收入要分解为消费、储蓄和税收三部分。因而，税收同储蓄一样是国民收入的漏出。我们用图 8-7 来说明，因为 $C+I=C+S$ 可以简化为 $I=S$，假定 I 不变，则储蓄变动对国民收入变动的影响，很明显地表现为反向运动。

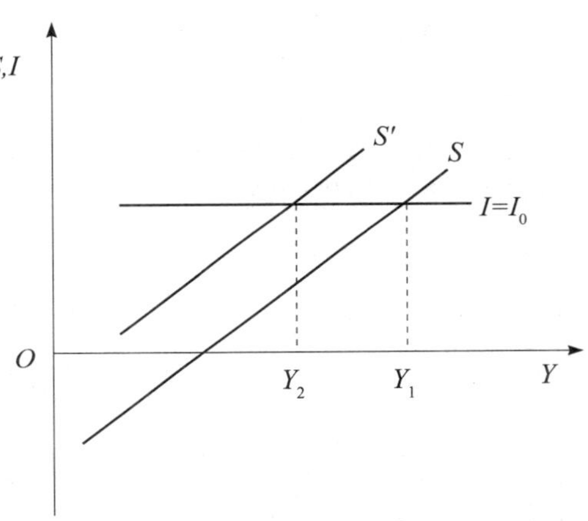

图 8-7 储蓄的变动与国民收入的决定

根据消费是一种注入、储蓄是一种漏出的思想，凯恩斯得出这样一个与传统的道德观相矛盾的推论：按照传统的道德观，增加储蓄是善的，减少储蓄是恶的。但按上述储蓄变动引起国民收入呈反方向变动的理论，增加储蓄虽会增加个人积蓄，对个人来说可能是好事，但会减少国民收入，使经济衰退，是恶的；而减少储蓄会增加国民收入，使经济繁荣，是善的。这种矛盾被称为"节俭悖论"。"蜜蜂的寓言"讲的就是这个道理。

应该指出的是，增加储蓄会使国民收入减少，减少储蓄会使国民收入增加的结论仅仅适用于各种资源没有得到充分利用、未实现充分就业、总供给曲线呈水平状、总供给可以无限增加的情况。如果各种资源得到了充分利用，要考虑到总供给的限制时，这一结论就不适用了。

第三节 乘数原理及政策分析

一、定义及例证

虽然上述分析说明了总支出的变动会引起国民收入的变动及其方向，但是没有说明这些变动的数量关系。当投资增加 100 万元时，国民收入增加多少呢？回答这个问题需要借助于乘数概念。

乘数是指自发总需求的增加所引起的国民收入增加的倍数，或者说是国民收入增加量与引起这种增加量的自主总需求增加量之间的比率。

在西方宏观经济学中，乘数定义为支出的自发变化所引起的国民收入变化的倍数。由于通常用国内生产总值衡量国民收入，乘数可以用公式表示为：

$$\text{乘数}=\frac{\text{国内生产总值的变化}}{\text{支出的变化}}=K$$

乘数的值大于 1。也就是说，因支出的自发变化而引起的国内生产总值的变化要几倍于支出的变化。因此乘数是一个数字，用它去乘支出的变化，会得到支出的变化所导致的国民产出变化的数字。

知识库

凯恩斯的乘数理论

假设某一经济社会增加 100 万美元的投资，并假设边际消费倾向为 4/5，当这 100 万美元被用来购置投资品时，它实际上是被用来购置制造投资品所需要的生产要素，因此，这 100 万美元以工资、利息、利润和租金的形式流入生产要素的所有者手中，即流入该社会的居民手中，从而，居民的收入增加了 100 万美元。这笔增加的收入代表增加 100 万美元的投资所造成的该社会收入的第一次增加。

由于该社会的边际消费倾向被假设为 4/5，所以当收入增加了 100 万美元时，它会把其中的 80$\left(100\times\frac{4}{5}\right)$万美元用于消费品。当用它购买消费品时，实际上是购买制造这些消费品的生产要素。因此，80 万美元会以工资、利息、利润和租金的形式流入生产要素所有者的手中。从而，该社会居民的收入增加了 80 万美元，这笔增加了的收入代表该社会收入的第二次增加。

同样的，由于该社会的边际消费倾向被假设为 4/5，所以当它的收入增加了 80 万美元时，它会把其中的 64$\left(100\times\frac{4}{5}\times\frac{4}{5}\right)$万美元用于消费，从而这笔消费代表该社会收入的第三次增加。

根据同样的说法，可以得到第四次增加的数值为 51.2 $\left(100\times\frac{4}{5}\times\frac{4}{5}\times\frac{4}{5}\right)$万美

元。如此类推，如表 8-1 所示。

表 8-1 乘数作用的过程

(1)	(2)	(3)
第一次	100	ΔI
第二次	$\frac{4}{5}\times 100=80$	$b\Delta I$
第三次	$\left(\frac{4}{5}\right)^2\times 100=64$	$b^2\Delta I$
第四次	$\left(\frac{4}{5}\right)^3\times 100=51.2$	$b^3\Delta I$
⋮	⋮	⋮
	$100+\frac{4}{5}\times 100+\left(\frac{4}{5}\right)^2\times 100+\left(\frac{4}{5}\right)^3\times 100+\cdots$	$\Delta I+b\Delta I+b^2\Delta I+b^3\Delta I+\cdots$

根据表 8-1 中的第（2）列，国民收入增加的总量为：

$$\begin{aligned}\Delta Y&=100+\frac{4}{5}\times 100+\left(\frac{4}{5}\right)^2\times 100+\left(\frac{4}{5}\right)^3\times 100+\cdots\\&=100\times\left[1+\frac{4}{5}+\left(\frac{4}{5}\right)^2+\left(\frac{4}{5}\right)^3+\cdots\right]\\&=100\times\left[\frac{1}{1-4/5}\right]=100\times 5=500\end{aligned}$$

在表 8-1 中的第（3）列，ΔI 代表投资增量，b 代表边际消费倾向，则：

$$\begin{aligned}\Delta Y&=\Delta I+b\cdot\Delta I+b^2\cdot\Delta I+b^3\cdot\Delta I+\cdots\\&=\Delta I\cdot(1+b+b^2+b^3+\cdots)\\&=\Delta I\cdot\left[\frac{1}{1-b}\right]\end{aligned}$$

$$\text{乘数}=\frac{\Delta Y}{\Delta I}=\frac{1}{1-b}=K$$

在我们的例子中，乘数 $=\frac{500}{100}=\frac{1}{1-4/5}=5$。它表示每增加 1 元投资将导致收入增加 5 倍。

二、乘数公式

如果以 ΔY 代表增加的收入量，以 ΔI 代表增加的投资量，以 K 代表乘数，则有：

$$K=\frac{\Delta Y}{\Delta I}$$

在上例中，ΔI 为 100 万美元，ΔY 为 500 万美元，所以：

$$K=\frac{500}{100}=5$$

如果以 Δ 代表消费的增加量，则：

$$\Delta Y=\Delta I+\Delta C$$

$$\Delta I = \Delta Y - \Delta C$$

由此，可以得出：

$$K = \frac{\Delta Y}{\Delta I} = \frac{\Delta Y}{\Delta Y - \Delta C} - \frac{\frac{\Delta Y}{\Delta Y}}{\frac{\Delta Y}{\Delta Y} - \frac{\Delta C}{\Delta Y}} = \frac{1}{1 - \frac{\Delta C}{\Delta Y}}$$

又因为 $1 - \frac{\Delta C}{\Delta Y} = \frac{\Delta S}{\Delta Y}$，所以：

$$K = \frac{1}{1 - \frac{\Delta C}{\Delta Y}} = \frac{1}{\frac{\Delta S}{\Delta Y}}$$

$\frac{\Delta C}{\Delta Y}$ 是边际消费倾向，所以乘数是 1 减去边际消费倾向的倒数，或者说是边际储蓄倾向的倒数。乘数与边际消费倾向成正比，与边际储蓄倾向成反比。

在西方宏观经济学中，投资乘数、政府购买乘数、对外贸易乘数计算公式都一样，假定以 ΔI 代表投资支出增量、政府购买支出增量、对外贸易净出口支出增量，则乘数公式为：

$$\text{投资乘数、政府购买乘数、对外贸易乘数} = \frac{\Delta Y}{\Delta I} = \frac{1}{1-b} = K$$

$$\text{政府转移支付乘数} = \frac{\Delta Y}{\Delta T} = \frac{b}{1-b} = K$$

$$\text{税收乘数} = \frac{\Delta Y}{\Delta T} = -\frac{b}{1-b} = K$$

破窗理论与挤出效应

三、乘数的政策效果

不同乘数反映了政策手段效果的差异，乘数的作用主要表现在解释国民产出的波动和用于制定宏观经济政策方面。例如，在经济萧条时期，政府可能采取扩张性宏观经济政策，如增加政府支出或通过增加货币供给和降低利率来提高投资水平，从而达到刺激总需求、提高国民收入水平、减少失业的目的。但是，支出应该增加多少才能使经济恰好达到充分就业水平呢？如果支出增加太少，对国民收入水平的提高影响不大，不足以解决经济中存在的失业问题；如果支出增加太多，对经济刺激过大，国民收入水平会超过充分就业水平，这时虽然失业问题解决了，但又会产生通货膨胀问题。因此，运用适当而有效的宏观经济政策，需要对支出变化和由它引起的国民收入变化之间的乘数关系做出准确的估计，从而确定为使经济达到充分就业水平需要增加（或减少）的支出总额。

即问即答

如何理解简单凯恩斯模型的政策效果？

答：乘数 $K=1/(1-b)$，表明投资增加会引起国民收入倍增，例如，当 $b=0.8$，$K=5$ 时，表示 1 元投资引起的国民收入成 5 倍的增加。根据乘数公式，可知 b 与 K 成正比，b 增加引起 K 增加，所以，b 增加引起投资乘数和国民收入的倍增。例如，当 $b=0.8$ 变为 $b=0.9$ 时，乘数也发生改变，即 $K=10$，表示 1 元投资引起的国民收入成 10 倍的增加。

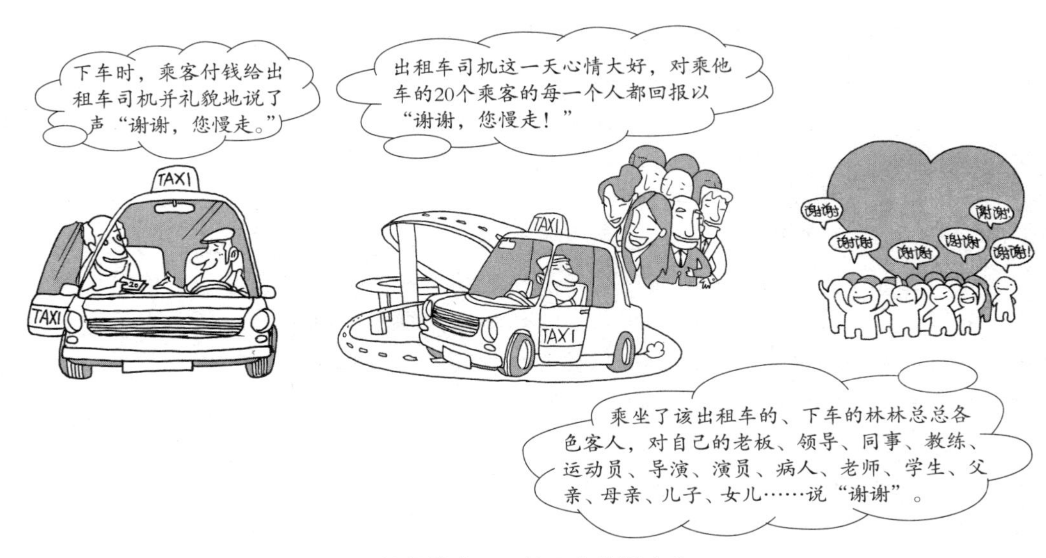

乘数效应——让大家告诉大家

第四节　不同的理论和相异的政策

一、古典国民收入决定理论

在古典国民收入决定理论中，研究的重点并不是宏观经济问题，而是微观经济的最优资源配置问题，一国经济被假定可以自发地达到充分就业水平。因此，宏观经济理论在古典国民收入决定理论中没有得到过系统的阐述。在现代西方宏观经济学中，用来与凯恩斯理论进行对比的所谓古典宏观经济理论，是从古典经济学家的论著中提取出来的。

古典宏观经济理论强调在竞争市场中价格调节的作用，并认为通过提高或降低要素市场或产品市场的价格可以消除供不应求或供过于求的状况，从而达到供求平衡。在西方经济思想史的大部分时期，这种古典经济理论占有支配地位。该理论有三大要点：（1）它的前提是萨伊定律；（2）在完全竞争条件下，有一个供给量，就会产生一个相应的需求量，因此，经济社会的生产活动能够创造出足够的需求来吸收所供给的商品和劳务；（3）由此可以得出：任何商品和劳务的产量增加，都会使收入和支出按照同等的数量增加。生产要素所有者都愿意将自己拥有的要素（土地、劳动、资本、企业家才能）出售给厂商使用，厂商也都愿意购买并使用一切尚未得到利用的要素，直到所有的劳动、土地和其他资源都得到充分利用为止。因此，经济社会存在着走向充分就业均衡的必然趋势。假如存在商品过剩，那也只是局部的；若存在失业，那也只是摩擦失业和自愿失业。

二、凯恩斯国民收入决定理论

凯恩斯在 1936 年出版的《通论》一书中提供了一种以全新观点系统地阐述宏观经济运行的理论，由此产生了“凯恩斯革命”。

凯恩斯国民收入决定理论认为，在短期内，价格和工资并不像古典国民收入决定理论所说的那样是灵活易变的，实际上现代经济中的价格和工资往往是呆滞的、没有弹性的，或者说是具有黏性的。产生黏性价格和工资的原因有多种。首先，工人根据长期合同工作，合同一般要持续三年。在合同生效期间，工人的货币工资就是合同中规定的工资。所以，这种合同使得工资率在短期内不易变动。其次，许多产品的价格是由政府控制的。例如，在 20 世纪 70 年代中期，美国的电话服务、天然气、石油、电、铁路、航空和海运的价格是固定的。价格调整，通常要拖延几个月甚至一年。最后，由大公司规定价格在很大程度上增加了价格黏性。例如，通用汽车公司必须召集大型会议才能决定较重要的价格变动。

在凯恩斯国民收入决定理论中，价格和工资黏性是理解宏观经济运行的关键。我们可以用图 8－8 说明。图 8－8 中的 Y 表示实际国民产出，P 表示价格水平。图 8－8 表示的是用于描述经济萧条时期国民产出决定的凯恩斯经济模型。为什么总供给曲线 AS 是一条水平直线？因为假设在短期内价格和工资固定不变，而且在低于充分就业水平上存在着未利用的生产资源。

在凯恩斯国民收入决定理论中，短期内的国民产出水平是由总需求决定的。如图 8-8 所示，总需求曲线 AD_0 与总供给曲线 AS 相交于 E_0 点，决定了国民收入 Y_0 和相应的就业量。总需求增加（$AD_0 \to AD_1$），国民收入也增加（$Y_0 \to Y_1$），但价格水平不变（P_0）。由于充分就业的国民收入水平和就业水平是 Y_1，所以，有效总需求的不足导致非自愿失业。

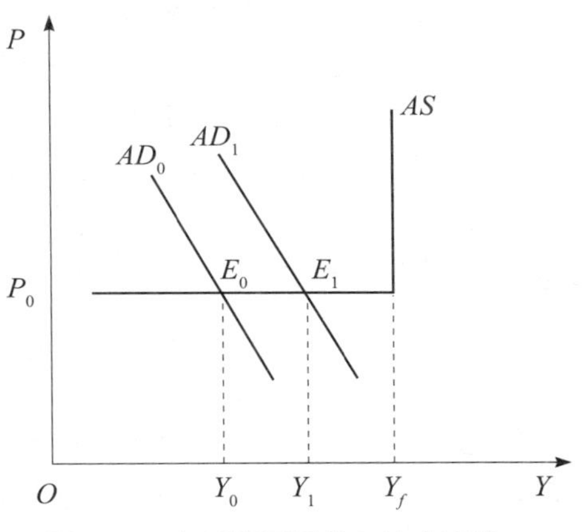

图 8-8　凯恩斯国民收入决定理论

三、不同的政策主张

古典国民收入决定理论认为既然市场调节能达到总供求均衡，市场的自发作用能实现充分就业，那么，政府干预对国民收入水平和就业水平就不会产生影响，干预的结果只会引起价格波动。政府的财政政策由于“挤出效应”，政府支出取代或挤出了私人投资，总供求的均衡实际上不是由于干预造成的，而是由“看不见的手”作用的结果。

楚河汉界：河那边（前方）是敌方——楚，敌人是对方的一个个棋子：失业和通胀、衰退和高涨、繁荣和滞胀、逆差和顺差、财政盈余和财政赤字、国际收支失衡和贸易摩擦、债务和金融危机。
面对敌方的自己这边是汉，棋子有：消费政策、投资政策、政府购买、出口政策、储蓄和利率政策、税收和税率、债务政策、赤字政策、有价证券买卖、贴现率、准备金、收入政策和就业政策、贸易政策和汇率政策。

左手总需求管理，右手总供给管理

凯恩斯国民收入决定理论则强调政府干预的作用。在该理论中，虽然市场供求力量的自发性调节可以使经济趋向均衡，但是这种均衡不一定是充分就业均衡，经济中的失业或通货膨胀将长期持续下去。因此，凯恩斯主义者相信，政府可以采取适当的经济政策，对经济实行有效的宏观控制，把国民经济推向充分就业水平。

知识库

凯恩斯国民收入决定理论的缺陷与新古典综合派

根据古典经济学派的观点，经济中存在自我矫正的力量，可以自动实现总供给与总需求的均衡。工资和价格由竞争性市场决定，可以灵活地自由伸缩以消除超额的需求和供给，价格和工资的灵活性能够保证实际支出水平足以维持充分就业。同时，储蓄与投资伴随着利率的变动以适应于充分就业的产出决定。

但是凯恩斯认为，古典经济学派的宏观经济理论出现了循环论证的错误。原因是，经济中的储蓄不是主要取决于利率，而是取决于收入，因为储蓄是收入减去消费之后的余额。决定国民收入就必须分析投资。但是按照古典经济学派的分析，投资取决于利率，利率取决于投资与储蓄的均衡，而又因为储蓄取决于收入，因而在没有决定收入之前，不可能决定储蓄，也就不能决定均衡的利率，从而不能决定投资量，也就不能说明均衡收入量的决定。因此，凯恩斯断言，古典经济学理论是一种循环论证。

在《通论》中，凯恩斯提出了一种与古典经济学派不同的宏观经济理论。他提出，总收入决定于与总供给相等的有效需求，而有效需求决定于消费支出和投资支出。在凯恩斯看来，在短期内居民的消费倾向相对稳定，因而有效需求主要决定于投资。经济中的投资量取决于资本边际效率和利率的比较。若资本边际效率确定，则投资取决于利率，而且与利率呈反方向变动。进一步来说，凯恩斯认为利率是由货币市场所决定的。因此，通过货币需求即流动偏好和货币供给的分析可以得到均衡的利率，并进而说明了影响投资从而最终影响均衡收入决定的货币市场上的因素。

凯恩斯的逻辑是，投资是决定均衡国民收入的关键，首先在简单的产品市场中分析投资对收入的影响，进而再扩展到在货币市场中分析利率。但是，我们也不难发现，在凯恩斯国民收入决定理论中，均衡的收入取决于利率，而利率又取定于货币需求，但在货币需求中，交易需求取决于收入水平。结果，如果收入没有确定下来，均衡利率就无法确定，没有利率也就不知道投资量，从而也就不能最终决定均衡的收入。这就是说，凯恩斯的理论也存在着循环论证问题。

凯恩斯的后继者发现了这一循环推论的错误，并把商品市场和货币市场结合起来，建立了一个商品市场和货币市场的一般均衡模型，即 *IS-LM* 模型，以解决循环推论的问题。这一模型的核心思想是认为产品市场的国民收入决定和货币市场的利率决定都是局部均衡，只有把两个市场联系起来，建立一般均衡模型才能同时决定收入和利率。*IS-LM* 模型被认为是新古典综合派的杰作，它最早由英国经济学家希克斯提出，后由美国经济学家汉森、莫迪利亚尼、克莱因、萨缪尔森等人发展。长期以来，这一模型被认为是概述凯恩斯主义的需求决定论最便利的方式（我们将在第十一章介绍 *IS-LM* 模型）。

本章小结

1. 凯恩斯国民收入决定理论：研究国民收入决定时，凯恩斯采取的是短期数量分析。由于总供给在短期内不变，所以国民收入取决于总需求或有效需求。

2. 在两部门经济中，总需求包括消费需求和投资需求，简单凯恩斯模型为：$Y=C+I$。消费取决于收入和消费倾向，消费倾向分为平均消费倾向和边际消费倾向。投资决定于利率和资本的边际效率（投资的预期利润率），利率决定于流动偏好和货币数量，资本边际效率决定于预期利润收益和资本品的供给价格或重置成本。

3. 总需求变动，会引起国民收入的增加或减少。总需求的变动有两种情况：一是边际消费倾向的变化；二是自发总需求的变动。总需求的变动会引起国民收入倍增。乘数原理是凯恩斯用来说明投资效应的一个理论工具。投资乘数具有正反两方面的作用：一方面，投资增加会引起收入和就业量成倍增加；另一方面，投资减少会导致收入和就业量成倍减少。

思考题

1. 试分析简单凯恩斯模型中决定总需求的消费需求。（提示：$C=a+bY$，a 为自发消费，b 为边际消费倾向，消费 C 是收入 Y 的函数）

2. 试分析简单凯恩斯模型中决定总需求的投资需求。[提示：$I(i, r)$，投资需求取决于市场利率、资本边际效率等]

3. 在凯恩斯国民收入决定理论中，总需求如何决定国民收入？总需求的变动怎样导致国民收入的变动？请用图形表示。（提示：可参考图 8－8）

4. 按照凯恩斯的观点，增加储蓄对均衡的国民收入会有什么影响？减少储蓄对均衡的国民收入会有什么影响？（提示：经济萧条时，储蓄是一种漏出）

5. 说明“节俭悖论”，并结合我国的现实情况阐述国家采取的刺激需求政策的适用性。（提示：分析我国居民储蓄的原因）

6. 什么是乘数原理？乘数原理发挥作用的前提条件是什么？现实经济生活中是否存在乘数效应？（提示：国民经济各部门密切联系、生产能力过剩、资源未充分利用）

7. 概述凯恩斯国民收入决定理论的内容。

第九章　失业和通货膨胀

学习目标

知识要求：了解失业、通货膨胀的基本概念；理解失业、通货膨胀的类型及原因；掌握短期中通货膨胀和失业的交替关系。

技能要求：知道哪些失业可以消除，哪些不可以消除；了解国民收入、失业、通货膨胀之间的关系及失业、通货膨胀的后果；会用理论解释需求不足的失业和自然失业（摩擦性失业、结构性失业、临时性和季节性失业）的含义。

开章案例

节俭悖论

节俭是美德还是祸根？这一问题是颇有争议的。按照传统的经济学理论，节俭导致储蓄增加，而后者又是促进积累、形成资本存量的关键因素，这将导致一国的经济增长。然而，按照凯恩斯的观点，节俭意味着消费的减少，因而使得国民收入和就业量降低。如果把就业量考虑在内，节俭是否是美德就值得商榷了。在充分就业的状态下，节俭当然是美德，但是在存在失业的状态下，节俭未必是美德，有时甚至是祸根。用凯恩斯的话来说就是："如果你储蓄 5 先令，那将使一个人失业一天。"在这里，节俭被看成是危险的自我毁灭过程，因为它减少了用于购买最终商品的支出，并且使得生产者的利润降低，同时形成了进一步增加最终产量的资本资源。这种矛盾的过程必然进一步加重经济萧条。这种观点在 20 世纪 30 年代经济萧条时期得到发展。与把节俭视为社会美德的观点相对立，认为节俭成为经济萧条祸根的观点逐渐占上风。

早在 1714 年，伯纳德·曼德维尔就在英国出版的而在当时又马上被英国政府列为禁书的《蜜蜂的寓言》中提出了节俭悖论。曼德维尔以勤劳的蜜蜂作为例子说明，尽管储蓄这种节俭的行为是增加私人财富的方法，但对一个国家而言，如果普遍地使用这种方法，则不能得到相同的结果。后来，凯恩斯主义者为这种观点提供了总需求决定的理论基础。现代西方经济学家倾向于认为，在存在失业的状态下，储蓄并不是改善经济状况的良好行为。

讨论题

凯恩斯主义经济学认为对个人和家庭而言，节俭和储蓄是美德，但对国家而言并非如此，为什么？

第一节 失业及其原因

经济学家认为失业分为自然失业和需求不足的失业两种。

一、自然失业

经济中一些难以克服的原因引起的失业称为自然失业。自然失业包括摩擦性失业、结构性失业、临时性和季节性失业、工资刚性失业（非均衡失业）。

（一）摩擦性失业

摩擦性失业是指经济中由于正常的劳动力流动而产生的失业。如新入行业的失业者、转换工作的失业者。无论是年轻人开始进入劳动力市场，还是原来有工作的人变换工作，都需要花费一定时间，在任何情况下，总会存在一定的摩擦性失业。即使劳动力供求在职业、技能、地区分布等结构上完全均衡，仍会存在摩擦性失业。

摩擦性失业量的大小取决于劳动力流动性的大小和寻找工作所需要的时间。劳动力流动量越大、流动越频繁，寻找工作所需要的时间越长，摩擦性失业量越大。劳动力流动性的大小在很大程度上是由制度性因素、社会文化因素和劳动力的构成决定的。寻找工作的过程是付出时间、精力甚至货币及机会成本的过程。

（二）结构性失业

由于经济结构的迅速变化，使劳动力的供给结构不适应劳动力需求结构的变动，从而产生结构性失业。在这种情况下，往往“失业与空位”并存，劳动者很难找到与自己的技能、职业、居住地区相符合的工作。例如，在有些西方国家，随着经济和科学技术的发展，世界贸易格局的变化，汽车工业开始走向衰落，对汽车工人的需求减少，从而引起了汽车工人的失业。与此同时，某些新兴工业所需要的具有特殊技能的劳动力却供不应求，产生了许多职位空缺。同样，在某些走向衰落的工业区存在大量失业者的同时，某些新兴工业区却可能出现劳动力供不应求、许多职位空缺的情况。

（三）临时性和季节性失业

临时性和季节性失业是指某些行业因临时性和季节性变动而中断生产引起的失业。如建筑业或码头装卸，遇到坏天气，或者舱盖打不开，这使得建筑施工不得不停顿下来。季节性对农业、旅游、餐馆的影响明显，如海滨旅游胜地的家庭主妇在假日里去餐馆当帮手；农忙时，在城里打工的农民会返回农村。可见，他们的工作是有季节性的。

（四）工资刚性失业（非均衡失业）

工资刚性失业又称古典失业，它是指市场上由于劳动力供过于求而工资无法下降（工资刚性）而引起的失业。

二、需求不足的失业

（一）需求不足的失业的定义

需求不足的失业是指在经济萧条时期，对劳动力的需求不足引起的失业。经济繁荣时期失业率低，经济萧条时期失业率高，需求不足的失业又称周期性失业（均衡失业）。如图 9-1 所示。

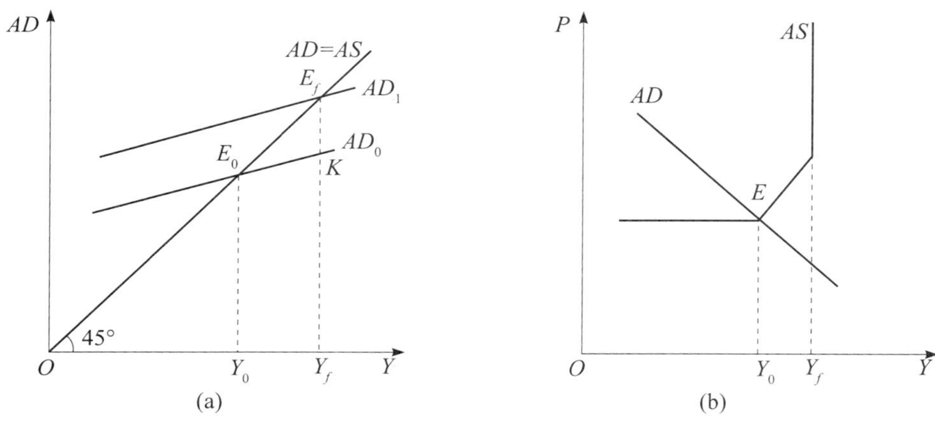

图 9-1　需求不足的失业

（二）充分就业

充分就业是指在现有工作条件和工资水平下，所有愿意工作的人都参加了工作的就业状态，或者说，消灭了需求不足的失业就达到了充分就业。在几何意义上，充分就业是这样一种状况：总需求与总供给相等时的均衡国民收入正好是潜在国民收入水平，与总需求相适应的对劳动力的需求能全部吸纳所有愿意工作并正在寻找工作的劳动者（见图 9-2）。如果均衡的国民收入水平低于潜在的或充分就业时的国民收入水平，此时就存在失业，即需求不足的失业，也就是凯恩斯讲的周期性失业（均衡失业）。消灭了需求不足失业就达到了充分就业。请特别注意，在充分就业情况下，仍然存在自然失业。

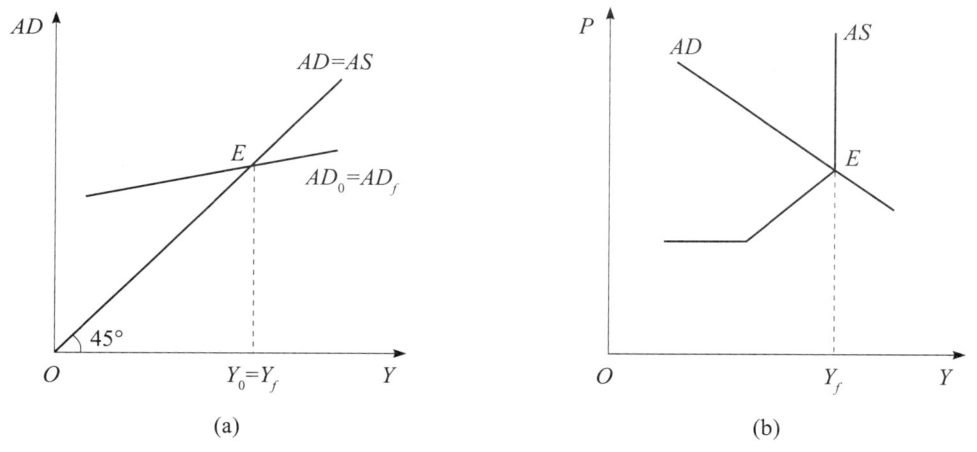

图 9-2　充分就业

三、需求不足失业的原因

（一）三大心理规律

凯恩斯认为，失业的原因是需求不足，即有效需求不足，总需求与总供给均衡时决定的均衡国民收入小于充分就业时均衡的国民收入。造成需求不足的原因是三大心理规律的作用：边际消费倾向递减规律导致消费不足；资本边际效率递减规律造成投资需求不足；流动偏好规律使利率的下降有一个最低限度，无法拉开利润率与利率的差距以刺激投资。其结果是总需求不足，出现紧缩缺口［见图 9-1（a）中的 E_fK］。

重点介绍

造成需求不足的三大心理规律

1. 心理上的消费倾向即边际消费倾向递减规律。也就是说，随着收入的增加，消费也增加，但在增加的收入中，用来消费的部分所占比例越来越小。用凯恩斯的话来说：无论是从人性看还是从经验中之具体事实看，有一个基本心理法则，我们可以确信不疑。一般而言，当所得增加时，人们将增加其消费，但其消费的增加，不如其所得增加得多。

2. 资本边际效率递减规律是指一定资本增量预期的收益与其供给价格（重置成本）之间的比率递减趋势。由于竞争的存在，资本品增加，产品增加，价格下降，厂商预期的收益下降；同时，竞争会使该资本品的需求增加，导致供给价格或重置成本上升，这样，预期收益的减少和重置成本的增加使得资本边际效率下降。

投资是为了获得最大纯利润，而这一利润取决于投资预期的利润率（即资本边际效率）与为了投资而贷款时所承担的利率。预期的利润率越大于利率，则纯利润越大，投资越多；反之，预期的利润率越小于利率，则纯利润越小，投资越少。资本边际效率下降使得利润率与利率的差距缩小，引起投资不足。

3. 流动偏好规律又称灵活偏好规律，它是指人们不愿以股票、债券等资本形式而喜欢以货币形式持有财富和收入的愿望或动机。相对于其他财富形式，货币具有流动性，更灵活，所以，人们具有偏好货币的心理趋向。利息是对人们在一特定时期内放弃这种流动偏好的报酬。流动偏好动机决定货币需求，中央银行决定货币供给，货币供求决定利率。

（二）流动偏好陷阱

流动偏好陷阱又称凯恩斯陷阱，是指尽管中央银行可以扩大货币供应量、降低利率，但这种降低总是有一定限度的。当利率降低到一定限度时，人们就卖出股票和债券、不再储蓄而保留现钱、产生对货币无穷大的需求。在图形中，这种不能再低的利率的右边称为流动偏好陷阱或流动性陷阱或凯恩斯陷阱。简单地说，流动偏好陷阱是指无论货币数量如何增加，利率再也不会下降。

难点分析

货币供求与凯恩斯陷阱

1. 货币需求由流动偏好动机决定。凯恩斯认为流动偏好来自三种动机：交易动机、谨慎动机和投机动机。

（1）产生货币需求的第一种动机是交易动机。交易动机是指为了应付日常交易而持有现金的愿望。交易动机又分为收入动机和营业动机。交易动机主要决定于收入。收入越高，交易数量越大，为应付日常支出所需要的货币数量就越多。因此，出于交易动机所需的货币量是收入的函数。在这种场合，货币执行交易媒介的职能。

（2）产生货币需求的第二种动机是谨慎动机。谨慎动机是指为了预防意外的支出而持有一部分货币的动机。例如，消费者和企业为了应付事故、失业、疾病等意外事件都要事先持有一定数量的货币。个人出于谨慎动机所需的货币主要决定于个人对意外事件的看法，但从整个社会来说，这个货币量同收入密切相关。因此，出于谨慎动机所需的货币量大致也是收入的函数。在这种场合，货币执行价值贮藏的职能。

现在用符号 L_1 表示交易动机和谨慎动机所引起的全部货币需求量，用 Y 表示收入，这种货币需求量和收入的函数关系可以表示为：

$$L_1 = L_1(Y)$$

L_1 是收入的函数，同利率无关。Y 是以货币计算的收入，它等于价格水平 P 同实际收入 Y 的乘积。Y 与货币需求量 L_2 呈同方向变动。交易动机和谨慎动机所引起的货币需求量取决于人们的收入水平，并且两者正相关。

（3）产生货币需求的第三种动机是投机动机。投机动机是指人们为了抓住有利的获利机会，债券等有价证券的价格一般都随利率的变化而变化。利率提高，有价证券的市场价格下降；利率降低，有价证券的市场价格上升。投机者会利用利率水平和有价证券价格的变化进行投机。凯恩斯认为，处于交易动机和谨慎动机的流动偏好所需要的货币数量，大致取决于经济体系的一般经济活动和货币收入水平，对利率变动的反映不很灵敏。

用 L_2 表示投机动机引起的货币需求量，用 r 表示利率，则 L_2 与 r 的关系用函数公式表示为：

$$L_2 = L_2(r)$$

利率与货币需求量 L_2 呈反方向变动。当利率极低时，如 2%，投机动机所引起的货币需求量是无限的，人们会把有价证券抛出，换回货币。因为，当利率极低时，意味着证券持有者相信它不可能再低下去，将义无反顾地保留货币而放弃证券。因为，如果保留证券，利率上升时会蒙受资本损失。因此，人们这时不再购买证券，而是有多少货币就愿意持有多少货币。这种情况叫作凯恩斯陷阱或流动偏好陷阱。

把 L_1 与 L_2 加在一起，便得到全部货币需求量，即

$$L = L_1 + L_2 = L_1(Y) + L_2(r)$$

上述公式表明，L_1 取决于 Y（收入），与利率 r 无关，而 L_2 的大小则与利率 r 保持

相反方向的变化。我们根据公式 $L_1 = L_1(Y)$ 及 $L = L_1(Y) + L_2(r)$ 作图，如图 9-3 所示，它表明由交易动机和谨慎动机引起的货币需求与利率无关，因而是一条垂直线，而投机需求引起的货币需求则与利率呈反方向变动，最后为水平线（凯恩斯陷阱），如图 9-4所示，最后我们可以做出货币总需求曲线，如图 9-5 所示。

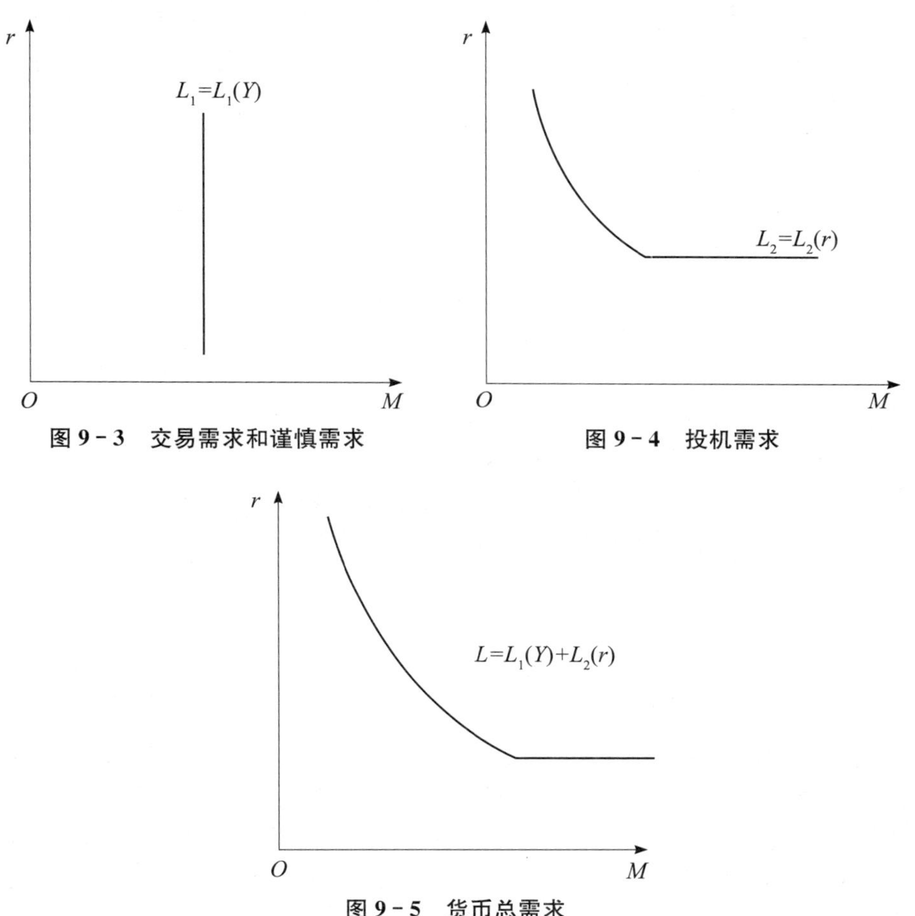

图 9-3 交易需求和谨慎需求

图 9-4 投机需求

图 9-5 货币总需求

2. 货币供给由中央银行决定。货币供给量分为两部分：一部分满足交易动机和谨慎动机的需要；另一部分满足投机动机的需要。利息被认为是对人们在一特定时期内放弃流动偏好的报酬。利率的高低取决于货币的供给和需求。

3. 利率的高低取决于货币的供求，流动偏好代表了货币的需求，货币数量代表了货币的供给。货币数量的多少由中央银行的政策决定，货币数量的增加在一定程度上可以降低利率。但是，由于流动偏好的作用，利率的降低总有一个最低限度，低于这一点人们就不肯储蓄而宁可把货币保留在手中了。可以用图 9-6 来说明这一问题。

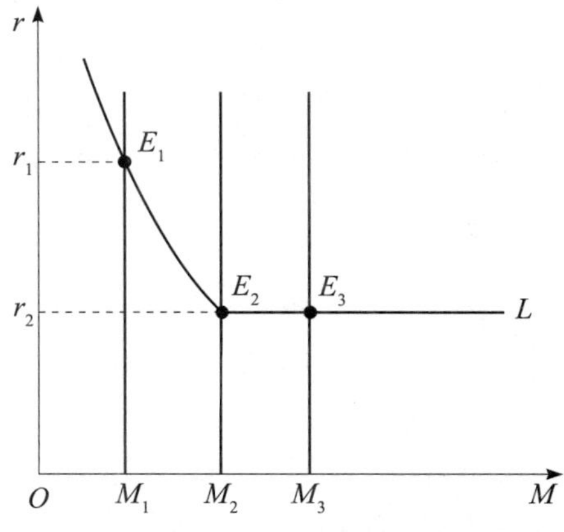

图 9-6 货币供求与利率的决定

在图 9-6 中，E_2以右为凯恩斯陷阱。横轴 OM 代表货币数量（即货币供给），纵轴 Or 代表利率，L 为流动偏好线（即货币需求曲线），M_1、M_2、M_3为三条不同的货币数量线。当货币数量为 OM_1时，M_1与 L 相交于 E_1，决定了利率为 Or_1；当货币数量增加到 OM_2时，M_2与 L 相交于 E_2，决定了利率为 Or_2。这时，由于货币数量从 OM_1增加到了 OM_2，利率由 Or_1下降至 Or_2，表明货币数量的增加可以使利率下降。当货币供给量增至 OM_3时，M_3与 L 相交于 E_3，此时利率仍为 Or_2，这说明利率下降有一个最低限度，无论货币供应量如何增加，都不能使利率继续下降。

四、失业的后果和影响

从宏观来看，有利的方面为失业促进劳动力资源的流动和有效配置。失业作为外在压力，激励劳动者提高自身素质和劳动效率、掌握工作技能，以适应社会经济结构变化对劳动力更高的要求。不利的方面为失业造成人力资源损失。失业期间，通常经济萧条、资源闲置、生产萎缩、国民收入下降（奥肯定律）、商品尤其是房地产和股票价格下跌、信用紊乱，人们的生活质量降低；社会不安定，社会歧视加剧；政府福利支出上升、财政困难等。

从微观来看，失业导致家庭经济拮据、家庭破裂、脱离社会、技能缺失、生活方式改变、自尊心受伤害、犯罪和吸毒增加，如果长期失业，人们的收入水平、健康状况、人均预期寿命、生活质量、市场信心和衣食住行等都会受到影响。

五、失业的对策

针对不同原因引起的失业，应采取不同的对策。对于摩擦性失业和结构性失业，则采取人力政策，即提供职业训练、提供就业信息、反对就业歧视。对于需求不足引起的周期性失业，一般采取扩张性财政政策和货币政策刺激总需求，即“逆经济风向调节”。当经济萧条、失业出现时，增加财政支出并减少税收、扩大货币供应量、降低利率以刺激消费和投资需求，这就不可避免地引起通货膨胀率上升和汇率下跌。

理论与实践

2010年诺贝尔经济学奖与结构性失业

2010年诺贝尔经济学奖授予了三位对“经济政策如何影响失业率”进行深入研究的经济学家，他们是美国麻省理工学院的戴蒙德、美国西北大学的莫滕森和伦敦政治经济学院的皮萨里季斯。为什么在很多人失业的同时，却有不少职位空在那里？宏观经济政策究竟会如何影响失业率、职位空置和工资？2010年获得诺贝尔经济学奖的三位大师的理论和模型就与上述问题有关。失业和职位空置并存，即存在结构性失业的情形表明，劳动力市场实际上并不总是有效的，在一个存在着搜寻成本的市场中，可能有不同的结果。三位经济学家建立起了一个“搜寻理论”框架来分析这个问题。他们的一大突破，就是不再单纯讨论失业本身，而是从招聘、解雇、辞职、职位空置和寻找工作等各个环节来理解失业所导致的宏观经济后果。

中国现在缺乏与失业有关的宏观经济指标，如只有城镇登记失业率，没有反映全社会就业状况的失业率，也没有反映包括结构性失业在内的自然失业率，因此，也就无法建立引入失业率、自然失业率的宏观经济分析框架。在成熟市场经济国家，通常有一组与失业有关的指标，除了年、季、月失业率外，还有每周向政府申请失业救济金的人数等。例如，在美国，每周申请失业救济金的人数20万是一个临界值，大于20万则意味着存在周期性失业，劳动力供大于求，经济出现下滑或衰退；小于20万则意味着劳动力供不应求，经济出现景气过度。由此就可以为宏观经济分析、预测和政策制定提供有力的依据。又如，测算并发布自然失业率，就可以将实际失业率与之比较，进而得出经济增长处于何种状态，是大于潜在增长率，还是小于潜在增长率，以利于出台相关的宏观经济政策。

六、凯恩斯需求不足失业原理

凯恩斯认为，若国民收入均衡小于充分就业时的国民收入均衡，就会出现失业，失业的原因是总需求不足，总需求不足是由于三大心理规律的作用，即边际消费倾向递减规律导致消费需求不足，资本边际效率递减规律和流动偏好规律导致投资需求不足（下面将重点介绍）。

重点介绍

凯恩斯宏观经济理论的主要内容

凯恩斯的宏观经济理论具体包括以下几点：

（1）国民收入取决于消费和投资。

（2）消费取决于消费倾向和收入。消费倾向分为平均消费倾向和边际消费倾向。边际消费倾向大于0而小于1。因此，收入增加时，消费也增加。但在增加的收入中，用来消费的部分所占比例越来越小，用来储蓄的部分所占比例越来越大。

(3) 消费倾向比较稳定。因此，国民收入的波动主要来自投资的变动。由于边际消费倾向大于0而小于1，投资乘数因而大于1。投资的增长和下降会引起收入的多倍增长和下降。

(4) 投资取决于利率与资本边际效率。

(5) 利率取决于流动偏好和货币数量，流动偏好是货币需求，货币数量是货币供给。流动偏好由 L_1 和 L_2 组成，其中：L_1 来自交易动机和谨慎动机，L_2 来自投机动机。货币数量由 m_1 和 m_2 组成，其中：m_1 满足交易动机和谨慎动机，m_2 满足投机动机。

(6) 资本边际效率取决于预期利润和资本资产的重置成本或供给价格。预期利润很不稳定，造成经济周期波动。在长期中，预期利润下降。

第二节　通货膨胀

通货膨胀问题是现代经济学的重大课题。通货膨胀是指一般价格水平普遍而持续地上升。按照价格总水平上涨幅度的不同，可分为：

(1)“爬行的或温和的通货膨胀”（3%～10%，一位数以内）。温和的通货膨胀的最大特点是通货膨胀率低，对经济影响小。总体而言，国民经济能够持续稳定健康增长。

(2)“加速的或奔腾的通货膨胀”（10%～99%，两位数）。奔腾的通货膨胀意味着在一段时间内，物价水平以较大幅度持续上升，给社会经济带来较大伤害，不加控制就会发展成为恶性的通货膨胀。

(3)“超级的或恶性的通货膨胀”（三位数以上）。恶性的通货膨胀意味着货币供应量和物价水平快速增长、信用加速膨胀、货币迅速贬值，政府无法控制价格，货币体系和人们的经济生活遭到严重破坏，社会、经济、政治面临崩溃。

超级的或恶性的通货膨胀

背景资料

治理通货膨胀

2003 年，世界财政部长会议的议题是“如何治理通货膨胀”。

主题发言讨论的是市场经济国家所经历的问题。发言总结了各国在过去经济发展所经历的通货膨胀，深刻分析了通货膨胀给经济发展带来的危害。所概括的通货膨胀的危害有：价格上升；降低一国的工业在世界市场上的竞争力；导致国际收支状况恶化，并进而产生失业。各国财政部长说到通货膨胀的危害时，都是满面忧思，很明显，许多国家都深受通货膨胀之害。

一位经济正在迅速发展的国家的代表对此感到有些迷惑。他所在国家的经济增长很快，以至于没有任何失业，而工资又很低，因而也没有通货膨胀问题。然而，他很快就被告知，他的国家进一步发展将会遇到这些问题，通货膨胀将会首先出现。由于经济处于充分就业状态，当厂家要进一步扩大生产规模、雇用更多的劳动力时，劳动力供给将会紧张，因而为了雇用到工人，某些厂家不得不支付更高的工资，通货膨胀的过程就会开始。或者这种影响持续增加导致对进口消费品的需求大量增加，从而国内产品生产减少。

一、通货膨胀的原因

通货膨胀的原因分为五类：(1) 需求。货币超量发行、流动性过剩、投资和消费过度增长会造成需求拉动型通货膨胀。(2) 供给。战争和饥荒、工资和利润以及进口成本的推动会造成成本推动型通货膨胀。(3) 需求和供给混合。(4) 结构。(5) 预期。

(一) 需求拉动型通货膨胀

1. 货币主义者的通货膨胀理论

货币主义者认为，货币供应量增加，社会名义总需求量的增长，并不能自发带动就业量的增长，即国民收入、就业量、总供给量不会因此有实际的变化。该理论以费雪方程为基础，说明货币超量发行的后果。费雪方程为：

$$MV = PT$$

或

$$P = \frac{MV}{T}$$

上式中，M 为货币供应量，V 为货币流通速度，MV 即名义总需求，P 为价格水平，T 为产品总量或产出量，PT 为名义总供给量。根据 $MV=PT$ 的恒等关系，如果货币供应量增加，则名义总需求上升，由于它并不能自动导致就业量和产出量的相应增加，因此，当 MV 增加时，现有产出量 T 不能增加，结果 P（价格水平）就必定同比例于货币供应量 M 的增加而上升。

理论与政策

费雪方程的含义

费雪方程说明，当存在人们对通货膨胀的预期时，货币当局或政府的货币政策对实际国民收入不会产生影响。货币当局增加货币供应量会直接提高物价水平，货币数量增长率对应的是通货膨胀率而不是实际国民收入和就业量。

当货币当局或政府为抑制通货膨胀而减少货币供应量时，公众都会用加速花钱的办法（挤兑、增大消费支出）来加快货币流通速度（V），这样，V 的加快抵消了 M 的下降，价格水平保持不变；同样，出现失业和衰退时，政府向经济中投放更多货币，但公众会降低 V，多增加的 M 被储蓄起来，达不到刺激实际总需求的目的。

2. 凯恩斯主义者的通货膨胀理论

凯恩斯主义者关于通货膨胀的解释为：当资源被充分利用或达到充分就业时，总需求继续上升，这时，过度需求必然会导致通货膨胀，如图 9－7、图 9－8 所示。

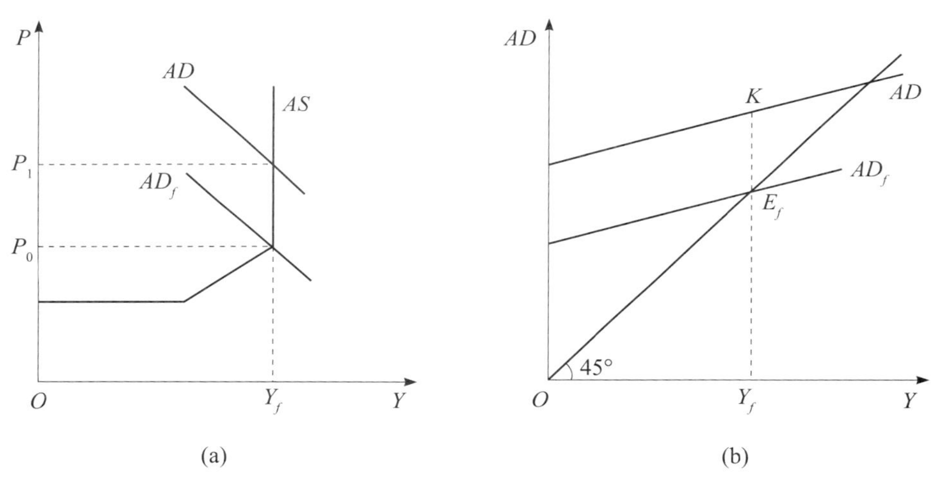

图 9－7　需求拉动型通货膨胀（1）

在图 9－7（a）中，总需求 AD 已经超过了充分就业时（或潜在国民收入水平）的总需求 AD_f，这时由于过度需求，国民收入并没有增加，仍为 OY_f，但价格水平由 OP_0 上升为 OP_1。

在图 9－7（b）中，由于国民收入已经达到充分就业水平，总需求的增加无法再提高均衡的国民收入水平，形成膨胀性缺口 KE_f，结果出现通货膨胀。图 9－7（b）与图 9－7（a）表达了同一个意思：通货膨胀与失业不会同时存在，通货膨胀是在资源被充分利用或充分就业之后产生的。

短期中，总供给曲线与价格水平呈同方向变动，资源接近被充分利用，这时产量增加会使生产要素的价格上升，从而带动成本增加，价格水平上升。这是由于总需求增加后，总供给的增加不能迅速满足总需求的增加，产生暂时的供给短缺，于是出现通货膨胀，显然，此时，失业与通货膨胀是并存的。

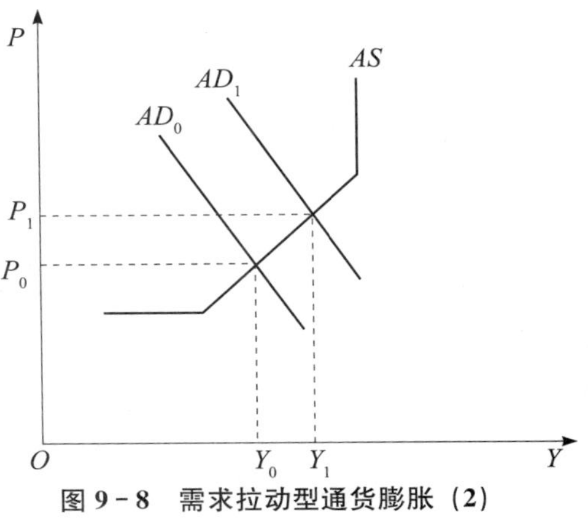

图 9-8 需求拉动型通货膨胀（2）

在图 9-8 中，由于货币供应量增加、政府支出增加等原因，总需求由 AD_0 增加到 AD_1，价格水平由 P_0 升到 P_1，而均衡国民收入也由 Y_0 增加到 Y_1，但并未达到充分就业水平。

（二）成本推动型通货膨胀

成本包括工资、利润和用于购买原材料、能源的支出等费用。成本的各个组成部分都可能提高，从而引起总成本的提高。有些西方经济学家认为，成本的上升主要是由工资的增加引起的。他们认为，在现代经济中，工人们可以施加压力，迫使企业提高工资，而具有一定垄断性的企业又会相应地提高产品价格，从而引起通货膨胀。这种由工资的提高引起的通货膨胀称为工资推进的通货膨胀。还有一些西方经济学家指出，企业为增加利润，也可能先行提高产品价格，由此引起的通货膨胀则称为利润推进的通货膨胀。此外，进口原材料价格上升（如 20 世纪 70 年代石油危机对西方石油输入国的冲击）及由资源枯竭、环境保护政策造成原材料、能源等生产成本提高，由此引起的通货膨胀称为进口商品价格上升推进的通货膨胀。

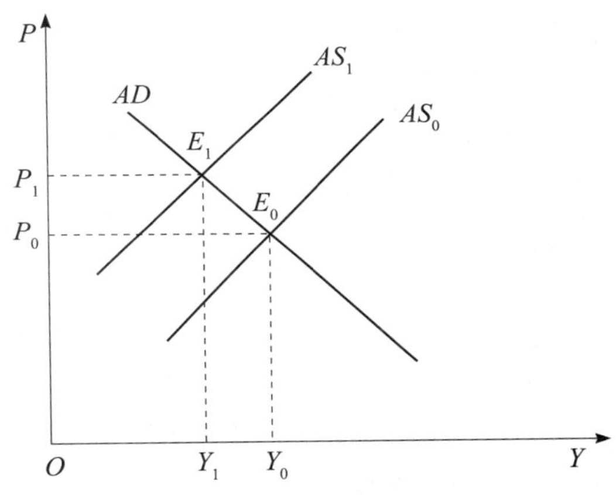

图 9-9 成本推动型通货膨胀

在图 9-9 中，原来的总供给曲线 AS_0 与总需求曲线 AD 决定了国民收入为 Y_0，价格水平为 P_0。成本增加，总供给曲线向左上方移动到 AS_1，这时总需求曲线没变，决定了国民收入为 Y_1，价格水平为 P_1，价格水平由 P_0 上升到 P_1，这是由于成本的增加所引起的。这就是成本推动型通货膨胀。

（三）需求拉动和成本推动混合型通货膨胀

供求混合相互作用会引起通货膨胀。如果通货膨胀是由需求拉动开始的，即过度需求导致物价上涨，物价上升使工资水平上升，工资水平上升又引起成本推动型通货膨胀。如图 9-10 中的（a）所示，由于需求 AD 由 AD_0 增加到 AD_1，虽然国民收入增加到 Y_1，但物价水平上升到 P_1；如图 9-10 中的（b）所示，物价上涨导致成本推动（$AS_0 \rightarrow AS_1$），物价进一步由 P_1 上升到 P_2。

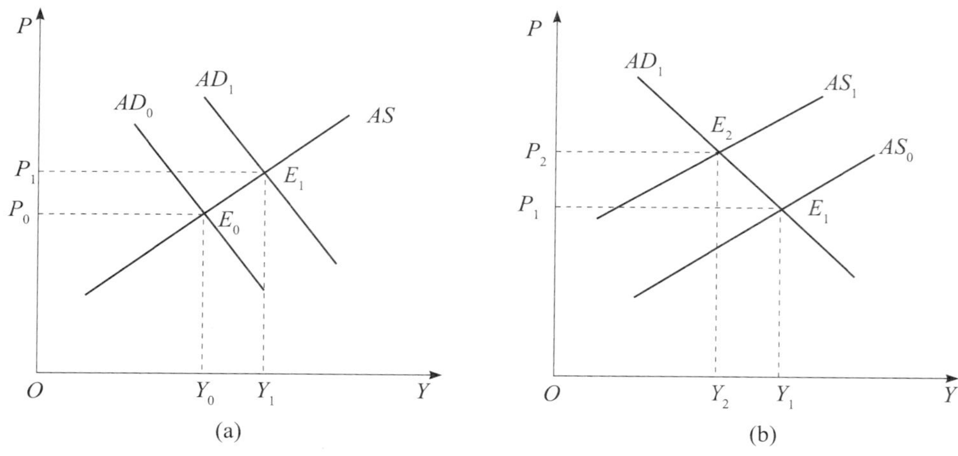

图 9-10　需求拉动和成本推动混合型通货膨胀（1）

如果通货膨胀是由成本推动开始的，即成本增加引起物价水平上升（$AS_0 \to AS_1$，$P_0 \to P_1$），则物价上涨，产量下降，即 $Y_0 \to Y_1$。此时，由于国民收入下降，经济衰退，可能结束通货膨胀。只有当成本推动导致了通货膨胀，总需求由 AD_1 上升为 AD_2 时，才会使国民收入恢复到 Y_0，而此时，价格水平就由 P_1 进一步上升到 P_2，见图 9-11。

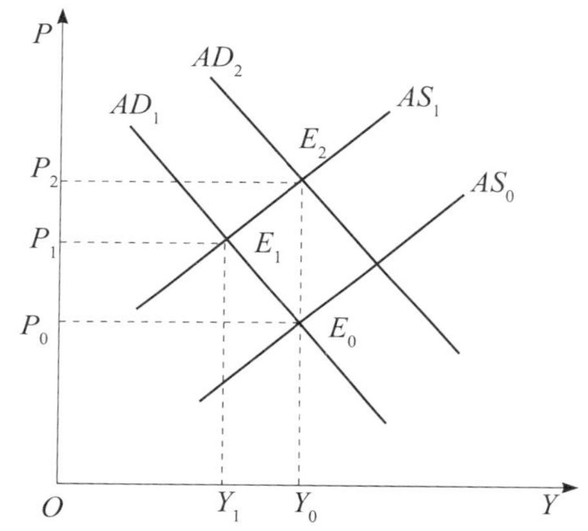

图 9-11　需求拉动和成本推动混合型通货膨胀（2）

（四）结构型通货膨胀

结构型通货膨胀是指由收入结构与经济结构的不适应和错位引起的通货膨胀。造成这种通货膨胀的原因为：第一，高成长性的部门和行业因种种限制，不能获得资源和人力，资源价格和工资水平上升，而夕阳产业和衰退行业尽管资源和人力过剩，收入不仅不会下降，反而因攀比效应上升，工资成本推动物价上涨；第二，劳动生产率高的部门高速增长，带动工资上升，各部门向高增长部门看齐，使工资增长率超过劳动生产率引起通货膨胀；第三，劳动力市场的技术结构、地区结构、性别结构的互不适应、工资刚性（工资水平能上不能下）使“失业与空位”并存，最终导致通货膨胀；第四，大国示范效应，小国向大国、强国看齐，非开放部门工资水平向开放部门看齐，工资水平和通货膨胀的国际传递导致通货膨胀。

（五）预期型通货膨胀

通货膨胀一旦出现，人们就会根据经验或过去的通货膨胀率来预期未来的通货膨胀率。例如，过去几年的通货膨胀率为 8%，人们会据此推断下一年的通货膨胀率仍会是 8%，并把这种预期作为自己经济行为的依据。政府、居民、厂商、工会组织会根据预期的通货膨胀率来调整自己的经济决策和经济活动，如工资协议、经济合同、投资机会成本、实际利率的计算等，都以8%的通货膨胀率作为行为依据，由此产生一种通货膨胀预期，使通货膨胀不断持续下去。

货币主义者强调现在对未来的影响，即现在的通货膨胀对未来预期及经济行为的影响。人们根据过去通货膨胀的情况形成目前对未来通货膨胀的预期。

凯恩斯主义者则强调过去对现在的影响，即过去的通货膨胀会形成一种惯性，对现在的经济活动和经济行为产生影响。

虽然通货膨胀的类型或原因是多种多样的，经济学家们可以从不同角度、不同方面做出解释，但许多学者相信，通货膨胀往往是由各种因素共同作用而引起的，只不过不同因素或原因在不同情况下所起的作用是不同的。

二、通货膨胀的影响或后果

如果通货膨胀是不能预期的、非均衡的，那么，它会产生下述一系列后果。

（一）造成实际收入和实际财富的再分配

1. 通货膨胀的受损者

在通货膨胀过程中，那些货币名义收入的增长率（如10%）慢于通货膨胀率（如28%）的人将成为通货膨胀的直接受损者。比如持有现金和存款者、工薪阶层、退休者、失业和贫困者、接受政府救济者、债权人（租金和利息收入者）、银行等社会阶层和集团，他们的货币收入不能随物价上涨而及时调整，或虽有所调整但上调幅度小于物价上涨幅度，其货币收入购买力将下降，实际收入将减少。

2. 通货膨胀的受益者

在通货膨胀过程中，那些货币名义收入能够随物价上涨而及时向上调整，调整幅度大于物价上涨幅度的人将成为通货膨胀的直接受益者。比如，拥有多种资产形式（证券和货物持有人）、高收入阶层、企业主、厂商、债务人、有较多负债的政府等社会阶层和集团，其实际收入不会受到通货膨胀影响甚至资产会增加。假如通货膨胀是由于政府借款造成中央银行向社会过量发行货币、增加货币供给引起的，则政府可以因此而增加一笔额外的收入——通货膨胀税。

通货膨胀的影响

（二）资源的重新配置

在通货膨胀中，那些价格上涨超过成本上升的行业将得到扩张；而那些价格上升慢于成本上升的行业将收缩。当价格上涨是对经济结构、生产率提高的反映时，价格变动和资源配置将趋于合理；反之，当通货膨胀使价格信号扭曲、无法正常反映社会供求状况，使价格失去调节经济的作用时，通货膨胀会破坏正常的经济秩序，使价格失去核算功能，降低经济运行效率。

（三）国民收入和就业水平的变化

需求拉动引起的通货膨胀在一定条件下，能促使厂商扩大生产规模、增加雇佣工人，导致国民收入上升；通货膨胀使得银行的实际利率下降，这又会刺激消费和投资需求，促进资源的充分利用和总供给的增加。但是，当通货膨胀率是可预期的时，就不会对国民收入水平和就业产生直接的影响。

供给下降引起的通货膨胀则只会引起国民收入水平和就业量的下降。

大致来说，温和的通货膨胀对经济的影响较小，不会给社会带来危害；而奔腾的通货膨胀对经济影响较大，给社会造成的危害也大，即弊大于利。

原理及运用

幸福指数和痛苦指数

幸福指数最早是由美国经济学家萨缪尔森提出来的，他认为幸福等于效用与欲望之比，用公式表示为：幸福＝效用/欲望。从这个等式来看，当欲望既定时，效用越大越幸福；当效用既定时，欲望越小越幸福。幸福与效用呈同方向变化，与欲望呈反方向变化。如果欲望是无穷大，则幸福为零。我们经常会说人的欲望是无限的，那是指人们常常会表现为一个欲望满足之后又会产生新的欲望，而在一个欲望满足之前，我们可以把这个欲望当作是既定的，当欲望既定时，人的幸福就取决于效用了。因此，我们可以简单地把追求幸福最大化等同于追求效用最大化。从上面的描述中可以看出，幸福指数衡量的是个人的主观愿望，每个人认为自己幸福与否和自己的欲望及效用有关。

痛苦指数是用来衡量宏观经济状况的一个指数，它等于通货膨胀率加上失业率。例如，通货膨胀率等于5%，失业率等于6%，则痛苦指数等于11%。这个指数说明人们对宏观经济状况的感觉，该指数越大，人们就越是感到遗憾或痛苦。在失业与通货膨胀中，人们往往更注重失业状况。

根据美国耶鲁大学的学者调查，人们对失业的重视程度是通货膨胀的6倍，因此，表示人们对政府不欢迎程度的指数就等于6乘上失业率再加上通货膨胀率。在前面的例子中，通货膨胀率等于5%，失业率等于6%，政府不受欢迎程度的指数为$5\%+6\times6\%=41\%$。这一指标越高，政府越不受欢迎，该届政府获得连任的机会就越少，所以各国政府都把降低失业率当作非常重要的工作目标。

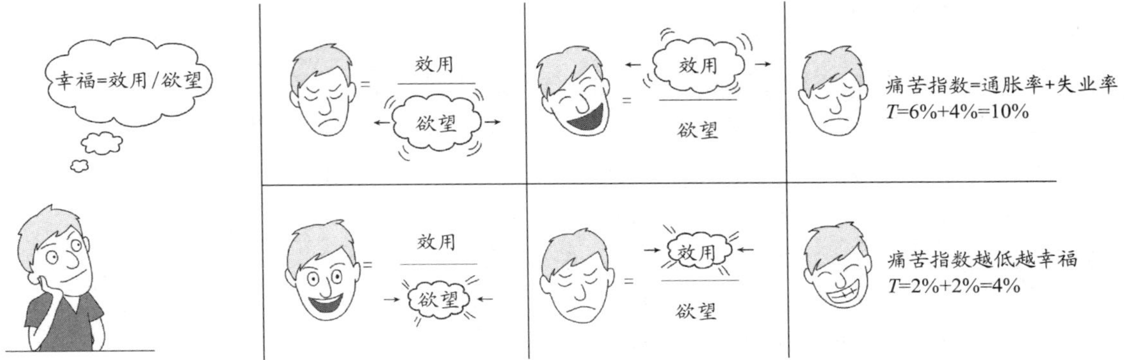

幸福指数和痛苦指数

美国经济学家保罗·萨缪尔森涉猎广泛，几乎无所不在，统计学、数学、微观经济学、宏观经济学、国际经济学、数理经济学。他所著的经济学教材妙趣横生、引人入胜，风行全球，引导几代学子，他被称为“经济学天才”“经济学界的最后一个通才”“经济学家中的经济学家”。

凯恩斯

萨缪尔森

大西洋

萨缪尔森曾获威尔斯奖、爱因斯坦奖、克拉克奖，是美国诺贝尔经济学奖首位获奖者，得到这些荣誉比他的同行整整早了20年；他的弟弟、妹妹、侄子是知名经济学家或者曾任美国财政部长。

2009年12月13日，这位经济学泰斗级的人物，在其位于美国马萨诸塞州的家中逝世，享年94岁。“我的所得远大于付出！”他这样评价自己的一生。

保罗·萨缪尔森

三、失业与通货膨胀的交替及菲利普斯曲线

（一）凯恩斯的观点——失业与通货膨胀不会同时并存

请看图9－12，按照凯恩斯主义的理论，失业与通货膨胀是不会并存的：充分就业

前，总需求增加只会引起国民收入增加，而价格水平不会上升，即 $AD_2 \rightarrow AD$，$Y_2 \rightarrow Y$，P_1 不变；达到充分就业时，总需求增加只会引起通货膨胀，而国民收入不会继续增加，即 $AD \rightarrow AD_1$，$P_1 \rightarrow P_2$，Y 不变。

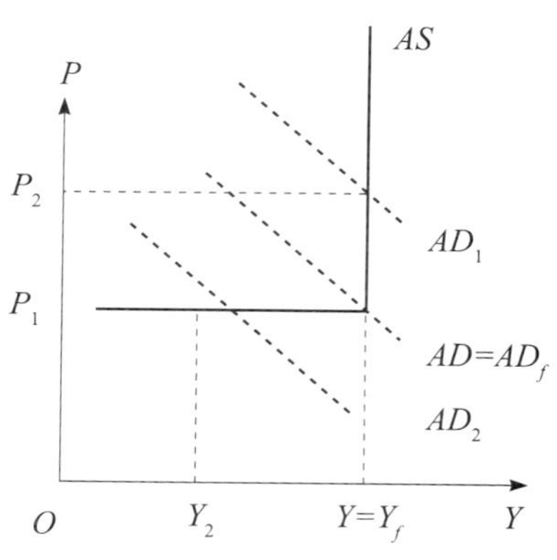

图 9－12　失业与通货膨胀不会并存

（二）菲利普斯曲线及其运用

菲利普斯曲线说明了失业与通货膨胀之间的交替关系。

在图 9－13 中，横轴 u 代表失业率（%），纵轴 $\Delta P/P$ 代表通货膨胀率，a、b、c 各点表示不同的通货膨胀率与失业率的组合。由于曲线向右下方倾斜，斜率为负，当失业率高时，通货膨胀率就低；反之，当失业率低时，通货膨胀率就高。图 9－13 中的阴影部分表示社会可接受的临界点，即 6%的通货膨胀率和 6%的失业率。

基于以上菲利普斯曲线表明的失业率与通货膨胀率的交替关系，政府可以根据具体情况及政治、经济目标，采取不同的调控措施，有意识地进行相机抉择。如图 9－14 所示，菲利普斯曲线并不是始终稳定的，曲线的上移表明经济情况的变化。当临界点（失业率与通货膨胀率的组合）位于阴影区（6%的失业率和 6%的通货膨胀率）时，菲利普斯曲线为 P_1，处于安全区域，政府不用干预；当菲利普斯曲线上移后（P_2），通货膨胀率与失业率的组合远离临界点或安全区域，政府必须进行需求管理和调控；当菲利普斯曲线继续移动至 P_3 时，政府就要加大调控力度。曲线的移动意味着社会将不得不忍受越来越高的失业率和通货膨胀率。

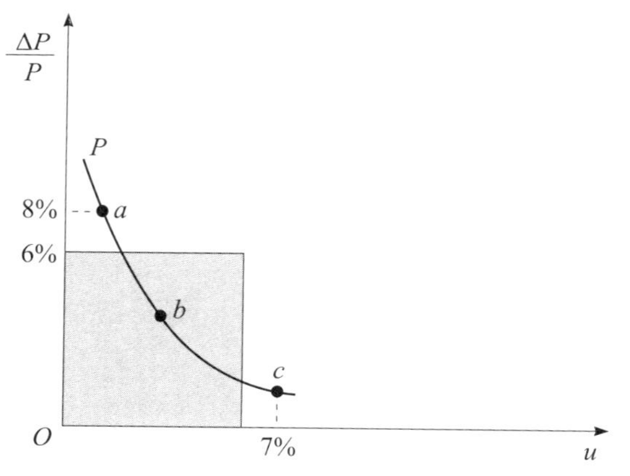

图 9－13　菲利普斯曲线及临界点

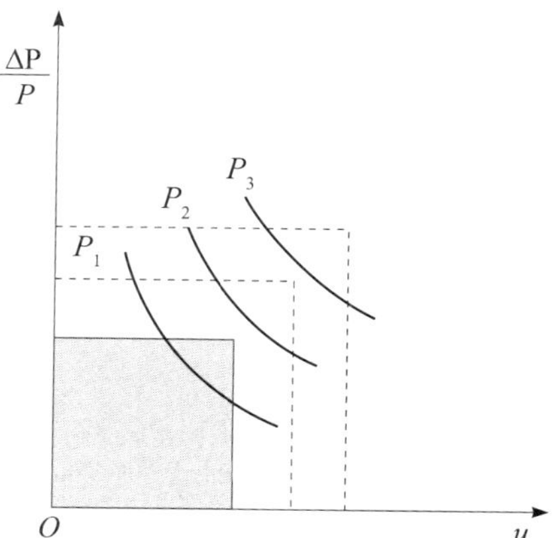

图 9－14　菲利普斯曲线的变化

（三）长期菲利普斯曲线

虽然在短期中，失业率与通货膨胀率之间存在交替关系，政府的调控在短期内有效，但在长期中，工人会根据实际情况不断调整自己的预期，并且预期的通货膨胀会不断接近于实际的通货膨胀，这样，工会及工人将要求增加名义工资，以使实际工资不变，这会造成通货膨胀率只上升不下降，从而否定了早期菲利普斯曲线失业率与通货膨胀率的交替关系。在长期中，菲利普斯曲线是一条垂直线，如图 9－15 所示。在图 9－15 中，*LPC* 代表长期菲利普斯曲线，它表明，无论通货膨胀率怎样变动，失业率总是固定在自然失业率的水平上（在长期中，经济能实现充分就业，失业率是自然失业率），采用扩张性财政政策和货币政策并不能降低失业率，只会引起进一步的通货膨胀。

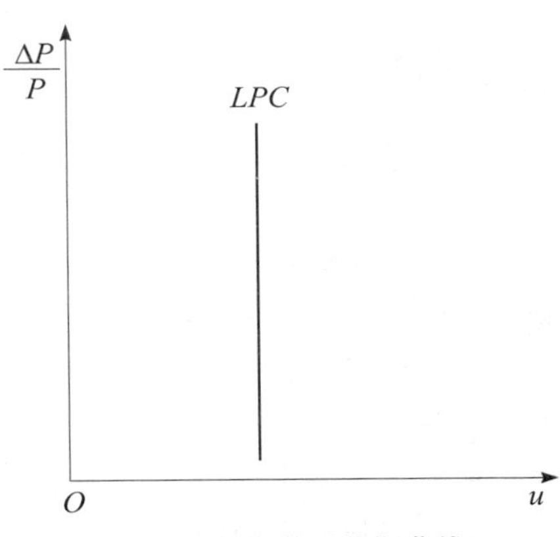

图 9－15　长期菲利普斯曲线

在进行政策选择时，菲利普斯曲线提供了一个理论依据。也就是说，政府可以根据政策目标（失业率与通货膨胀率的不同组合）来决定采取不同的财政政策和货币政策。

在利用菲利普斯曲线来确定政策时，政策目标的选择也不是没有限制的，一个国家或政府不能任意选择通货膨胀率与失业率的组合。请看图 9－13，政府不能选择 *a* 点或 *c* 点。因为：在 *a* 点，虽然失业率较低，但通货膨胀率为 8%，社会不能接受，这时，政府应采取紧缩性财政政策和货币政策；在 *c* 点，虽然通货膨胀率较低，但失业率为 7%，社会不能接受，这时，政府需要采取扩张性财政政策与货币政策，以降低失业率。

即问即答

什么是临界点？临界点的意义何在？

答：临界点是指对于失业率和通货膨胀率的社会可接受程度，即图 9－13 中的阴影部分。如果失业率和通货膨胀率在阴影区域，表明此时是社会可以接受的，政府没有必要进行调节、干预，只有当失业率与通货膨胀率超出阴影区域，政府才有必要采取政策措施加以调节。

临界点在不同的国家和地区是不同的。20 世纪 60 年代以后，菲利普斯曲线不断向右上方移动，这使得临界点也随之提高。如图 9－16 所示，当菲利普斯曲线由 *L* 变为 *M* 后，*M* 不通过有阴影的部分，即不在临界点区域内，这时，无论采取什么样的财政政策和货币政策，都不能把通货膨胀率和失业率降低到临界点之内（阴影区域），因此，旧的临界点就被新的临界点代替。

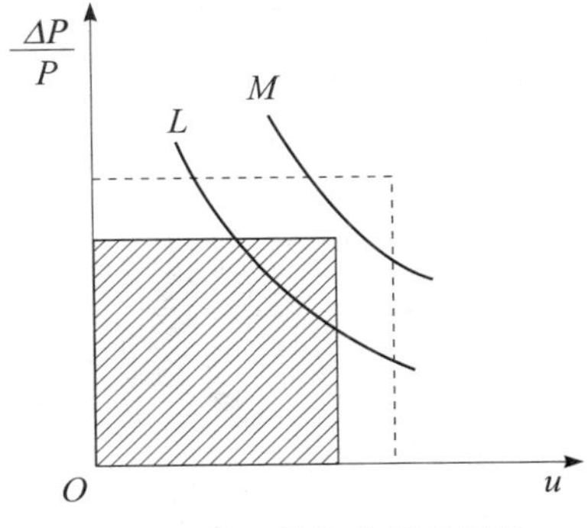

图 9－16　菲利普斯曲线的恶化与临界点的移动

背景资料

沃尔克反通货膨胀的代价

20 世纪 70 年代末 80 年代初，美联储主席为反通货膨胀所付出的代价说明了菲利普斯曲线的存在。

20 世纪 70 年代，滞胀一直困扰着美国。1979 年夏，美国的通货膨胀率高达 14%，失业率高达 6%，经济增长率不到 1.5%。在这种形势下，沃尔克被卡特总统任命为美联储主席。沃尔克上台后把自己的中心任务定为反通货膨胀。他把贴现率提高到 12%，货币量减少，但到 1980 年 2 月，通货膨胀率已高达 14.9%。与此同时，失业率高达 10%。沃尔克顶住各方面压力，继续实施这种紧缩政策，终于在 1984 年使通货膨胀率降至 4%，开始了 20 世纪 80 年代的繁荣。

沃尔克反通货膨胀的最终胜利是以高失业率为代价的。经济学家把通货膨胀率减少 1%的过程中每年国内生产总值减少的百分比称为牺牲率。国内生产总值减少必然引起失业加剧。这充分说明通货膨胀与失业之间在短期内存在交替关系，实现低通货膨胀率在一定时期内要以高失业率为代价。

经济学家把牺牲率确定为 5%，即通货膨胀率每年下降 1%，每年的国内生产总值减少 5%。沃尔克把 1980 年 14.9%的通货膨胀率降低至 1984 年的 4%，按此推理，每年减少的国内生产总值应为 54.5%。实际上，国内生产总值下降得并没有这么严重。其原因在于沃尔克坚定不移的反通货膨胀的决心使人们对通货膨胀的预期下降，从而菲利普斯曲线向下移动。这样，反通货膨胀的代价就小了。但代价仍然是有的，美国这一时期经历了自 20 世纪 30 年代以来最严重的经济衰退，失业率达到 10%。

反通货膨胀付出的代价证明了短期菲利普斯曲线的存在，也说明维持物价稳定的重要性。

失业与通货膨胀的交替

本章小结

1. 失业分为周期性失业和自然失业（摩擦性失业、结构性失业、临时性和季节性失业）。经济学较多地关注需求不足的失业，因为，它周期性地出现不断困扰着人类社会。

2. 通货膨胀的经济根源在于社会总需求超过了社会总供给。这一经济根源形成了需求拉动和成本推动两种力量，导致了通货膨胀的产生。

3. 英国经济学家菲利普斯提出了一个被称为“菲利普斯曲线”的经济模型，以说明失业和通货膨胀之间的交替关系。在市场经济条件下，必须警惕菲利普斯曲线的恶化，即滞胀局面的出现。在市场经济实际中，失业和通货膨胀是不可避免的，也是市场经济负面的最集中的表现。有效的经济政策是如何把失业和通货膨胀控制在适度的范围内。

思考题

1. 在市场经济中，有没有可能消灭通货膨胀和失业？为什么？（提示：不能，因为存在自然失业）

2. 如何理解自然失业率？

3. 周期性失业和结构性失业的区别是什么？（提示：前者是就总量而言，后者是就结构而言。存在结构性失业的时候可能仍然会有职位空置）

4. 如果在通货膨胀和通货紧缩中，宏观经济政策必选其一的话，你认为哪一种政策倾向更好一点？

5. 当物价指数上升10%时，人们的收入也随之增长10%。在这种情况下，人们的利益是否会受到损害？当物价指数上升80%时，人们的收入增长100%，在这种情况下，通货膨胀是否会对经济造成危害？

第十章　经济增长和国际经济

学习目标

知识要求：了解经济增长对一国居民意味着什么；理解哈罗德-多马经济增长模型；掌握国际收支均衡公式。

技能要求：知道哈罗德-多马经济增长模型的基础和前提；了解比较优势理论和国际收支平衡表；会用国际收支平衡表分析一国的经常项目、资本项目、官方储备项目以及一国收入的流进与流出。

开章案例

中国的经济还会高速增长吗？

自 1979 年以来，中国经济已经连续高速增长了近四十年。专家预测：在未来几年中，中国经济还将会保持增长。中国未来经济增长的潜力和前景反映在以下几个方面：

第一，中国目前人均 GDP 的水平还很低，增长的人均基数还较小。从世界各国经济增长的经验来看，基数小，增长快；基数大，增长慢，这是一个较为普遍的现象。美国人均 GDP35 000 美元，年增长 1%，绝对额增长 350 美元；中国人均 GDP 只有 1 200 美元，年增长 10%，GDP 才增加 120 美元。因此，中国未来在低基数基础上的高增长是国民经济成长的重要趋势。

第二，中国居民生活水平提高的主要内容是物质消费的满足，因此，物质产品的大规模生产和建设，将强劲推动国民经济的持续增长。从城镇居民的需求来看，住房需求和汽车需求将是经济增长强劲的拉动力；从农村转向城市人口的需求来看，住房、日用消费品数量和质量的提高，以及其他耐用消费品消费的增加，也是经济增长强劲的拉动力。

第三，中国有着丰富的人力资源，工资成本目前为一些工业化国家的 1/50～1/30，即使 2020 年实现较为富裕的小康社会，工资成本也还为这些工业化国家的 1/20～1/15。而且随着教育的发展，适龄青年高等学校入学率在 2020 年将达到 35%左右，中国将会成为人力资本规模最大的国家。劳动力便宜的成本比较优势和人力资本的增加，将成为国民经济强有力的推动因素。

第四，从农村社会和农业向城市社会和非农业的结构转型及其带来的人口迁移，形成的劳动力得以利用。中国到2020年如果城市化水平每年提升1%，累计将有2.1亿农业人口向城镇转移，由此带来的城市和交通建设、城市人口增加和消费增加等，也是一个强劲的经济增长推动因素。

第五，到2020年，中国人口规模将达到14.5亿以上，其中城市人口将达到9亿左右，以不变价计算，到2020年，消费总规模将达到23.5万亿元，投资性购买规模将达到14.4万亿元。中国因人口众多，随着人民收入水平的提高，几乎任何产业都有可观的市场需求规模，这为产业的投资和发展创造了规模化的市场条件，中国产业在世界市场波动时，国内有足够的需求回旋余地。

第六，成长着的巨大的中国市场，劳动力资源丰富和工资成本较低的比较优势，稳定的国内政治和社会环境，将使中国成为世界上投资最安全和最有收益的地区，而外国资本大量进入也是中国未来经济增长的有力推动因素。

第七，从东亚一些国家和地区经济增长的经验来看，结构转型在城市化水平35%～55%阶段、人均GDP在1 000～3 000美元阶段，仍然是高速增长阶段。比如，韩国在1953—1962年GDP平均增长3.84%，1962—1991年平均增长8.48%，1991—2000年平均增长5.76%，高速增长长达38年；新加坡1960—1965年GDP平均增长5.74%，1965—1984年平均增长9.86%，1984—2000年平均增长7.18%，高速增长了35年。中国未来结构转型特征和人均GDP水平变动，正是处于这样一个经济高速增长的时期。因此，对中国未来经济的高速增长持否定和怀疑态度是没有道理的。

讨论题

有专家认为，作为转型的发展中国家，保持一定的、较快的经济增长速度就像自行车为了不倒而保持一定的速度一样重要，你同意吗？

第一节　经济增长模型及其运用

现代经济增长理论是在凯恩斯主义出现之后形成的。经济增长一般是指一国的商品和劳务总量的增加，即国内生产总值的增加。衡量经济增长的指标通常有两个：一是实际国内生产总值，即以不变价格计算的国内生产总值；二是人均国内生产总值，即按人口增加的情况修正的实际国内生产总值。

背景资料

经济增长的三个时期

第二次世界大战以后，西方经济增长理论的发展可以概略地分为三个时期，每个时期都有其突出的主题。第一个时期是20世纪60年代以前，这一时期主要是建立各种经济增长模型。第二个时期从20世纪60年代初开始，研究的重心是对经济增长因素的分析。第三个时期从 20 世纪 70 年代开始，在这一时期，许多经济学家对经济增长本身提出了疑问，从而展开了关于经济增长的各种争论。

经济增长与复利效应

一、经济增长模型

英国经济学家哈罗德以凯恩斯经济理论为基础，于 1939 年发表了《论动态理论》一文，试图将凯恩斯经济理论长期化、动态化，以讨论长期经济增长问题。此后，他又于 1948 年出版了《动态经济学导论》一书，提出了他的经济增长模型。20 世纪 40 年代中期，美国经济学家多马进行了类似的研究，提出了另一个经济增长模型。由于他们两人所提出的经济增长模型含义相同，因而一般将他们的模型合称为哈罗德-多马经济增长模型。

（一）哈罗德-多马经济增长模型基本假设

（1）假定全社会所生产的产品只有一种。这种产品既可能用于个人消费，也可以作为投资所需的生产资料，继续投入生产。

（2）假定只有两种生产要素，劳动是除资本以外唯一的另一种生产要素，并且两种生产要素之间不能相互替代，两种要素只有一种可行的配合比例。

（3）假定规模收益不变。即不管生产规模大小，单位产品所需成本不变，如果劳动和资本同时增加一倍，收入也相应地增加一倍。

（4）假定技术不变，即不存在技术进步。

（5）由于规模收益不变，技术不变，并且劳动和资本两种生产要素的配合比例不变，因此在任何时候，生产单位收入所需要的劳动力数量和资本数量是不变的。

（6）假定边际储蓄倾向不变。因边际储蓄倾向等于平均储蓄倾向或储蓄占国民收入的比率，故平均储蓄倾向或储蓄占国民收入的比率是不变的。

(二) 哈罗德-多马经济增长模型的基本公式

哈罗德从凯恩斯的“储蓄-投资分析模型”出发，将有关的经济因素抽象为以下三个变量：

(1) 储蓄率 (s)。即储蓄量占国民收入的比重。以 S 表示储蓄量，以 Y 表示国民收入，则：

$$s=\frac{S}{Y} \quad \text{或} \quad S=s\cdot Y$$

(2) 资本-产量比 (v)。它代表生产一单位国民收入所需要的资本投入，以 K 表示为得到国民收入 Y 的资本投入，则：

$$v=\frac{K}{Y}$$

例如，为得到 1 000 亿元国民收入需要投入的资本为 4 000 亿元，则 $v=K/Y=4\,000/1\,000=4$。

根据假定，资本-产量比 (v) 是不变的，因此

$$\frac{K}{Y}=\frac{\Delta K}{\Delta Y}$$

上式中，ΔK 为资本增量，即净投资 I，所以有

$$v=\frac{K}{Y}=\frac{I}{\Delta Y} \text{或} I=v\cdot\Delta Y$$

(3) 有保证的国民收入增长率 g_ω。即在 s 与 v 既定的条件下，能够使投资等于储蓄 ($I=S$) 的经济增长率。

$$s\cdot Y=S=I=v\cdot\Delta Y$$

$$g_\omega=\frac{\Delta Y}{Y}$$

故

$$g_\omega=\frac{s}{v}$$

这就是哈罗德-多马经济增长模型的基本公式。它的经济含义是：

(1) 当经济处于均衡状态时 ($S\rightarrow I$，储蓄全部转化为投资时)，国民收入增长率与社会储蓄率成正比。即社会储蓄率高，资本增加多，经济增长率就高。$S=I$ 是经济稳定和均衡增长的条件。

(2) 在哈罗德-多马经济增长模型中，v 是一个常数。如果 v 不变，经济增长率就取决于社会储蓄率。当 $v=4$ 时，20%的储蓄率意味着 5%的增长率，28%的储蓄率意味着 7%的增长率，储蓄率越高，经济增长率就越高。储蓄率是国民收入增长的保证，一定的国民收入增长率又是储蓄为投资所吸收的保证。

(3) 如果储蓄率不变，资本-产量比与国民收入增长率呈相反方向变化，v 高，g_ω 就低，v 低，g_ω 就高。当 $s=20\%$时，$v=4$，就有 5%的增长率；$v=2$，就有 10%的增长率；$v=1$，就有 20%的增长率。

例题讲解

已知一国国民收入（Y）为 10 000 亿元，资本-产量比（v）为 3，社会储蓄率（s）为 15%，请利用已知条件说明哈罗德-多马经济增长模型的经济含义。

解：(1) $S=I$。哈罗德-多马经济增长模型的前提是：只有实现了 $S=I$，才能实现经济的均衡增长。例题中 $S=I=10\,000\times15\%=1\,500$（亿元），只有 1 500 亿元储蓄都转化为投资，才不会出现有效需求不足，才能保证国民收入均衡增长。

(2) $s\rightarrow G$。国民收入增长率取决于社会储蓄率，社会储蓄率高，国民收入增长率就高。当资本-产量比（v）为 3 时，一定的社会储蓄率是国民收入均衡增长率的保证。即

$$G=s/v=15\%/3=5\%$$

(3) G 保证 $S=I$。一定的增长率是储蓄为投资所吸收的保证。在已知 $v=3$，并且不发生改变的情况下，要想使 1 500 亿元储蓄都转化为投资（$S=I$），必须保证 5%的国民收入增长率。

(4) v 与 G 呈反方向变化。当 $s=15\%$ 且不变时，$v=I/\Delta Y=3$，$\Delta Y=1\,500/3=500$（亿元）。1 500 亿元的储蓄转化为投资后，新增加的国民收入是 $\Delta Y=1\,500/3=500$（亿元）。这样，增长率 $\Delta Y/Y=G=500/10\,000\times100\%=5\%$。假如 $v=5$，则 $G=3\%$；假如 $v=10$，则 $G=1.5\%$。即 v 越高，储蓄转化为投资后，新形成的国民收入就越少，增长率也越低。

（三）有保证的增长率与实际增长率

在资本-产量比不变、储蓄率不变的假定条件下，按照哈罗德-多马经济增长模型，要实现经济稳定均衡增长，保证投资等于储蓄，就必须使实际增长率等于有保证的增长率。只要使实际增长率等于有保证的增长率，就能够实现经济稳定均衡增长。哈罗德-多马经济增长模型的经济含义就在于此。

例如，假设储蓄率 s 为 20%，资本-产量比（v）为 4，并且在增长过程中，s 和 v 保持不变，则有保证的增长率：

$$g_\omega=\frac{s}{v}=5\%$$

(1) 若实际增长率 $g=g_\omega=5\%$，则储蓄就能够全部转化为投资。投资一方面作用于需求，使总需求等于总供给；另一方面作用于供给，使生产能力增加，使下期国民收入增加，进而使国民收入进一步增长。

(2) 当储蓄量不能全部转化为投资量，投资率不等于储蓄率时，实际增长率就与有保证的增长率不一致了。

当实际投资率大于储蓄率时（$i>s$），则实际增长率大于有保证的增长率，如 $s=20\%$，$i=24\%$，实际资本-产量比（v）$=4$，则：

$$\text{实际增长率}=\frac{24\%}{4}=6\%$$

$$\text{有保证的增长率}=\frac{20\%}{4}=5\%$$

当实际投资率小于储蓄率（$i<s$）时，那么实际增长率小于有保证的增长率。如$s=20\%$，$i=16\%$，$v=4$，则：

$$实际增长率=\frac{16\%}{4}=4\%$$

$$有保证的增长率=\frac{20\%}{4}=5\%$$

实际增长率大于有保证的经济增长率，意味着实际投资大于储蓄，总需求大于总供给，过度投资在加速系数的作用下，会放大经济增长，导致经济高速扩张和通货膨胀；反之，会导致经济衰退和通货紧缩。

二、经济增长因素分析

在估计各种因素对经济增长的贡献时，西方学者通常考虑技术、劳动、资本三大因素，即经济增长是技术、劳动、资本的函数，即

$$g=a(\frac{\Delta K}{K})+b(\frac{\Delta L}{L})+TC$$

上式中，g代表经济增长率，$\frac{\Delta K}{K}$、$\frac{\Delta L}{L}$分别代表资本、劳动的增长率；TC为技术进步速度；a、b分别代表资本和劳动的收入占国民收入的比重，根据统计资料，$a=\frac{1}{4}$，$b=\frac{3}{4}$，则：

$$g=\frac{1}{4}\times(\frac{\Delta K}{K})+\frac{3}{4}\times(\frac{\Delta L}{L})+TC$$

由此可以得出资本增长和劳动增长对经济增长的贡献：资本增长1%，可使国民收入增长$\frac{1}{4}\times1\%=0.25\%$；劳动增长1%，可以使国民收入增长$\frac{3}{4}\times1\%=0.75\%$。

技术进步对经济增长的贡献是无法直接计算的，但可以将它作为“剩余”来估算。即从经济增长率中减去资本和劳动增长的贡献，余值就是技术进步对经济增长的贡献。即

$$TC=g-\frac{1}{4}\times(\frac{\Delta K}{K})-\frac{3}{4}\times(\frac{\Delta L}{L})$$

假设经济增长率为3.2%，资本增长率为3%，劳动投入的增长率为1%，则：

$$TC=3.2\%-\frac{1}{4}\times3\%-\frac{3}{4}\times1\%=3.2\%-0.75\%-0.75\%=1.7\%$$

若经济增长率为3.2%，资本增长的贡献是0.75个百分点，劳动投入增长的贡献是0.75个百分点，而技术进步的贡献是1.7个百分点。据此还可计算三个因素的贡献占全部经济增长率的百分比。即在全部经济增长中，资本增长的贡献约占23.44%，劳动增长的贡献约占23.44%，技术进步的贡献约占53.12%。

三、经济增长是非论

（一）零增长理论的提出及基本观点

零增长理论是指20世纪60年代末出现的反经济增长理论，该理论的基本观点是：

假定世界上的自然的、经济的和社会的关系没有重大变化，那么，由于世界粮食的短缺、资源的耗竭和污染的加重，世界人口和工业生产能力将会发生非常突然和无法控制的崩溃。为了避免这种灾难性的前途，必须停止人口增长和工业投资增长，以达到零增长的全球性均衡。所以，经济增长是有极限的，即使可以增长，该增长也是不可取的。

背景资料

零增长理论

零增长理论起源于1968年意大利菲亚特公司董事长帕赛伊邀请30多名知名人士在罗马对人类未来的讨论。这次由科学家、经济学家、新闻记者、教育家和实业家参加的讨论活动被称为罗马俱乐部。罗马俱乐部委托麦多斯把讨论的情况整理成书，这就是麦多斯在1972年出版的《增长的极限》，它与福雷斯特尔在1971年出版的《世界动态学》一起，成为零增长理论的代表作。

麦多斯和福雷斯特尔的基本观点是：人口和经济的增长必然加大对非再生资源和食物的需求，并增加污染，由于资源和能够提供食物的供给及环境吸收污染的容量是有限的，因此，经济增长必然在某一时间内达到极限。如果经济增长不受阻碍地继续下去，那么，到2100年之前，因为环境污染、粮食短缺、人口过多、资源耗尽、食物和医药缺乏将引起死亡率上升，最后人口增长停止，人类社会将面临崩溃的危险，所以麦多斯-福雷斯特尔模型又被称为世界末日模型。他们认为，为了避免由于经济增长达到极限而导致人类社会的崩溃，应停止追求经济增长，尽力减少资源的消耗和污染。

（二）增长价值怀疑论

如果增长是可能的，或者说经济增长不会导致人类社会毁灭，那么，经济增长是值得的吗？

美国经济学家米香对经济增长的价值提出了怀疑：第一，持续的经济增长使人们失去闲暇、新鲜的空气、秀丽的景色和安静的环境、平衡的生态，使生存质量下降。第二，人类幸福不仅仅局限于物质享受，对幸福的理解取决于人在社会上的相对地位，虽然经济增长能增加个人的绝对收入，但不一定能提高他在社会上的相对地位。经济增长带来的结构变动、心理紧张使人类得到的幸福、福利大打折扣。米香认为，应停止经济增长，恢复过去那种田园式的生活。

（三）对零增长理论的反驳

弗里德曼认为，麦多斯等人不过是“带着计算机的马尔萨斯”。既然古典经济学家马尔萨斯的悲观预测未能应验，现代的悲观预测将来也不会灵验。影响未来的因素是复杂的、无法预测的，而福雷斯特尔和麦多斯等人的分析是简单的，是建立在一系列假定基础上的。

一些经济学家指出，即使零增长，也并不能减少污染和资源消耗。经济增长中出现的各种问题只有通过技术进步、经济发展来解决。如果经济增长和技术进步停止，人类只能自取灭亡。

还有的学者指出，如果真正实现零增长，将会使低收入者没有改变贫困状况的机会，将使发展中国家永远处于落后挨打的地位，将使政府管制无限扩大。零增长理论主张要使一切保持现状，它将使社会成为一个僵化的社会，现代西方社会中的不平等将恒久保持下去甚至进一步扩大。零增长战略的贯彻，要求采取严格的行政管制，政府要监督企业的投资率、生产规模、产量、雇佣人数、工作时数等，政府要建立庞大的官僚机构、承担庞大的财政支出，企业会想方设法逃避检查，这一切将给社会带来灾难。在世界范围内，发展中国家不会实施零增长政策，那会让它们永远落后；发达国家也不愿使自己的经济增长慢下来，因为，其他国家会一如既往地污染大气、海洋、湖泊和森林，自己仍然会遭受损害。

大多数西方经济学家相信，技术进步的作用是无可估量的，完全可以突破资源的限制，使经济增长持续下去，办法总比困难多，而解决经济增长消极后果的办法就在经济增长中。

背景资料

经济增长与经济发展

促进国际社会的共同发展是联合国和当前世界面临的头等大事，也是联合国千年首脑会议的重要话题。在经济全球化的趋势下，发展不平衡问题变得更加突出，南北差距扩大，贫富悬殊，人类财富正日益集中到世界少数富国和富人手中。正如联合国第七任秘书长安南指出的，近一半的世界人口每天只依靠不到 2 美元度日。因此，不少成员国希望联合国在全球化进程中发挥积极的主导作用，推动各国制定法规，以便建立公正、合理的国际政治、经济新秩序。安南在千年报告中敦促各国积极行动起来，力争在 2015 年以前帮助 10 亿人口摆脱贫困。报告还要求发达国家对贫穷国家的产品敞开大门，减免其债务负担，并向其提供经济援助。

20 世纪 60、70 年代，反增长的游说主要得到一些学者的支持。然而，到了 80 年代和 90 年代，其支持的范围从某些大学的派别扩展到国会的下议院。游说争论的中心主要与空气污染有关。污染是经济增长的副产品，特别是当某些条件放松以及某种经济活动有多种副产品时，污染情况就更严重。工业污染主要包括空气和水的污染，也包括噪声以及对自然风景的污染。

寻求经济增长和反对经济增长的人士似乎都有他们各自的理由。

第二节 国际经济

一、国民收入均衡公式

在简单的开放经济条件下，总需求＝总支出＝消费＋投资＋政府支出＋出口＝$C+$

$I+G+X$，总供给＝总收入＝消费＋储蓄＋税收＋进口＝$C+S+T+M$；总供给＝总需求，$C+S+T+M=C+I+G+X$。假定政府收支相等，并且去掉消费项，那么，$S+M=I+X$，由此可得：

$$S-I=X-M$$

上式中 $S-I$ 是储蓄投资差额，$X-M$ 是进出口差额。在这两个差额中，任何一个差额都可以通过调整另外一个差额来加以变化，或者增加出口，或者减少进口；或者减少储蓄，或者增加投资。通过调节，达到国民收入均衡。

利用 $S-I=X-M$ 可以说明本国储蓄、国内投资、资本输入（输出）的关系。

（一）净出口等于国外净投资（$X-M=I_f$）

以 I_f 表示国外净投资（本国对国外投资与外国对本国投资之差），国外净投资应等于净出口，即 $I_f=X-M$。因为，当 $X-M>0$ 时，盈余以外汇、国外股票、国外债券、国外古董等资产形式存在，即国外净投资为正（I_f）>0；当 $X-M<0$ 时，贸易逆差以外国投资者购入本国货币、本国股票、本国债券、本国企业资产的形式存在，即国外净投资为负（$I_f<0$）。所以，$X-M=I_f$。

（二）储蓄投资差额等于国外净投资（$S-I=I_f$）

$$S-I=X-M$$

$$S-I=I_f$$

公式 $S-I=I_f$ 的经济含义是：$S-I>0$，国外净投资 I_f 为正，盈余和官方储备增加，本国对国外投资增加；$S-I<0$，国外净投资 I_f 为负，盈余和官方储备减少，本国对国外投资减少，而外国对本国投资增加。

（三）本国储蓄可用于国内投资和国外投资（$S=I+I_f$）

$$S=I+I_f$$

公式 $S=I+I_f$ 的经济含义是：本国储蓄可用于国内投资（I）和国外投资（I_f）。

（四）资本输入国与资本输出国

当一国有贸易顺差时，$X-M>0$，$I_f>0$，该国就是资本输出国；当一国有贸易逆差时，$X-M<0$，$I_f<0$，该国就是资本输入国。

二、汇率

（一）汇率与收入均衡

进出口的变动（假定其他条件不变）涉及汇率问题。汇率是指一国货币单位同他国货币单位的兑换比率。在开放经济中，为了保持收入均衡，必须使汇率接近于货币价值。因为，在生产能力、消费者偏好和收入既定的条件下，如果汇率高于货币价值，即货币升值，将使进口增加，出口减少，收入均衡受到破坏；如果汇率低于货币价值，即货币贬值，将使出口上升，进口减少，收入均衡同样受到破坏。

（二）固定汇率制和浮动汇率制

1. 固定汇率制

固定汇率制是指一国货币同他国货币的汇率基本固定，其波动仅限于一定的幅度之内。在这种制度下，中央银行固定了汇率，并按这一水平进行外汇的买卖。中央银行必须为任何国际收支盈余或赤字按官方汇率提供外汇。当有盈余时购入外汇，当有赤字时售出外汇，以维持固定的汇率。

实行固定汇率制有利于一国经济的稳定，也有利于维护国际金融体系与国际经济交往的稳定，减少国际贸易与国际投资的风险。但是，实行固定汇率制要求一国的中央银行有足够的外汇或黄金储备。如果不具备这一条件，必然出现外汇黑市，黑市的汇率要远远高于官方汇率，这样反而会不利于经济发展与外汇管理。

汇率

2. 浮动汇率制

浮动汇率制是指一国中央银行不规定本国货币与他国货币的官方汇率，汇率由外汇市场自发地决定。

浮动汇率制又分为自由浮动与管理浮动，自由浮动又称“清洁浮动”，是指中央银行对外汇市场不采取任何干预措施，汇率完全由市场力量自发地决定。管理浮动又称“肮脏浮动”，是指实行浮动汇率制的国家，其中央银行为了控制或减缓市场汇率的波动，对外汇市场进行各种形式的干预活动，主要是根据外汇市场的情况售出或购入外汇，通过对供求的影响来影响汇率。

实行浮动汇率制有利于通过汇率的波动来调节经济，也有利于促进国际贸易，尤其在中央银行的外汇与黄金储备不足以维持固定汇率的情况下，实行浮动汇率制对经济较为有利，同时能取缔非法的外汇黑市交易。但浮动汇率制不利于国内经济和国际经济关系的稳定，会加剧经济波动。

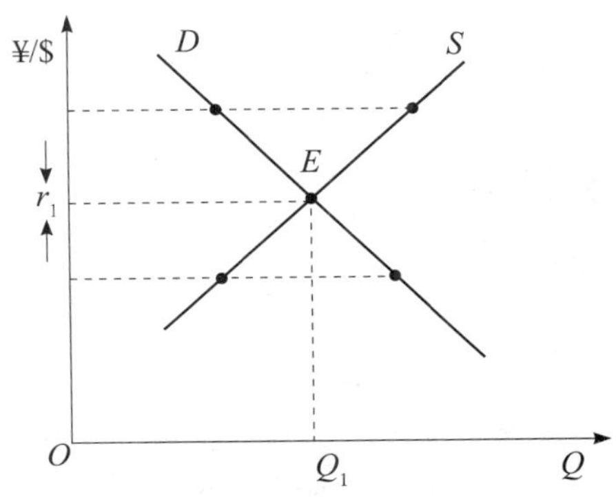

图 10-1 汇率由美元的供求决定

为说明浮动汇率（均衡汇率），我们作图解释。如图 10-1 所示，假定只有两个国家参与外汇市场，即中国和美国。横轴 *OQ* 代表外汇（美元）的数量，自由浮动汇率就是能使外汇市场上对美元的需求和对美元的供给相等的汇率。

中国对美元的需求产生于中国对美国产品、劳务及各种资产（包括股票、债券等）的需求。当兑换 1 美元需要支付较多的人民币时，以人民币单位衡量，美国的产品和劳务价格较高。因此，中国对美国的产品、劳务及各种资产的需求量较低，从而中国对美元的需求量较小。反之，当兑换1美元需要支付的人民币较少时，中国对美国产品、劳务及各种资产的需求量较大（根据这种关系，可得出对美元的需求曲线）。

美元供给产生于美国对中国产品、劳务及各种资产的需求。美元的供给与汇率的关系和对美元的需求与汇率的关系正好相反。当一单位美元可以兑换较多的人民币时，以美元单位衡量，中国产品、劳务及各种资产价格较低，美元供给较大（根据这一关系，可以画出美元供给曲线）。在图10-1中，美元的供给曲线S与对美元的需求曲线D相交于E点，E点对应的均衡水平为7（均衡汇率），它表示7元人民币等于1美元。这种以外国货币为基准，把一定整数单位的外币兑换成一定数额本币的标价方法叫直接标价法。这是目前国际上大多数国家采用的办法，也是我国采用的标价方法。

当实际汇率（如12）高于均衡汇率时，对美元的需求小于供给，汇率会下降；当实际汇率（如6）低于均衡汇率时，对美元的需求大于美元的供给，汇率会上升。在自由浮动汇率制度下，汇率会自动上升至均衡汇率水平。

当发生均衡变动时，例如均衡汇率下降到6，就表示人民币升值，美元贬值；反之，人民币贬值，美元升值。

例题讲解

汇率与出口

某旅游鞋出口产品制造商，出口鞋的单价为40美元，一年卖10万双。请问：当汇率为7和5时，该企业以人民币计算的销售收入是多少？

解：当美元兑换人民币的汇率从7降低为5时，销售收入从7×40×10降到5×40×10，即该企业以人民币计算的销售收入从2 800万元减少为2 000万元。人民币升值使出口企业收入减少800万元人民币。

例题讲解

汇率与进口

某汽车产品进口经销商，进口汽车的单价为4万美元，一年进口1万辆。请问：当汇率为7和5时，该企业以人民币计算的进口汽车成本是多少？

解：当美元兑换人民币的汇率从7降低为5时，进口汽车成本从7×4×1降到5×4×1，即该企业以人民币计算的进口汽车总成本从28亿元减少为20亿元。人民币升值使出口企业成本减少8亿元人民币。

3. 利率和汇率的传递作用

传递是指当一个国家发生国民收入不均衡（失业、通货膨胀、滞胀）时如何对其他国家产生影响，以至于影响其国民收入均衡。

传递过程也就是价格机制作用的过程：世界市场价格波动→国内价格波动→产量与就业变动。

举例说明国际资本流动中利率的传递作用。例如，如果某国出现资本过剩，国内利率大幅度下降，引起本国资本流出，导致国际金融市场的利率大幅度波动，这又进一步引起国际资本流动，并对其他国家的利率产生影响；如果一国资本严重缺乏，国内利率大幅度上升，并迫使它从国外抽回资金，停止向国外供给信贷，国际资本流入，从而引起其他国家的企业发生支付困难，导致其他国家金融市场的紧张与混乱情况。

理论与实践

汇率的传递作用

假如，美国国内投资债券收益率为11%，其他国家则低于10%，许多国家的投资者会把自己手中的本国货币换成美元，所有人都竞相争购美元，美元升值；在美国，进口产品价格便宜，出口产品价格上升，出口小于进口，就业机会减少。由于进口产品便宜，许多人会购买进口产品，国内通货膨胀率下降，但国内生产也会下降，就业机会减少。这时，美国为了避免国外资本流入过多，将会扩大信贷，增加货币流通量，使国内通货膨胀率上升，降低债券投资的实际收益率，直到资本不再流入，本国货币贬值，汇率下跌，其他持有美元的国家会纷纷抛售美元，结果，美国出口产品价格下降，进口产品价格上升，出口大于进口，这就等于把失业传递到国外。

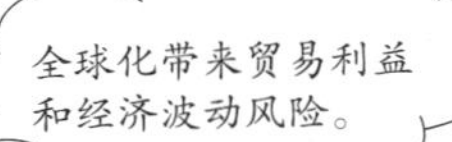

传递效应

三、比较优势理论与国际贸易的成因

比较优势理论说明，各国专门生产该国最擅长、最有效率的产品，然后换取它们无法生产或生产效率不高的产品，最终大家都有利可图。

（一）相对成本优势理论

这种理论认为，一国生产自己相对成本低的产品与别国进行交换，对双方都是有利的。

例如，英国与葡萄牙生产呢绒与葡萄酒的成本情况如表 10－1 所示。

表 10－1　英国与葡萄牙生产呢绒与葡萄酒的成本

	呢绒	葡萄酒
英国	100	120
葡萄牙	90	80

如表 10－1 所示，葡萄牙生产这两种产品都比英国有利。在这种情况下，双方贸易的基础就不是绝对成本，而是相对成本。

从葡萄牙来看，生产呢绒的成本是英国的 90％，生产葡萄酒的成本是英国的 67％。这就说明，葡萄牙生产两种产品都绝对有利，但生产葡萄酒的相对优势更大。从英国来看，生产呢绒的成本是葡萄牙的 1.1 倍，生产葡萄酒的成本是葡萄牙的 1.5 倍。这就说明，英国生产这两种产品都绝对不利，但生产呢绒相对有利一些。这样双方生产自己相对有利的产品，并进行交换就是有利的。英国生产呢绒，换取葡萄牙的葡萄酒；葡萄牙生产葡萄酒，换取英国的呢绒，双方都有利。这是因为，英国 220 单位的劳动可以生产出 2.2 单位的呢绒，葡萄牙 170 单位的劳动可以生产出 2.125 单位的葡萄酒。两国按 1∶1的比例交换，则付出同样的劳动成本时，能消费的产品都增加了。

国际贸易利益

国际贸易利益

比较优势理论在国际贸易理论中具有重要的地位，成为自由贸易政策的依据，以后的各种国际贸易理论都是由此发展出来的。

（二）机会成本优势理论

现实中，要衡量生产某种商品的资源成本是相当困难的，为此，经济学家用机会成本差异来解释贸易可以带来的利益。

假定，在A国，一单位资源可生产10千克小麦或6件衣物，这意味着，1千克小麦的机会成本是0.6件衣物（即$\frac{6}{10}$），而1件衣物的机会成本是1.67千克小麦（即$\frac{10}{6}$）。

在B国，一单位资源可生产10千克小麦或20件衣物，也就是说，1千克小麦的机会成本是2.0件衣物（即$\frac{20}{10}$），而1件衣物的机会成本是0.5千克小麦（即$\frac{10}{20}$）。如表10-2所示。

表10-2　A、B两国小麦和衣物的机会成本

	小麦/千克	衣物/件
A国	0.6件衣物	1.67千克小麦
B国	2.0件衣物	0.5千克小麦

根据表10-2，A国为增加1千克小麦而需要放弃的衣物小于B国（0.6<2.0）；B国为增加1件衣物而需要放弃的小麦小于A国（0.5<1.67）。如果由A国生产小麦而由B国生产衣物，产量为10千克小麦、20件衣物，总产量组合优于分别由A国和B国生产两种商品的其他选择（如A国生产10千克小麦，B国生产10千克小麦；A国生产6件衣物，B国生产20件衣物；A国生产6件衣物，B国生产10千克小麦）。

除此之外，还有许多其他的理论，如偏好差异理论、规模经济优势理论、要素禀赋理论、绝对优势理论、技术缺口和产品生命周期贸易理论等。

效用差异是交换的基础，交换是双赢

国际贸易的成因——偏好差异理论

重要提示

决定国际贸易的不仅仅是贸易利益

美国、加拿大和墨西哥在1993年签署了《北美自由贸易协定》，但是，1996年克林顿政府却限制墨西哥的西红柿出口美国。

美国的西红柿质次价高，墨西哥的西红柿质高价低。无论从哪一个角度看，美国从墨西哥进口西红柿都受益。西红柿进口受损的主要是佛罗里达州的种植者。他们的损失总体上小于消费者的受益。但他们人少，分摊到每个人身上受损失并不小，因此，他们就会组织起来反对西红柿进口，消费者虽然人多，但分散，他们无法组织起来支持西红柿进口。

那么，克林顿为什么不支持消费者而支持生产者呢？因为消费者不会由于西红柿进口少了而不支持他，但生产者会由于西红柿进口而反对他。1996 年正值总统大选，克林顿担心支持西红柿进口会失去佛罗里达州的支持，所以限制墨西哥西红柿进口。

这个例子说明，决定国际贸易的不仅有经济利益，还要考虑政治与其他社会问题。国际贸易对一些人有利，也对另一些人不利。决策者在考虑自由贸易时，通常要考虑各集团利益的冲突与平衡。这是自由贸易受到限制、保护贸易经常抬头的原因所在。

四、 国际收支

（一）国际收支平衡表

国际收支是一国在一定时期内（通常是一年内）对外国的全部经济交往所引起的收支总额的对比。这是一国与其他各国之间经济交往的记录。国际收支集中反映在国际收支平衡表中，该表按复式记账原理编制。表 10－3 为某国的国际收支平衡表。

表 10－3 某国国际收支平衡表 单位：亿元

项目 (a)	＋贷方 (b)	－借方 (c)	净额 (d)
Ⅰ. 经常项目			
1. 货物贸易额	2 000	－2 610	－610
2. 劳务和其他			＋190
3. 经常项目平衡差额			－420
Ⅱ. 资本项目			
4. 资本流量	820	－490	＋330
5. 资本项目平衡差额			＋80
Ⅲ. 统计误差			－10
6. 需要清偿的总额			
Ⅳ. 官方储备项目			
(美国官方储备资产变动净额)			＋10
7. 形式上的总计净额			0

（二）国际收支平衡表分析

1. 编制国际收支平衡表的基本原则

（1）只有国内外经济单位间的经济交易才记入国际收支中，其中包括居民、企业与政府。区分国内与国外的概念十分重要，例如，一家企业在国内的部分是国内，而在外国的子公司被当作国外。

（2）要区分借方和贷方两类不同的交易。借方是国内单位付给国外单位的全部交易项目，是一国的资产减少或负债增加；贷方是国外单位付给国内单位的全部交易项目，是一国的资产增加或负债减少。在国际收支平衡表上，最后借方与贷方总是平衡的。

（3）国际收支平衡表是复式簿记。

2. 国际收支平衡表的内容

国际收支平衡表中的项目分为四项，即经常项目、资本项目、统计误差和官方储备项目。

（1）经常项目。经常项目又称商品和劳务项目，包括：商品（进出口）；劳务，如运输、保险、旅游、投资劳务（利息、股息、利润）、技术专利使用费，以及其他劳动；国际单方转移，如宗教、慈善、教育事业赋予、侨汇、非战争赔款，等等。

（2）资本项目。资本项目是指一切对外资产和负债的交易活动，如各种投资、股票与债券交易等。

（3）统计误差。当借方与贷方不平衡时，通过调整这一项目使之平衡。

（4）官方储备项目。该项目是指国家货币当局对外交易净额，包括黄金、外汇储备等的变动。如果一国贷方大于借方，则这一项会增加；反之，如果一国借方大于贷方，则这一项会减少。

3. 国际收支的均衡与不均衡

在不考虑官方储备项目的情况下，国际收支有平衡与不平衡两种情况，不平衡又分为国际收支顺差与国际收支逆差两种情况。

当经常项目与资本项目的借方与贷方相等，也就是在国际经济活动中一国的总支出与总收入相等时，就称为国际收支平衡。这里要注意的是，国际收支平衡是指经常项目与资本项目的总和平衡。这就是说，如果经常项目的顺差（或逆差）与资本项目的逆差（或顺差）相等，则国际收支就是平衡的。当国际收支平衡时，官方储备项目不变。

当经常项目与资本项目的借方与贷方不相等时，就是国际收支不平衡。如果是贷方大于借方，即总收入大于总支出，则为国际收支顺差，或者说国际收支有盈余。如果是借方大于贷方，即总支出大于总收入，则为国际收支逆差，或者说国际收支有赤字。就经常项目与资本项目来说，如果经常项目和资本项目都有盈余，则国际收支有盈余；如果经常项目和资本项目都为赤字，则国际收支为赤字。如果经常项目的盈余大于资本项目的赤字，则国际收支有盈余；如果经常项目的盈余小于资本项目的赤字，则国际收支有赤字。如果经常项目的赤字大于资本项目的盈余，则国际收支为赤字；如果经常项目的赤字小于资本项目的盈余，则国际收支有盈余。

当国际收支顺差，即有盈余时，会有黄金或外汇流入，即官方储备项目增加；当国际收支逆差，即有赤字时，会有黄金或外汇流出。也就是说，当国际收支中的经常项目与资本项目之和不相等，即国际收支不平衡时，要通过官方储备项目的调整来实现平衡。

知识库

克林顿政府成功的秘诀——政府紧缩财政，美联储实行扩张性货币政策

在开放经济的条件下，如何通过调节经济实现经济繁荣是各国都遇到的问题。20 世纪 90 年代，克林顿政府成功地使美国经济保持了近 10 年之久的繁荣的经验值得我们重视。

1993 年，克林顿上任时，面临两个挑战：从 1981 年开始并一直增加的财政赤字已占 GDP 的 4.9%，经济在衰退，失业率超过了 7%。他的目标是减少赤字，实现充分就业。按传统理论，这两个目标需要两种不同的政策。减少赤字要用紧缩性政策，实现充分就业要用扩张性政策。在美国这样一个开放的经济中，应该用什么政策组合来同时实现这两个政策目标呢？

美国经济学家芒德尔证明：在一个资本自由流动，而且实行浮动汇率制的经济中，就对国内宏观经济的影响而言，财政政策的作用远远小于货币政策。因为在资本自由流动条件下，当实行扩张性货币政策使国内利率下降时，资本流出，汇率下降，可以促进出口与经济繁荣，而财政政策引起利率上升，对经济的刺激作用有限。于是克林顿采用紧缩性财政政策，减少支出，增加税收，结果财政赤字减少。美联储实行扩张性货币政策，刺激了投资，而投资增加、股市上扬又增加了人们的消费信心，消费也增加，边际消费倾向从长期的 0.676 上升到 0.68，实现了美国的经济繁荣。

本章小结

1. 经济学家发现，一国经济通常在波动中增长并且具有周期性。在一个经济周期中，经济扩张通常表现为国民收入的增加，即经济增长，而经济衰退则表现为国民收入的减少。在一定时期内，实际国民收入为 Y，它的改变量为 ΔY，那么经济增长率就表示为：

$$g_{\omega}=\frac{\Delta Y}{Y}$$

在估计各种因素对经济增长的贡献时，西方学者通常考虑技术、劳动、资本三大因素，即经济增长是技术、劳动、资本的函数。该理论主要研究经济长期变动趋势、如何才能实现稳定的经济增长、哪些因素影响经济增长，以及经济该不该增长等问题。

2. 从国民收入均衡公式可以推导出开放经济中国民收入均衡的条件，利用 $S-I=X-M$ 可以说明本国储蓄、国内投资、资本输入（输出）的关系。国家贸易产生的原因在于贸易利益。比较优势理论、机会成本优势理论说明各国参与贸易的好处。由于各国使用不同的货币，因此国家结算必然涉及汇率。国际收支平衡表是一种系统记录一定时期（通常为一年）一个国家国际收支项目及其金额的统计报表。它包括经常项目、资本项目、统计误差和官方储备项目。国际收支平衡表反映一国综合经济实力和对外交往情况，调节国际收支可以实现国民经济均衡运行。

思考题

1. 经济增长的源泉有哪些？

2. 解释哈罗德-多马经济增长模型的经济含义。

3. 经常项目和资本项目各有哪些主要内容？

4. 什么是国际收支均衡？国际收支均衡对一国的经济意义是什么？保持国际收支顺差对一国的经济发展是否有意义？（提示：国际收支顺差总是比国际收支逆差好，因为，顺差意味着收入高于支出，该国国外净投资为正，或者该国官方储备增加，这些都表明国家的实力上升。但长期的巨额顺差会引起本币供应增加，引发通货膨胀。如果顺差源于出口过多，则会影响本国经济发展）

5. 仔细思考下列观点："尽管比较优势学说过于简单化，但很深刻。忽视比较优势论的国家会在生活水平和经济增长方面付出沉重的代价""西方经济学者在货物和技术贸易方面极力推销他们的比较优势、自由贸易学说，却闭口不谈发达国家在劳动力国际流动方面设置的种种障碍和限制。试想，连人力这样重要的资源都不能自由流动，谈何贸易自由？"（提示：比较优势理论深刻且重要，但自由贸易是有条件的。也可有其他答案）

6. 体育明星姚明该不该自己洗衣服和粉刷房屋？为什么？（提示：采用比较优势理论、机会成本理论分析）

7. 完全自由的国际贸易会使实际工资像两个相互连接的管道里的水一样趋于相同水平吗？为什么？（提示：劳动市场实际上是不完全竞争市场，因为个人自然天赋和非经济因素等存在不同程度地垄断。也可有其他答案）

8. "高关税可以给政府带来较多财政收入，高关税还可以使国内免受竞争。"这种说法对吗？（提示：在短期内可能如此，但在长期内并非如此，免受竞争的代价是国内企业越来越缺乏竞争力。也可有其他答案）

9. 保护"幼稚行业"是为了在国内产业不成熟的时期，即在没能力与国外成熟的生产者相竞争的情况下，保护国内行业免受国外竞争压力。请判断这种说法是否正确。（提示：19世纪，德国经济学家李斯特的国民生产力理论提出了保护"幼稚行业"，因为它有利于一国长远利益，但真正需要保护而且应该保护的行业是极其有限的。也可有其他答案）

10. 如果一国突然发现了新的油田并进入国际市场，该国的贸易收支会出现顺差还是逆差？该国自由浮动的货币是会增值还是贬值？（提示：应为顺差、增值）

第十一章　宏观经济政策

学习目标

知识要求： 了解宏观经济政策四大目标（充分就业、物价稳定、经济增长和国际收支平衡）；理解财政政策和货币政策基本原理；掌握政府运用财政政策和货币政策调控经济的基本原理。

技能要求： 知道宏观经济政策的主要内容（财政政策、货币政策、供给政策、对外贸易政策等）；了解扩张性政策和紧缩性政策措施；会用宏观经济学知识说明如何运用扩张性财政和货币政策、紧缩性财政和货币政策解决失业及通胀问题。

开章案例

里根经济学

“就目前的（经济）危机而言，政府不能解决我们的问题，政府本身就是问题。”这是美国前总统里根在他的就职演说中的名句。他认为前任的经济政策出了问题。

20 世纪 70 年代末期，美国经济出现了前所未有的滞胀（通货膨胀率与失业率同时居高不下）。凯恩斯主义的宏观经济政策（需求管理政策）束手无策，因为按照凯恩斯主义的理论，尤其是当时盛行的菲利普斯曲线版本，失业率和通货膨胀率具有替代关系，此消彼长，不会同时出现。

里根采纳了两套全新的经济理论：其一是弗里德曼的货币主义政策；其二是曼德尔和拉弗等人的供应学派的供给政策。里根政策的理论依据及政策主张被学界称为里根经济学。货币理论认为，解决通货膨胀的唯一办法是管住货币水龙头，货币发行实行单一规则，放松经济管制，促进竞争。在里根之前的美国总统尼克松和卡特，为了抑制通货膨胀施行了很多经济管制。里根上任当天，就签署法令，立即解除了全国的汽油价格管制。加油站外排了 10 年的长队，一个礼拜就消失了。供应学派理论认为，政府要增加收入，边际税率并非越高越好。据说拉弗在一块餐巾上画出了著名的“拉弗曲线”：如果税率是零，政府的收入是零；但如果政府的税率是 100%，人们不想从事任何工作，政府的收入也是零。只有适当调节税率，政府才能取得最大的收入。美国当时的边际税率高达 70%，已经接近后一个极端。因此，里根主张减税，从而鼓励企业增加生产，走出经济困境。

讨论题

凯恩斯主义的宏观经济政策与货币主义政策、供给政策的区别是什么？

第一节　财政政策

财政政策是指政府为达到既定经济目标（减少失业、降低通货膨胀、实现经济增长、解决国际收支恶化）而改变它的财政收支的决策，包括支出政策和收入政策。财政支出包括政府购买和转移支付两类。财政收入主要是税收和公债。公债是政府弥补财政赤字的经常性手段，也是借以调整经济活动的重要工具，包括中央政府债务（国债）和地方政府债务。

一、财政收入

财政收入主要是指税收，包括所得税、销售税、财产税、社会保险税等。销售税是间接税，其主要特征是税负转嫁。财产税征税范围包括土地、房屋、资本、遗产和赠予等。社会保险税是指对大多数职业的雇工和被雇人征收的占薪金和工资额一定百分比的税，其用途包括失业救济、养老、医疗和伤害补助。

纳税像死亡一样不可避免

问题与答案

为什么消费者承担的税负比例会不同?

西方人说："纳税像死亡一样不可避免。"这不仅是指直接税，间接税同样适用。间接税包括销售税、购买税、烟草税、汽油和燃油税、印花税、关税、货物税等。间接税会随着价格变化转嫁给他人，到底转嫁多少取决于商品或劳务的需求价格弹性。为什么消费者承担的税负比例会不同？需求弹性小的商品或劳务，税负主要转嫁给消费者（如汽油)。需求弹性大的商品或劳务,税负主要转嫁给生产者(如游艇)。如图 11－1 和图 11－2 所示,由于需求弹性大小不同,消费者承担的税负比例就不同。

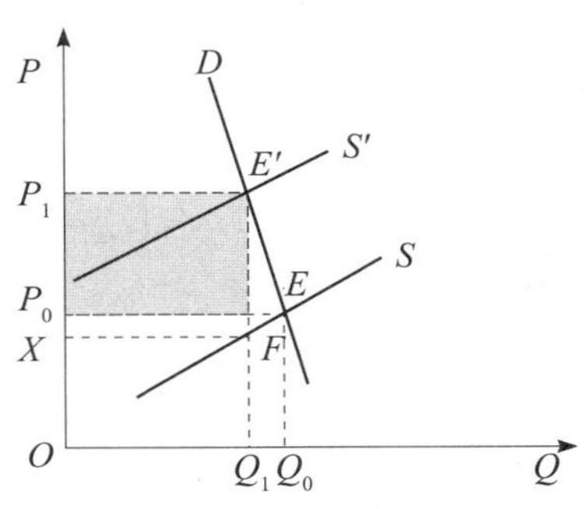

图 11－1 间接税主要转嫁给消费者

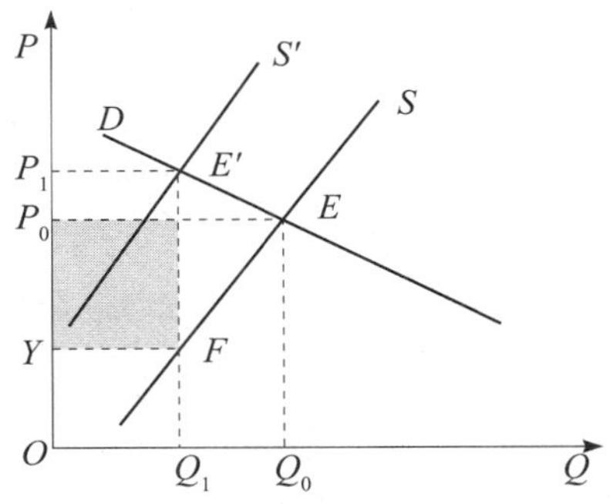

图 11－2 间接税主要转嫁给生产者

二、财政支出

财政支出(政府支出)包括政府公共工程支出(政府购买)和转移支付。

政府支出,从支出主体角度看,分为中央政府支出和地方政府支出。中央政府支出主要用于航空航天、空间技术、外交和国防采购项目、中央政府给地方政府的拨款(科研、医疗、邮电、文化、广播电视、体育、卫生以及投资兴建铁路、公路、桥梁、水利等公共基础工程设施建设等)和债务利息支付(政府公债到期利息支付)。转移支付是指把资金转移给政府以外的个人。转移支付包括退休、伤残、医疗、失业、困难补助、特殊救助、生活必需品补助等支出。

地方政府支出包括文化、教育、体育、卫生、公路、桥梁等公共产品和半公共产品购买支出、转移支付、净利息支付、补贴等。在地方政府支出中,购买支出占的比重最大。而在购买支出中,最大的项目是教育经费支出,占购买支出总额的 40%。所以,同国防开支是中央政府支出中的主要购买支出项目一样,教育经费是地方政府支出中的主要购买支出项目。

问题与答案

为什么自动稳定器不能代替财政政策?

财政制度本身具有自动调节经济,使经济稳定的机制,被称为自动稳定器。具有自动稳定器作用的财政制度,主要包括个人所得税、公司所得税以及各种转移支付。

当通货膨胀或经济萧条时,所得税和各种补贴是财政自动稳定器。所得税有其固定的起征点和税率。通货膨胀时,人们收入(名义货币收入)增加,税收也会自动增加,较多的人进入较高的纳税等级或达到纳税起征点,纳税的人多了,投资和消费需求受到抑制,这会遏制通货膨胀的加剧。当经济萧条时,由于收入减少,税收也会自动减少,从而抑制了消费与投资的减少,有助于减轻经济萧条的程度。

当经济繁荣或经济萧条时,这种内在稳定器自动地发生作用,以调节经济,无须政府做出任何决策。但是，自动稳定器终究不能代替财政政策。因为，当利用这种内在稳定器调节经济时，只能减轻经济萧条或通货膨胀的程度，并不能改变经济萧条或通货膨胀的总趋势；只能对财政政策起到自动配合的作用，并不能代替财政政策。

财政收入与财政支出

三、财政政策的运用

财政收支的变化会影响总需求，进而对经济增长和国民收入水平产生影响。

在运用财政政策（政府支出与收入的变化）来调节经济时，首先要判断宏观经济状况的“冷热”(经济是处于萧条状态还是膨胀状态)。当出现失业、经济萧条、需求不足时，应采用扩张性财政政策；反之，当出现通货膨胀、需求过度时，应采用紧缩性财政政策。

（一）扩张性财政政策

在经济萧条时期，总需求小于总供给，经济中存在失业，政府就要通过扩张性财政政策来刺激总需求，以实现充分就业。扩张性财政政策包括增加政府支出与减税。政府公共工程支出与购买的增加有利于刺激私人投资，转移支付的增加可以增加个人消费，这样就会刺激总需求。减少个人所得税（主要是降低税率）可以使个人可支配收入增加，从而消费增加；减少公司所得税可以使公司收入增加，从而投资增加，这样也会刺激总需求。

（二）紧缩性财政政策

在经济繁荣时期，总需求大于总供给，经济中存在通货膨胀，政府则要通过紧缩性财政政策来压制总需求，以实现物价稳定。紧缩性财政政策包括减少政府支出与增加税收。政府公共工程支出与购买的减少有利于抑制投资，转移支付的减少可以减少个人消费，这样就压制了总需求。增加个人所得税（主要是提高税率）可以使个人可支配收入减少，从而消费减少；增加公司所得税可以使公司收入减少，从而投资减少，这样也会压制总需求。

案例与实践

西方国家政府财政政策实践

20世纪50年代，美国采取了“逆经济风向行事”的财政政策，其目的在于实现既无失业又无通货膨胀的经济稳定。20世纪60年代以后，为了实现充分就业与经济增长，财政政策则以扩张性财政政策为基调，强调通过增加政府支出与减税来刺激经济。

在1962年肯尼迪政府时期，曾进行了全面的减税。个人所得税税率减少20%，最高税率从91%降至65%，公司所得税税率从52%降到47%，此外还采取了加速折旧、投资减税优惠等变相的减税政策。这些措施对经济起到了有力的刺激作用，造就了20世纪60年代美国经济的繁荣。

20世纪70年代之后，在财政政策的运用中强调微观化，即对不同的部门与地区实行不同的征税方法，制定不同的税率，个别地调整征税范围，以及调整政府对不同部门与地区的拨款、支出政策，以求得经济的平衡发展。20世纪80年代里根政府上台之后，制定了以供给学派理论为依据的经济政策，其中最主要的一项措施也是减税。但应该指出的是，供给学派的减税不同于凯恩斯主义的减税。凯恩斯主义的减税是为了刺激消费与投资，从而刺激总需求，而供给学派的减税是为了刺激储蓄与个人工作积极性，以刺激总供给。20世纪90年代克林顿总统上台后，又采用增加税收的政策，以便利用国家的力量刺激经济。

四、财政政策运用的困难

政府在实施税收政策时，会遇到以下困难：（1）减税容易，但增税会遭到选民的反对；（2）在经济萧条时期减税，达不到刺激需求的目的，人们会把少纳税的钱用于储蓄而不是消费或投资；（3）税收政策存在滞后性，从方案设计、立法机关通过到税务机关执行，有一个较长的过程，到其发生作用时，情形已经改变。

讨论与思考

什么样的课税准则是平等的和有效率的？

1. 亚当·斯密的四项课税准则

（1）平等准则，即税额应与纳税人的收入成比例。

（2）确定准则，即不因收税人的好恶而变动，不确定的税收制度会导致不稳定、混乱、任意偏袒、歧视。

（3）方便准则，即课税安排、税率和税种的设置应以方便征收为原则（如所得税预扣制）。

（4）经济准则，即征税收入应大于征收耗费。所得税、印花税、酒税、烟草税、茶叶税这五种税较符合经济原则。

2. 现代财政税收四项课税准则

现代财政税收除了遵循亚当·斯密的四项课税准则外，还增加了其他准则：

（1）课税公正无偏准则，即采用累进直接税实现纵向平等和横向平等。一方面，累进直接税解决了人头税、比例税的纵向不平等；另一方面，累进直接税解决了间接税的横向不平等。间接税不能使相同收入的人交同样的税额，如烟草税、酒税对绝大多数女性而言毫无影响，美容化妆品税也较少收到男性的货币，只要纳税人没有相同等级的物品偏好，间接税就不可能实现横向平等。

（2）对努力劳动者和企业没有抑制作用准则。累进税过高，会抑制人们努力工作，降低工作责任感，甚至人们会“用脚投票”，离开这个国家，高税负有时会导致人才外流和资金外逃。

（3）遵守税法的低代价准则。守法纳税代价低，人们会依法纳税；否则，人们会根据纳税税率和起征点找到临界点，使自己的纳税额不超过一定数额。

政府在实施财政支出政策时，则会遇到以下困难：（1）减少政府购买（如减少军事订货、公共工程项目订货），会遭到大企业的反对；（2）政府削减转移支付会遭到选民的反对；（3）政府增加转移支付会导致人们储蓄增加而消费、投资不变；（4）当政府兴办公共工程或基础设施，增加支出时，也会遭到大公司（私营公司）的指责和反对，这被认为是“与民争利”，干了不该由政府干的事情；（5）政府支出对经济的影响也有一个时滞或作用过程，从决定建设公共工程到开工兴建，并使之在经济中起到调节总需求的作用，这需要一个过程，短期内不能见效，而一旦该过程完成，情况已经发生了变化。

五、赤字财政政策和挤出效应

（一）赤字财政政策

按照凯恩斯主义经济学家的主张，为了摆脱经济萧条，消灭失业，政府必须减少税收和增加支出（双管齐下），或者减少税收，或者增加支出，其结果是出现财政赤字。

为什么必须实行赤字财政政策？凯恩斯认为，赤字财政政策可以实现充分就业目标，凯恩斯主义经济学家认为，赤字财政政策不仅是必要的，而且是可能的。这是因为：第一，债务人是国家，债权人是公众。国家与公众的根本利益是一致的。政府的财政赤字是国家欠公众的债务，也就是自己欠自己的债务。第二，政府的政权是稳定的，这就保证了债务的偿还是有保证的，不会引起信用危机。第三，债务用于发展经济，使政府有能力偿还债务，弥补赤字。这就是“公债哲学”。

公债卖给谁？政府实行赤字财政政策是通过发行公债来进行的。公债并不是直接卖给公众或厂商，因为这样可能会减少公众与厂商的消费和投资，使赤字财政政策起不到应有的刺激经济的作用。公债由政府财政部发行，卖给中央银行，中央银行向财政部支付货币，财政部就可以用这些货币来进行各项支出，刺激经济。中央银行购买的政府公债，可以作为发行货币的准备金，也可以在金融市场上卖出。

（二）挤出效应

挤出效应是指增加某一数量的公共支出，就会减少相应数量的私人投资，从而总需求仍旧不变。具体来讲，政府财政支出增加，引起利率上升，而利率上升会引起私人投资与消费减少。可用图 11-3 来说明财政政策的挤出效应。

图 11-3 是 *IS-LM* 模型，当 *IS* 曲线为 IS_0 时，IS_0 与 *LM* 相交于 E_0，决定了国民收入为 Y_0，利率为 i_0。政府支出增加，即自发总需求增加，*IS* 曲线从 IS_0 向右上方平行移动为 IS_1，IS_1 与 *LM* 相交于 E_1，国民收入为 Y_1，利率为 i_1。在政府支出增加，从而国民收入增加的过程中，由于货币供给量没变（也就是 *LM* 曲线没有变动），而货币需求随国民收入的增加而增加，所以引起利率上升。这种利率上升就减少了私人的投资与消费，即一部分政府支出的增加，实际上只是对私人支出的替代，并没有起到增加国民收入的作用。这就是财政政策的挤出效应。从中还可以看出，如果利率不上升，仍为 i_0 不变，那么国民收入应该增加 Y_2。Y_1-Y_2 就是由于挤出效应所减少的国民收入增加量。

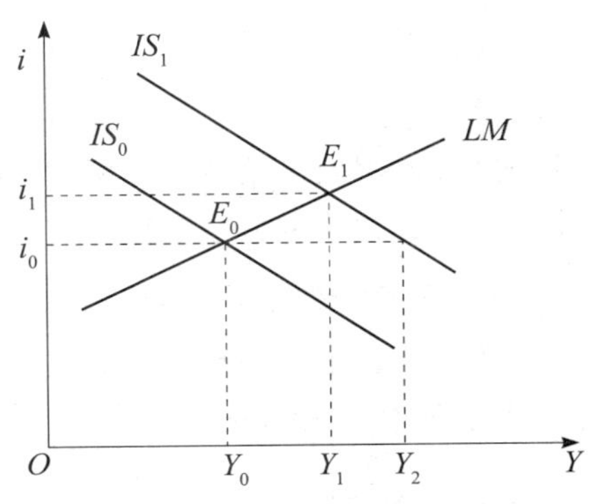

图 11-3 财政支出的挤出效应

财政政策挤出效应的大小取决于多种因素。在实现了充分就业的情况下，挤出效应最大，即挤出效应为 1，也就是政府支出的增加等于私人支出的减少，扩张性财政政策对经济没有任何刺激作用。在没有实现充分就业的情况下，挤出效应一般大于 0 而小于 1，其大小主要取决于政府支出增加所引起的利率上升的大小。利率上升高，则挤出效应大；反之，利率上升低，则挤出效应小。

讨论与思考

财政支出真的会产生挤出效应吗？

与反对国家干预的经济学家不同，主张国家干预的凯恩斯主义者认为，必须具体分析财政支出的挤出效应。

（1）在经济萧条时，有效需求不足，私人宁愿把货币保留在手中而不愿支出，或者商业银行的钱根本贷不出去，这才需要政府支出以填补支出不足。只有在充分就业时，才存在挤出效应。

（2）影响私人投资的因素除了利率外，还有预期利润率，如果财政支出增加能提高预期收益率，那么，私人投资不仅不会被挤出，反而会增加。在经济萧条时期，私人投资者对利润前景缺乏信心，裹足不前，增加公共支出，既能增加政府对私人的订货，又能增加消费者的收入，从而扩大市场需求。这样私人投资者对市场前景也就增强了信心，投资需求将上升。

（3）财政支出上升，对利率的影响有两种情况：当货币供应量能随支出的增加而增加时，则利率不会上升，私人投资也不会减少；当货币供应量不变或很少增加时，则会出现利率上升情况。但是，如果利率上升相对于预期利润率的上升微不足道（即私人投资因利率和预期利润率的同步变化不受影响），挤出效应就不会发生。

六、财政政策乘数

财政收支对国民收入的影响具有乘数作用。由于经济中的连锁反应，因政府支出（G）和税收（T）引起的国民收入变动的幅度往往几倍于政府支出和税收变动的幅度。这种因政府财政政策变动而引起的国民收入变动的倍数被称为财政政策乘数，包括政府支出乘数、税收乘数（赋税乘数）和平衡预算乘数。

（一）政府支出乘数

政府支出乘数是指政府的支出引起的国民收入增加倍数。在这里，可以把政府的支出看成是政府投资，即 $G=I$，以 K_G代表政府支出乘数，b 为边际消费倾向，则：

$$K_G=\frac{\Delta Y}{\Delta G}=\frac{1}{1-\dfrac{\Delta C}{\Delta Y}}=\frac{1}{1-b}$$

（二）税收乘数（赋税乘数）

税收乘数是指因政府增加或减少税收所引起的国民收入变动的程度。由于税收增加，国民收入减少；税收减少，国民收入增加，所以，税收乘数是负值。以 K_t 表示税收乘数，ΔT 表示赋税变动额，则：

$$K_t=\frac{\Delta Y}{\Delta T}$$

又因为投资乘数 $K=\dfrac{\Delta Y}{\Delta I}=\dfrac{\Delta Y}{\Delta C}=\dfrac{1}{1-b}$，即可将消费支出 C 看成是投资。

根据消费增量与税收增量的关系，征税变动后的消费变动额的绝对值应为征税变动额乘以边际消费倾向，即

$$\Delta C=-b\cdot\Delta T$$

$$\Delta T=-\frac{\Delta C}{b}$$

这样，

$$K_t=\frac{\Delta Y}{\Delta T}=\frac{\Delta C}{1-b}\cdot\frac{-b}{\Delta C}=-\frac{b}{1-b}$$

（三）平衡预算乘数

平衡预算乘数是指因政府支出和税收的等量变动而引起的国民收入变动的倍数，一般表示为政府支出乘数和税收乘数之和。由于等量的政府支出和税收的变动不影响财政预算的平衡关系，这种乘数可以说明在不改变政府的预算盈余或赤字的情况下，变动政府支出和税收对国民收入的影响。

因为政府支出乘数 $K_G=1/(1-b)$，税收乘数 $K_t=-b/(1-b)$，所以平衡预算乘数 $K_B=1$。

如果政府支出增加400亿元，同时税收也增加400亿元，则均衡国民收入将增加400亿元，即如果政府支出和税收均按同等数额增加，由此引起的国民收入的增量等于政府支出（自发支出）的增量。平衡预算乘数说明：当经济萧条时，政府可以通过适当地增税来弥补等量的政府增支，这样既可以提高国民产出和就业水平，又可以避免财政赤字。当经济萧条时，政府支出应扩大多少、税收应减少多少，要考虑政府支出乘数、税收乘数和平衡预算乘数。当经济繁荣，需要抑制通货膨胀时，政府支出减少和税收增加的程度也应根据政府支出乘数、税收乘数和平衡预算乘数而定。

在现实经济生活中，平衡预算乘数往往不等于1。但理论上，假定纳税人的边际消费倾向与政府支出接受人的边际消费倾向相等，则 $K_B=1$ 。

例题讲解

乘数与财政政策

已知 $b=0.8$，求：(1) 政府收支增加4万亿元时的国民收入增量；(2) 政府支出增加4万亿元、税收增加1万亿元时的国民收入增量以及财政状况。

解：(1) 根据乘数公式，得到投资乘数和税收乘数分别为5和−4，代入后，$\Delta Y=5\times4+(-4)\times4=4$（万亿元）。

(2) $\Delta Y=5\times4+(-4)\times1=16$（万亿元），财政收支状况＝收入－支出＝$T-G=1-4=-3$（万亿元），即财政赤字为3万亿元。

即问即答

平衡预算乘数原理的运用

问：政府收支增加4万亿元时，国民收入增量是多少？

答：4万亿元。税收反向的乘数作用抵消了政府支出的乘数作用。

第二节　货币政策

一、货币供应量

凯恩斯的宏观货币政策是指：通过中央银行增加或减少货币供应量，影响利率，通过利率的升降来间接影响投资和消费，实现宏观政策目标。所以，货币政策的实施是通过货币供应量的变化来实现的。

货币供应量有狭义与广义之分。狭义货币包括硬币、纸币、银行活期储蓄存款（居民、企业活期储蓄存款）、机关团体存款和基本建设存款。其中，银行活期储蓄存款比纸币和硬币更重要，因为大部分交易是用支票偿付的。广义货币是在狭义货币的基础上再加上定期储蓄存款（居民和企业定期储蓄存款）和财政存款。

（一）货币制造

西方国家的银行体系由中央银行与商业银行构成，从而产生了银行体系创造货币的机制。这一机制与法定准备金制度以及银行的贷款转化为客户的活期存款等制度相关。

法定存款准备金率是中央银行以法律形式规定的商业银行在所吸收存款中必须保持的准备金的比例。商业银行在吸收存款后，必须按法定存款准备金率保留准备金，其余的部分才可以作为贷款放出。例如，如果法定存款准备金率为20%，那么，商业银行在吸收了100万元存款后，就要保留20万元准备金，其余80万元才可作为贷款放出。

因为活期存款就是货币，所以客户在得到商业银行的贷款以后，一般并不取出现金，而是把所得到的贷款作为活期存款存入同自己有业务往来的商业银行，以便随时开支票使用。所以，银行贷款的增加意味着活期存款的增加、货币供给量的增加。这样，商业银行的存款与贷款活动就会创造货币，在中央银行货币发行量并未增加的情况下，使流通中的货币量增加。而商业银行所创造货币的多少，取决于法定存款准备金率。

问题与答案

法定存款准备金率如何影响商业银行所创造的货币供应量？

假设法定存款准备金率为20%，最初某商业银行（A）所吸收的存款为100万元，该商业银行可放款80万元，得到80万元贷款的客户把这笔贷款存入另一家商业银行(B)，该商业银行又可放款64万元，得到这64万元贷款的客户把这笔贷款存入另一家商业银行（C），该商业银行又可放款51.2万元……这样继续下去，整个商业银行体系可以增加500万元存款，即100万元的存款创造出了500万元的货币。

如果以R代表最初存款，D代表存款总额（即创造出的货币），r代表法定存款准备金率（$0<r<1$），则商业银行体系所能创造出的货币量的公式是：

$$D=\frac{R}{r}$$

由这一公式可以看出，法定存款准备金率与货币供应量成反比，与最初存款成正比。例如，如果法定存款准备金率为20%，最初存款为100万元，货币供应量为500万元；如果法定存款准备金率为10%，最初存款不变，货币供应量为1 000万元；如果法定存款准备金率为2%，货币供应量为5 000万元；如果法定存款准备金率为1%，货币供应量为10 000万元。可见，法定存款准备金率的变化可以直接调节货币供应量的变化。

（二）货币乘数

货币乘数就是表明中央银行发行的货币量所引起的实际货币供给量增加的倍数。中央银行发行的货币称为货币基础或高能货币，这种货币具有创造出更多货币量的能力，

用 H 来代表，货币供给量，即增加一个单位高能货币所增加的货币量，用 M 来代表，则货币乘数 K_m 的计算公式为：

$$K_m = \frac{M}{H}$$

假如中央银行发行了一个单位高能货币 H，社会货币供给量增加了三个单位，即货币乘数为 3。同理，根据已知的中央银行发行的高能货币量与货币乘数也可以计算出货币供给量会增加多少。货币供应量＝基础货币×货币乘数，即 $M=H\times K_m$。

即问即答

如何根据法定存款准备金率计算货币乘数及货币供应量?

问：当法定存款准备金率为 20%，初始存款为 100 万元时，货币乘数是多少？货币供应量是多少？

答：（1）法定存款准备金率的倒数就是银行体系内主要的货币创造乘数，即 $K_m=1/r=1/20\%=5$。（2）货币供应量（存款总额或创造出的货币）等于货币乘数与最初存款的乘积。$K_m=1/r$，$D=R\cdot K_m=100\times5=500$（万元）。

二、凯恩斯主义的货币政策

（一）货币政策工具

凯恩斯主义货币政策的三大工具包括：公开市场业务、再贴现政策、法定存款准备金率政策。

1. 公开市场业务

公开市场业务就是中央银行在金融市场上买进或卖出有价证券。其中，主要有国库券、其他中央政府债券、中央政府机构债券和银行承兑汇票。买进或卖出有价证券是为了调节货币供给量。买进有价证券实际上就是发行货币，从而增加货币供给量；卖出有价证券实际上就是回笼货币，从而减少货币供给量。公开市场业务是一种灵活而有效地调节货币量，进而影响利率的工具，因此，它成为最重要的货币政策工具。

2. 再贴现政策

贴现是商业银行向中央银行贷款的方式。当商业银行资金不足时，可以用客户借款时提供的票据到中央银行要求再贴现，或者以政府债券或中央银行同意接受的其他“合格的证券”作为担保来贷款。再贴现与抵押贷款都称为贴现，目前以后一种方式为主。贴现的期限一般较短，为一天到两周。商业银行向中央银行进行这种贴现时所采用的利率就称为贴现率。贴现政策包括变动贴现率与贴现条件，其中最主要的是变动贴现率。中央银行降低贴现率或放松贴现条件，使商业银行得到更多的资金，这样就可以增加它对客户的放款，放款的增加又可以通过银行创造货币的机制增加流通中的货币供给量，从而降低利率。相反，中央银行提高贴现率或严格贴现条件，使商业银行资金短缺，这样就不得不减少对客户的放款或收回贷款，贷款的减少也可以通过银行创造货币的机制减少流通中的货币供给量，提高利率。此外，贴现率作为官方利率，它的变动也会影响一般利率水平，使一般利率与之呈同方向变动。

3. 法定存款准备金率政策

法定存款准备金率是商业银行吸收的存款中用作准备金的比率，准备金包括库存现金和在中央银行的存款。中央银行变动法定存款准备金率则可以通过对准备金的影响来调节货币供给量。假定商业银行的存款准备金率正好达到了法定要求，这时，中央银行降低法定存款准备金率就会使商业银行产生超额准备金，这部分超额准备金可以作为贷款放出，从而又通过银行创造货币的机制增加货币供给量，降低利率。相反，中央银行提高法定存款准备金率就会使商业银行原有的准备金低于法定要求，于是商业银行不得不收回贷款，从而又通过银行创造货币的机制减少货币供给量，提高利率。

除了以上三大一般性货币政策工具外，还有道义劝告（中央银行对商业银行的业务指导）、垫头规定、利率上限、控制分期付款与抵押贷款条件等选择性货币政策工具。

（二）货币政策工具的运用

货币政策工具的运用主要通过中央银行进行，针对不同经济状况，中央银行分别采取“松”或“紧”的货币政策。

1. 扩张性货币政策

在经济萧条时期，总需求小于总供给，为了刺激总需求，就要运用扩张性货币政策。其中包括在公开市场上买进有价证券，降低贴现率并放松贴现条件，降低法定存款准备金率，等等。这些政策可以增加货币供给量，降低利率，刺激总需求。

2. 紧缩性货币政策

在经济繁荣时期，总需求大于总供给，为了抑制总需求，就要运用紧缩性货币政策。其中包括在公开市场上卖出有价证券，提高贴现率并严格贴现条件，提高法定存款准备金率，等等。这些政策可以减少货币供给量，提高利率，抑制总需求。

问题与答案

货币政策实施中会遇到哪些困难？

货币政策实施中会遇到如下困难：（1）在经济萧条时期，商业银行要考虑放款风险，尽管贷款需求因利率变化出现回升，但商业银行仍会惜贷；在经济萧条时期，因为企业预期利润率较低，企业也不愿意向银行贷款，尽管利率较低。（2）在通货膨胀时期，尽管中央银行采取措施来提高利率，但企业感到这时借款有利可图，仍继续借款，置较高的利率于不顾。（3）货币政策发生作用是有前提的。当货币供应量发生变化时，利率也会发生相应的变化，这样就可以通过利率变动影响需求，进而调节经济。但是，通过货币供应量调节利率，是以“债券是货币的唯一替代物”的假定为条件的：如果货币供给量增加，人们就要以货币购买债券，债券的价格就会上升；反之，如果货币供给量减少，人们就要抛出债券以换取货币，债券的价格就会下降。其公式为：

$$债券价格=\frac{债券收益}{利率}$$

根据以上公式，债券价格与债券收益的大小成正比，与利率的高低成反比。这样，货币量增加，债券价格上升，利率就会下降；反之，货币量减少，债券价格下降，利率就会上升。如果没有人们以债券和货币形式保持财富的假定，比如人们货币多了，倾向于购买房屋、珠宝、收藏品、股票、保险、耐用品等资产，那么，货币量变化影响的就不是利率而是资产相对价格，这样，货币政策的效力将大打折扣。

案例与实践

格林斯潘与美国货币政策

在美国，甚至全世界，美联储前主席格林斯潘的一言一行都备受关注。他被认为是美国仅次于总统的第二号人物，在经济方面，甚至比总统地位还高。他知道自己"一言可以兴邦，一言可以废邦"，说话格外谨慎，习惯于用一种故意让人不明其意的"美联储语言"，以至于用这种语言向女友求婚，女友没听懂，婚事拖了好几年。

格林斯潘为什么有如此大的影响呢？这来自两个方面：一是货币政策在美国经济中的重要性及美国经济在世界上的地位；二是美联储的独立性及拥有的决策权。

美国政府一直运用财政政策与货币政策调节经济。但总的趋势是货币政策的作用在不断加强，而财政政策的作用相对下降。这是因为，美国经济学家芒德尔证明了，在资本自由流动和浮动汇率的情况下，货币政策对国内宏观经济的影响要大于财政政策。在 20 世纪 90 年代，克林顿政府就是主要靠货币政策实现了经济繁荣与物价稳定。这种政策的主要制定者正是格林斯潘。在世界上，美国经济是世界经济的领头羊，"美国感冒，全世界打喷嚏"。这样，对美国经济影响最大的人，必定也是对世界经济影响重大的人。

格林斯潘的地位还与美联储的独立性相关。美联储的最高领导机构由总统任命，并由得到议会批准的 7 名理事会成员组成。理事会主席，即美联储主席由总统任命并得到议会批准，任期 4 年。决定货币政策的机构是联邦公开市场委员会，由美联储 7 位理事和 12 个地区联邦储备银行总裁组成（其中 5 位有投票权，除纽约联邦储备银行总裁外，其他 4 位轮流担任），这些地区联邦储备银行总裁并不是由政府任命，而是通过选举产生。格林斯潘也是联邦公开市场委员会的主席。货币政策由美联储的联邦公开市场委员会决定，不受议会和政府干预。从而美联储的这种独立性也加强了格林斯潘的地位。

格林斯潘自 1987 年以来先后由老布什、克林顿和小布什任命为美联储主席，可见他在美国货币政策的决定中起了至关重要的作用。

三、货币主义的政策主张

（一）自然失业率

货币主义的代表人物是米尔顿·弗雷德曼，他反对凯恩斯主义的干预政策，主张把市场从政府干预中解脱出来。弗雷德曼提出“自然失业率”的概念，认为适当的失业是可以忍受的，是市场经济的正常现象，政府没必要去想尽办法减少失业。

自由主义的斗士——米尔顿·弗里德曼

（二）货币单一规则

货币主义认为政府干预只会导致极其有害的通货膨胀，政府在失业与通货膨胀左右为难的政策选择中，破坏了市场功能，因而主张货币供应量的变化应遵循“单一规则”。货币主义的政策主张对 1979 年以来的英国撒切尔政府和美国里根政府的经济政策有很大影响。

（三）现代货币数量论

货币主义的货币政策在传递机制上与凯恩斯主义的货币政策不同。货币主义的基础理论是现代货币数量论，即认为影响国民收入与价格水平的不是利率而是货币量。货币量直接影响国民收入与价格水平这一机制的前提是：人们的财富具有多种形式，包括货币、债券、股票、住宅、珠宝、耐用消费品等。这样，人们在保存财富时就不仅是在货币与债券中做出选择，而是在各种财富的形式中进行选择。在这一假设之下，货币供给量的变动主要并不是影响利率，而是影响各种形式资产的相对价格。货币供给量增加后，各种资产的价格上升，从而直接刺激生产，在短期内使国民收入增加，以后又会使整个价格水平上升。

（四）货币主义的观点和主张

（1）增加货币供给量最终会推高物价和利率，反对把利率作为货币政策的目标。因为货币供给量的增加只会在短期内降低利率，但随着人们增加支出，物价上涨，信贷规模扩张，总需求很快就会上升，从而物价水平提高，货币实际供应量减少，最终推高利息率。

（2）货币供给量的变动主要并不是影响利率，而是影响各种形式的资产的相对价格（如货币、债券、股票、住宅、珠宝、耐用消费品等）。"货币是蜜，但最后是水"，货币供给量增加最先影响的是资产价格，最后影响一般物价水平。

（3）货币供应量增加，会提高人们的通货膨胀预期，从而也提高了名义利率。财政政策由于需要向中央银行透支，故它本质上仍然是货币政策，结果必然导致通货膨胀。

总之，货币主义者认为增加货币供给量不是降低利率而是提高利率。从长期来看，不能刺激生产，不能增加国民收入和就业，只会引起通货膨胀。

货币主义的观点和主张

问题与答案

货币主义为什么认为货币最重要、最有效？

1. 经济增长、经济波动、经济萧条、失业、通货膨胀等问题都与货币有关。

2. 货币供应增加在短期内导致利率下降、国民收入和就业上升，在长期内引起信贷需求增加、利率和价格总水平上升。

3. 长期中采取增加货币供给量政策是无效的，货币供应量的变化应遵循"单一规则"，让市场和私人部门发挥作用是最稳定、最有效的。

第三节 相机抉择——财政政策与货币政策的配合

一、相机抉择

相机抉择是指政府在进行需求管理时，可以根据市场情况和各项调节措施的特点，机动地决定采取哪一种或哪几种措施。

财政政策措施与货币政策措施的特点是不同的。财政政策措施较直接，而货币政策较间接（通过利率起作用），在猛烈程度、时延、影响范围、政策阻力等方面各项措施都不一样。

（1）猛烈程度。例如，政府支出的增加与法定存款准备金率的调整作用都比较猛烈；税收政策与公开市场业务的作用都比较缓慢。

（2）时延。例如，货币政策可以由中央银行决定，作用快一些，财政政策从提案到议会讨论、通过，要经过一段相当长的时间。

（3）影响范围。例如，政府支出政策影响的范围大一些，公开市场业务影响的范围则小一些。

（4）政策阻力。例如增税与减少政府支出的阻力较大，而货币政策一般来说遇到的阻力较小。

因此，在需要调节经济时，究竟应采取哪一项政策，或者如何将不同的政策搭配使用，并没有一个固定不变的模式，政府应根据不同的情况灵活地决定。

即问即答

相机抉择与政策配合

问：相机抉择中的政策配合有几种方式？

答：（1）“双松”政策。即扩张性财政政策和扩张性货币政策，它作用猛烈、发挥作用时间迅速，如紧急增加政府支出，或举办公共工程，降低法定存款准备金率和再贴现率，增加货币供应量等。在经济发生严重的衰退、失业和经济萧条时，就要采取“双松”政策。

（2）在经济发生严重通货膨胀时，宜采取“双紧”政策，即紧缩性财政政策和紧缩性货币政策。

（3）当经济像爬坡一样增长乏力、总需求增长缓慢时，不能用作用猛烈的“双松”政策，而要采用一些作用缓慢的“松紧”政策（扩张性财政政策和紧缩性货币政策），以便在保持适度经济增长的同时，实现对经济结构的调整，避免通货膨胀。

（4）如果社会开始出现衰退的苗头，可以采取“紧松”政策（紧缩性财政政策和扩张性货币政策），例如有计划地在金融市场上收购债券以便缓慢地增加货币供给量，降低利率，而与此同时保持稳健的财政政策甚至较紧的财政政策，抑制社会总需求，防止经济过热和抑制通货膨胀。

相机抉择的实质是灵活地运用各种政策，所包括的范围相当广泛。例如，在什么情况下可不采用政策措施，而依靠经济本身的机制自发地调节；在什么情况下必须采用政策措施；等等。这些都属于运用政策的技巧。

问题与答案

政府是怎样进行宏观调控的?

凯恩斯之前的西方经济学者信奉“萨伊定律”，认为市场机制能自行调节经济，但古典经济学无法解释20世纪30年代的经济大萧条。古典经济学认为，经济萧条、失业只是暂时现象，失业只是劳动力供给超过需求时的特殊情况。失业时，工资水平会下降，厂商会雇用愿意接受低工资的失业工人，从而拉低在业工人的工资，这样失业就会消失。

但是，凯恩斯认为，由于工会、传统、制度限制以及工资刚性，人们已经习惯于既有的工资水平，因而工资水平不可能降低，劳动市场上的过剩长期存在，失业成为一种普遍现象。他认为国民收入由总需求（消费需求和投资需求）决定，由于边际消费倾向递减、资本边际效率递减、流动偏好三大心理规律作用，导致消费需求和投资需求不足，故而出现失业。所以，凯恩斯所要解决的核心问题是失业问题，它也是宏观经济学的核心问题。

根据凯恩斯宏观经济理论，政府是怎样进行宏观调控的呢？我们用“浴缸理论”来说明凯恩斯宏观经济原理。一国的总就业量取决于国民收入量，国民收入量又取决于总支出量，政府可以通过财政政策（税收和政府支出）、货币政策（货币供应→利率→居民的消费支出和投资支出）调控国民收入并进一步决定就业量。其道理可用“经济浴缸”来说明，如图11-4所示。

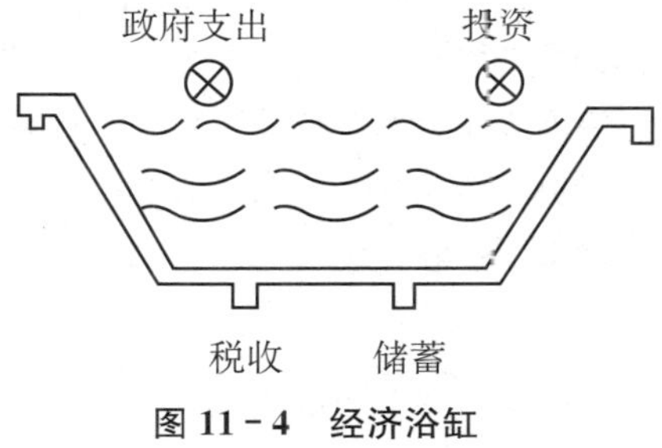

图 11-4 经济浴缸

图11-4中的水代表国民收入或经济活动水平和就业水平（GDP）。当出现失业时，水位较低，这时可采取以下办法：(1) 扩张性财政政策（增加政府支出，减少税收），图11-4左上方开大水龙头、左下方关小排水口。(2) 扩张性货币政策（增加货币供应量→降低利率→降低储蓄，增加居民的消费支出和投资支出），如图11-4所示，当利率降低时，储蓄口变小，投资增加。(3) 开大上面的水龙头，或者关小下面的排水口，或者开大水龙头的同时，关小排水口。当出现通货膨胀时（充分就业时，总需求继续增加，水从浴缸中溢出），应该做方向相反的政策调控。国民收入如果正好处于充分就业时的均衡，则应使流入等于流出（水位始终不变）。

凯恩斯主义盛行的年代，政府正是用以上办法来管理和调节经济的。综上可见，政府的财政政策即增支减税是直接起作用的；通过货币供应量变化、利率变化影响消费、投资的货币政策是间接发生作用的。

二、*IS-LM* 模型分析

IS-LM 模型是说明产品市场和货币市场同时均衡时国民收入与利率决定的模型。在 *IS-LM* 模型中，可以显示储蓄（S）、投资（I）、货币需求（L）与供给（M）如何影响国民收入和利率，利用 *IS-LM* 模型还可以分析财政政策和货币政策。所以，*IS-LM* 模型是宏观经济分析的核心。

（一）*IS* 曲线的导出

根据 $C=C(Y)$，$I=I(i)$，$S=S(Y)$，国民收入均衡条件 $S=I$，可以得出：$S(Y)=I(i)$，即储蓄（S）是国民收入（Y）的递增函数，投资（I）是利率的递减函数。如图 11－5 所示，*IS* 曲线是描述商品（产品）市场达到均衡时的曲线。当 $S(Y)=I(i)$ 时，国民收入与利率之间存在反方向变动的关系。*IS* 曲线上的任一点，都有 $S=I$，即总供给与总需求相等，它表明，利率高则国民收入低，利率低则国民收入高。之所以如此，是因为利率与投资呈反方向变动。

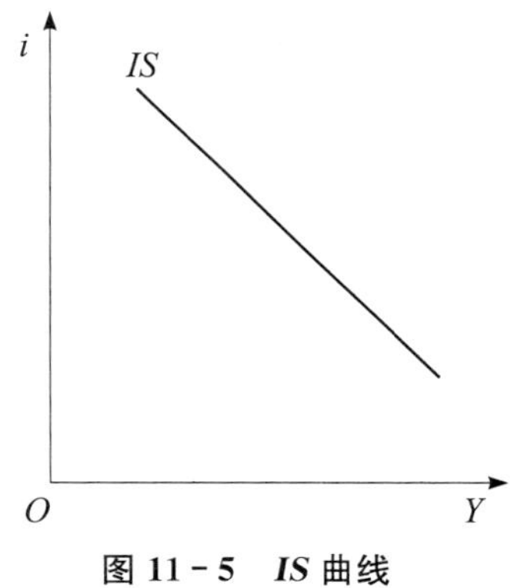

图 11－5　*IS* 曲线

（二）*LM* 曲线的导出

根据 $L_1=L_1(Y)$，$L_2=L_2(i)$，货币市场均衡条件 $M=L$，可以得出 $M=L_1(Y)+L_2(i)$。也就是说，当货币供给（M）不变时，由于 L_1（对货币的交易需求和预防需求）与国民收入呈同方向变动（递增函数），L_2（对货币的投机需求）与利率呈反方向变动（递减函数），L_1 上升（因国民收入 Y 上升），M 既定，为了使 $M=L$ 成立，货币的投机需求 L_2 必须减少。L_2 的减少是利率上升的结果，L_1 的增加是国民收入增加的结果。

因此，当货币市场实现均衡时，国民收入与利率之间必然是同方向变动的关系，即 $M=L_1(Y)+L_2(i)$，i↑，L_2↓，L_1↑，Y↑，也就是说，当 M 不变，且 $M=L$ 时，i↑，Y↑。如图 11-6 所示，LM 曲线表示曲线上的任一点，都有 $M=L=L_1(Y)+L_2(i)$。

（三）IS-LM 模型及其运用

把 IS 曲线与 LM 曲线放在一个图中就可以得出两个市场（商品市场和货币市场）均衡时，国民收入和利率的决定。如图 11-7 所示，两条曲线相交的 E 点是两个市场同时均衡时的点。此时，$I=S=L=M$ 决定了均衡时的利率水平为 i_E，均衡的国民收入为 Y_E。如图 11-7 所示，当 $i=4\%$时，$Y=5.6$。而在 E 点以外，则不能实现两个市场的均衡。

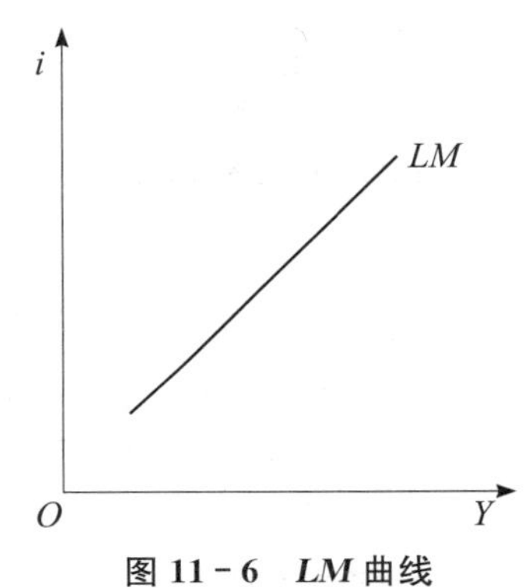

图 11-6 **LM 曲线**

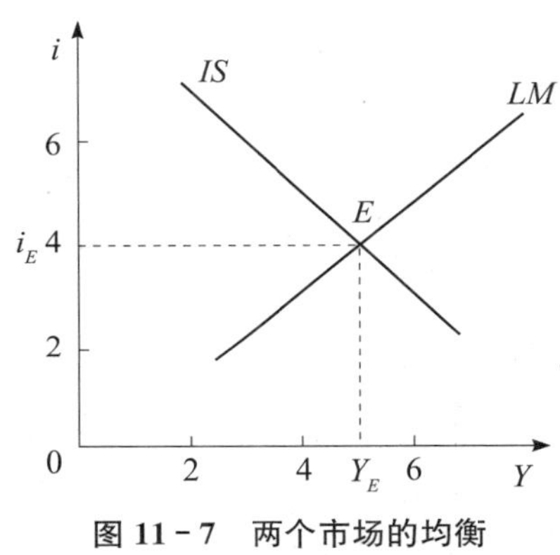

图 11-7 **两个市场的均衡**

即问即答

IS-LM 模型

已知货币供给量 $M=220$，货币需求方程为 $L=0.4Y+1.2/r$，投资函数为 $I=195-2\,000r$，储蓄函数为 $S=-50+0.25Y$。设价格水平 $P=1$，求：两个市场同时均衡时的国民收入水平（Y）和利率水平（r）。

答：IS-LM 模型的经济含义是：当 $I=S=L=M$ 时，国民收入与利率的关系。令产品市场均衡，即 $S=I$，得到 IS 曲线方程；令货币市场均衡，即 $L=M/P$，得到 LM 曲线方程。联立求解，可得出：$Y=500$，$r=0.06$。

即问即答

总供求变动效应

问：什么是总供求定理？

答：总供求定理又叫总供求变动效应。从 IS-LM 模型可以看出：总需求（自发总

需求 I）的变动引起利率和国民收入呈同方向变动（如图 11－8 所示）；货币量的变动引起 LM 曲线的移动，从而引起利率呈反方向变动，引起国民收入呈同方向变动（如图 11－9所示）。

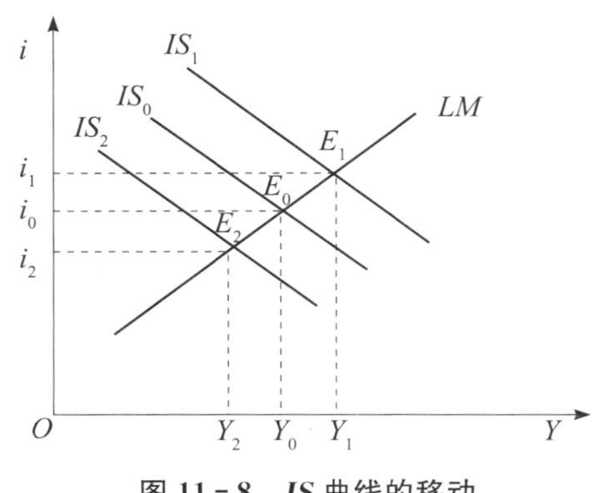

图 11－8　*IS* 曲线的移动

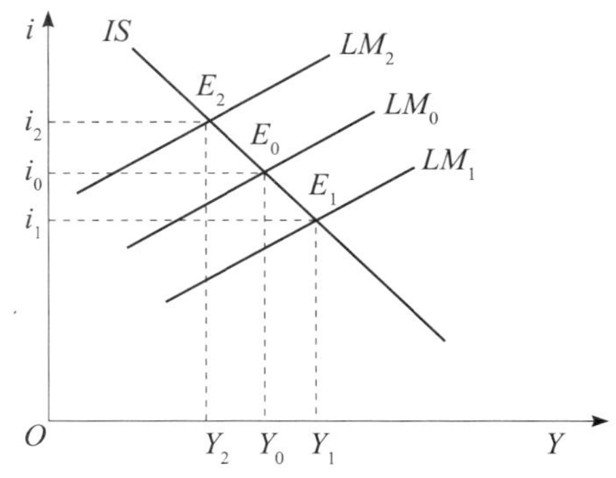

图 11－9　*LM* 曲线的移动

实际的均衡国民收入是由 LM 曲线和 IS 曲线共同（交点）决定的，所以实际的收入变化要比单独考察 IS 曲线或 LM 曲线移动所引起的收入变化要小，因为：当 IS 曲线单独移动时，需求增加，收入增加，对货币的需求增加，而货币供给不变，利率会上升，抑制了投资，这样，需求的增加使收入上升的同时抵消了一部分收入（挤出效应），所以，收入增加的幅度要小于单独考察的 IS 曲线中收入增加的幅度；当 IS 曲线不变时，LM 曲线右移，货币增加，利率下降，投资和收入增加，同时利率下降使对货币的需求上升，从而抵消一部分货币供给的增加，也抵消了一部分收入的增加。所以，在两个市场模型中，任何一个市场的变动都会引起另一个市场发生变化并使收入的变化相对地减弱了。

问题与答案

运用 *IS-LM* 模型说明如何解决挤出效应

若要解决挤出效应，需要财政政策与货币政策的配合。在图 11－10 中，IS_0 与 LM_0 相交于 E_0，决定了国民收入为 Y_0，利率为 i_0。实行扩张性财政政策，IS 曲线从 IS_0 移动到 IS_1，IS_1 与 LM_0 相交于 E_1，决定了国民收入为 Y_1，利率为 i_1。这说明实行扩张性财政政策使国民收入增加，利率上升，而利率的上升产生挤出效应，不利于国民收入的进一步增加。这时，再配合以扩张性货币政策，即增加货币量使 LM 曲线从 LM_0 移动到 LM_1，与 IS_1 相交于

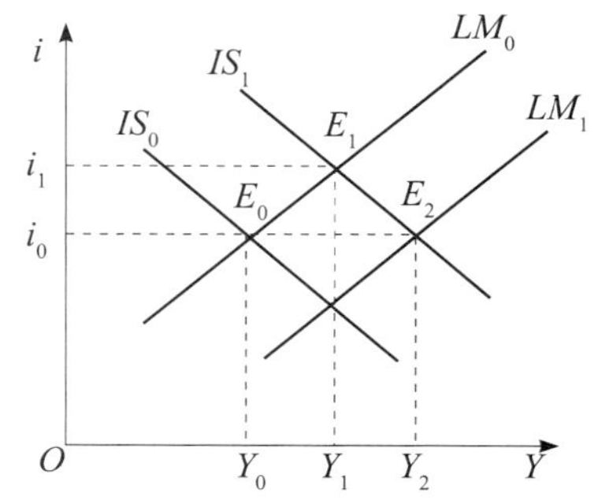

图 11－10　财政政策与货币政策的配合

E_2，决定了国民收入为 Y_2，利率为 i_0。这说明，在用扩张性货币政策与扩张性财政政策配合时，可以不使利率上升，而使国民收入有较大的增加，从而可以有效地刺激经济。

在经济繁荣时期，可以同时使用紧缩性财政政策与紧缩性货币政策，以便更有效地制止通货膨胀。有时还可以把扩张性财政政策与紧缩性货币政策配合，以便在刺激总需求的同时，又不致引起严重的通货膨胀；或者把扩张性货币政策与紧缩性财政政策配合，以便在刺激总需求的同时，不增加财政赤字；等等。还可以把需求管理政策与供给管理政策配合，例如，在运用扩张性需求管理政策的同时，运用收入政策，把通货膨胀率控制在一定限度之内。

相机抉择——财政与货币政策的配合

第四节 供给管理政策和其他政策

一、供给管理政策

（一）减税政策

许多经济学家，如拉弗等人指出，税收不但影响劳动供给，而且影响对劳动的需求，从而影响投资。提高税率（工薪税）会提高人工成本，从而减少企业对劳动的需求；反之，降低工薪税，则会增加企业对劳动的需求。

（二）减税在供给和需求方面的作用

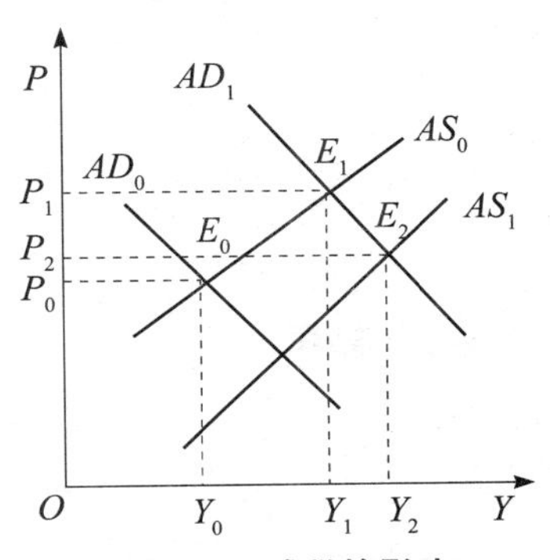

图 11－11 减税的影响

如图 11－11 所示，开始时需求曲线和供给曲线为 AD_0 和 AS_0，价格水平为 P_0，国民收入为 Y_0。减税后，总需求增加为 AD_1，总供给增加为 AS_1，总需求增加使价格水平上升，国民收入也相应增加；而总供给增加会降低价格水平，国民收入也随之提高；并且，总需求曲线移动的幅度大于总供给曲线移动的幅度，所以，减税会起到增加国民收入、提高价格的作用。

例题讲解

微观均衡方程的宏观运用

已知 $S=2P$，$D=300-P$，求：

（1）对买方每单位征税 T 元的新需求方程。

（2）征税后的均衡价格方程和均衡数量方程。

（3）财政收入函数方程。

（4）根据财政收入函数方程画图并说明拉弗曲线的经济学解释。

解：（1）对买方每单位征税 T 元的新需求方程为 $D'=300-(P+T)$，即买者在购买每件商品时，除了支付卖方单价外，还要支付税收，这样支付总额为 $(P+T)$。

（2）征税后的均衡价格方程和均衡数量方程由均衡方程求得。令 $S=D'$，得到征税后的均衡价格方程 $P(T)=100-(1/3)\cdot T$。再把该均衡价格方程代入 S 或者 D'，得到 $Q(T)=200-(2/3)\cdot T$。

（3）财政收入函数方程 $=Q\cdot T=(200-2/3\cdot T)T$。当税收 T 分别取 0，50，100，150，200，250，300 时，财政收入分别为 0，8 333，13 33，15 000，13 333，8 333，0。

（4）以财政收入为纵轴，税收额为横轴，画出拉弗曲线，如图 11－12 所示。拉弗曲线的经济学含义是：征税额并非与财政收入成正比，当征税适度（150）时，财政收入最高（15 000），征税额在 150～300 为税收禁区。

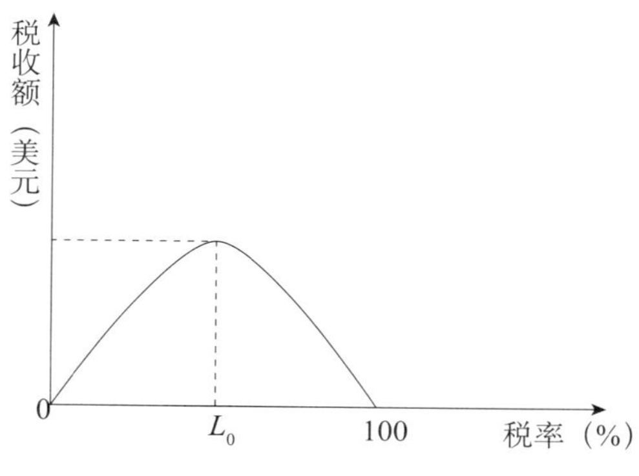

图 11－12 拉弗曲线

问题与思考

宏观调控的复杂性和后果不确定性

美国前总统里根的问题是，减税的同时，完全没有触及庞大的政府开支。他竞选时承诺要致力于缩小政府规模和福利开支，但此后 8 年，他实际上没有减少一项政府开支，加上他推行的大规模军备计划，结果财政赤字激增。

里根上任时的财政赤字是500亿美元，20世纪80年代中期是2 000亿美元，到他离任时达到1.5万亿美元。人们指责里根任期内的经济繁荣是靠“先花钱后挣钱”带来的。继任的老布什和克林顿，为了填补这个窟窿，不得不连番征税，累计超过了里根上任时的水平。

真正的供应学派，是在减税的同时减少政府项目，否则公共开支不可能平衡，而赤字迟早要靠税收来填补。相比之下，说服国会通过减税提议不难，但政府开支一旦上马，就几乎永远不可能削减。所以，人们称颂的“里根经济学”，其实只尝试了一半。

没有人怀疑里根让政府“瘦身”的雄心壮志，但无情的数字证明他在这方面并无改进。这位共和党领袖能做的，似乎只有幽自己一默。记者质问他：“你把问题推卸给过去，推卸给国会，难道你自己就没有责任?”里根回答：“有。我（年轻时）当过多年的民主党党员。”这说明宏观调控是一项非常复杂和困难的事情，财政政策和货币政策的实施难度不言而喻，需要高超的智慧。要是宏观经济政策仅仅是失业时采取扩张性政策、通货膨胀时采取紧缩性政策，那么，经济学家就该无事可做而失业了。

拉弗曲线及其政策含义

二、其他政策

（一）收入政策

收入政策是把工资与物价捆绑在起来，从而确定工资与物价指导线。政府规定工资增长率，要求企业根据“工资指导线”确定工资增长率，不执行者将受到惩罚（课以重税或法律惩治）。

（二）指数化

指数化是为了消除通货膨胀的不利影响，其具体做法是：定期地根据通货膨胀率来调整各种收入的名义价值，以使其实际价值保持不变。主要的指数化措施有下述几种。

1. 工资指数化

按通货膨胀率指数来调整名义工资，以保持实际工资水平不变。在工资合同中就要确定有关条款，规定在一定时期内按消费物价指数来调整名义工资，这项规定称为自动调整条款。此外，也可以通过其他措施按通货膨胀率来调整工资增长率。工资指数化会引起工资成本推动的通货膨胀。

2. 税收指数化

按通货膨胀率指数来调整起征点与税率等级。如果不实行税收指数化，就会使收入分配发生不利于公众而有利于政府的变化，成为政府加剧通货膨胀的动力。只有根据通货膨胀率来调整税收，即提高起征点并调整税率等级，才能避免不利的影响，使政府采取有力的措施来制止通货膨胀。此外，利率等也应该根据通货膨胀率来进行调整。

（三）贸易政策和汇率政策

1. 保护贸易政策

保护贸易政策有三种：关税保护；进口限额和出口补贴；进口特许。这几种方式都会起到保护本国工业的作用，有的措施是降低了国内市场产品的供给总量而提高国内产品的价格，尤其是提高了进口产品的价格，使其缺乏竞争力（如关税方式）；有的措施直接限制国外产品的进口量，同样达到了提高进口产品价格的目的（如进口限额）；而进口特许则是直接降低国内对进口商品的需求。

2. 汇率贬值政策

本国货币贬值会降低出口产品的相对价格，扩大出口，减少进口。贬值的益处通过一定时间才能显露出来。因为汇率贬值后，绝大部分贸易按原来签订的合同进行交易，在按新汇率结算时，会使以本币计算的出口商品收汇减少，而以外汇支付的进口商品的数额不变，于是就在短期内使国际收支状况恶化。

3. 汇率管制政策

在浮动汇率制之下，政府要运用买卖外汇的方法对汇率进行干预，避免汇率的大幅度波动，影响经济的稳定性。

（四）人力政策（就业政策）

人力政策又称就业政策，是一种旨在改善劳动市场结构，以减少失业的政策。主要包括下述几种。

1. 人力资本投资

从长期来看，人力资本投资的主要内容是增加教育投资、普及教育。从短期来看，是对工人进行在职培训，或者对由于技术不适应而失业的工人进行培训，增强他们的就业能力。

2. 完善劳动市场

不断完善和增加各类就业介绍机构，为劳动的供求双方提供迅速、准确而完整的信息，使工人找到满意的工作，企业也能得到它们所需要的工人。

3. 协助工人进行流动

劳动者在地区、行业和部门之间的流动，有利于劳动的合理配置与劳动者人尽其才，也能减少由于劳动力的地区结构和劳动力的流动困难等原因造成的失业。对工人流动的协助包括提供充分的信息以及必要的物质帮助与鼓励。

学习与讨论

关于宏观经济政策的课堂讨论

宏观经济学能解决政府的问题吗？20 世纪 30 年代以来，凯恩斯主义大行其道，政府高举干预和调控大旗驰骋经济世界，这就是直到今天还有深远影响的“凯恩斯革命”。

但从 20 世纪 60 年代中期开始，政府开支大增、石油涨价、通货膨胀出现，而高物价并未带来高就业，而是高失业。政府为减少失业而采取的任何措施都会造成高物价；为降低物价的措施又带来高失业，经济学把这种现象称为“滞胀”。

“滞胀”问题直到今天还在困扰一些发达国家。

为了治理“滞胀”，经济发达国家采取了如下办法：一方面利用货币政策对付通货膨胀，由中央银行负责操作；另一方面利用财政政策对付失业，由政府具体操作。

货币政策与财政政策经常是相互矛盾的，政府与银行的偏好是不一致的。当银根紧缩、投资不足、经济不景气时，政府税收下降。与此同时，失业率上升，失业救济、福利补贴、转移性支付会自动上升，使政府开支迅速上升，收支不平衡，出现赤字。

耐人寻味的是，赤字并不会因为接踵而来的通货膨胀而减少或消除。事实是，赤字始终存在，因为政府支出是刚性的，一旦上去就难以收缩或下降，支出削减计划会受到各方的强烈反对。

赤字事实上是政府债务，政府借债会吃掉很大一部分私人储蓄，从而挤掉了部分本应有的消费和投资支出；政府举债，从资金市场上筹措资金、填补赤字，对货币需求增加，利率上升，挤出效应导致私人投资下降，国内货币价格上升、出口下降。如果这时银行扩大货币供应量，就会出现新一轮通货膨胀的危险。

这样看来，调节经济是一件非常复杂的事情，如果调节经济仅仅是运用“凯恩斯政策工具箱”中的各种工具，那么经济学家就无事可做了，即使是天才的经济学家，也不可能提供解决所有问题的答案。

宏观经济政策运用的高难度和复杂性有利于解决更多的经济学家的就业问题。事实上，经济学家把难题又还给了政府。他们说：“政府在调节政策干预经济活动时，应进行相机抉择。”

本章小结

1. 宏观调控的目标包括充分就业、物价稳定、经济增长和国际收支平衡。

2. 在运用财政政策（政府支出与收入的变化）和货币政策来调节经济时，要根据宏观经济状况，采用扩张性政策和紧缩性政策进行相机抉择（逆经济风向调节）。

3. 财政政策效果快速、直接、迅猛，但在实施财政政策时，会遇到诸如财政赤字和挤出效应等许多问题。货币政策通过利率间接起作用，即货币量→利率→总需求。货币政策工具包括改变法定存款准备金率、调整再贴现率和进行公开市场业务。

4. 政府在调节政策干预经济活动时，应进行财政和货币政策的相机抉择。相机抉择的基础和理论核心是 *IS-LM* 模型。

思考题

1. 财政政策的工具主要有哪些？
2. 什么是自动稳定器？主要包括哪几种？
3. 试述财政政策的乘数效应和挤出效应。
4. 如果一国政府实行平衡预算，会对国民产出水平有什么影响？为什么？
5. 中央银行控制货币供给的三大政策工具是什么？
6. 试述货币政策作用的局限性。
7. 什么是相机抉择？

参考书目

1. 萨缪尔森．经济学．10 版．北京：商务印书馆，1981.
2. 雷诺兹．宏观经济学．北京：商务印书馆，1986.
3. 雷诺兹．微观经济学．北京：商务印书馆，1986.
4. 高鸿业，吴易风．现代西方经济学．北京：经济科学出版社，1988.
5. 凯恩斯．就业、利息和货币通论．北京：商务印书馆，1988.
6. 萨缪尔森，诺德豪斯．经济学．12 版．北京：中国发展出版社，1992.
7. 萨缪尔森，诺德豪斯．经济学．17 版．北京：人民邮电出版社，2004.
8. 宋承先，等．现代西方经济学．上海：复旦大学出版社，1994.
9. 卡尔·凯斯，等．经济学原理．11 版．北京：中国人民大学出版社，2019.
10. 魏杰．经济学．北京：高等教育出版社，1995.
11. 汪祥春，夏德仁．西方经济学．大连：东北财经大学出版社，1995.
12. 缪代文．西方经济学．4 版．北京：中国人民大学出版社，2017.
13. 刘凤良，等．经济学．北京：高等教育出版社，2000.
14. 曼昆．经济学原理．北京：生活·读书·新知三联书店，北京大学出版社，1999.
15. 曼斯费尔德．微观经济学．11 版．北京：中国人民大学出版社，2012.
16. 杰里夫·怀特海德．经济学．北京：新华出版社，1999.
17. 张泽荣．20 世纪的经济学发现．北京：经济科学出版社，2000.
18. 缪代文．微观经济学与宏观经济学．北京：高等教育出版社，2004.
19. 吴汉洪．经济学基础．5 版．北京：中国人民大学出版社，2018.
20. 陈友龙，缪代文．现代西方经济学．北京：中国人民大学出版社，2002.
21. 马龙龙，裴艳丽．政府、政策与经济学．北京：高等教育出版社，2002.
22. 梁小民．西方经济学．北京：中央广播电视大学出版社，2011.
23. 缪玉林，何涛．微观经济学．北京：科学出版社，2005.
24. 刘凤良．西方经济学．3 版．北京：中国人民大学出版社，2019.
25. 缪代文．经济学基础．上海：上海交通大学出版社，2008.
26. 曼昆．经济学原理：微观经济学分册．北京：北京大学出版社，2009.
27. 曼昆．经济学原理：宏观经济学分册．北京：北京大学出版社，2009.
28. 缪代文．经济学基础．北京：北京师范大学出版社，2011.
29. 缪代文．经济学基础习题与实训．北京：北京师范大学出版社，2011.
30. 高鸿业．西方经济学：微观部分．7 版．北京：中国人民大学出版社，2018.
31. 高鸿业．西方经济学：宏观部分．7 版．北京：中国人民大学出版社，2018.
32. 缪代文．微观经济学与宏观经济学．4 版．北京：高等教育出版社，2012.

图书在版编目（CIP）数据

西方经济学：数字教材版/缪代文主编．--北京：中国人民大学出版社，2020.4
互联网＋远程一体化智慧数字教材
ISBN 978-7-300-28110-0

Ⅰ.①西… Ⅱ.①缪… Ⅲ.①西方经济学—远程教育—教材 Ⅳ.①F0-08

中国版本图书馆 CIP 数据核字（2020）第 072373 号

互联网＋远程一体化智慧数字教材
西方经济学（数字教材版）
主　编　缪代文
Xifang Jingjixue

出版发行	中国人民大学出版社		
社　　址	北京中关村大街 31 号	**邮政编码**	100080
电　　话	010－62511242（总编室）		010－62511770（质管部）
	010－82501766（邮购部）		010－62514148（门市部）
	010－62515195（发行公司）		010－62515275（盗版举报）
网　　址	http：//www.crup.com.cn		
经　　销	新华书店		
印　　刷	北京密兴印刷有限公司		
规　　格	185 mm×260 mm　16 开本	**版　　次**	2020 年 4 月第 1 版
印　　张	17	**印　　次**	2020 年 4 月第 1 次印刷
字　　数	398 000	**定　　价**	45.00 元